용기를 내어 당신이 생각하는 대로 살아야 합니다.
그렇지 않으면 머지않아 당신은 사는 대로 생각하게 될 것입니다.
− 폴 부르제(프랑스의 시인, 철학자)

Il faut vivre comme on pense,
sans quoi l' on finira par penser comme on a vècu.
- Paul Bourget

DVD 동영상 강의로 쉽게 배우는 친절한

엄마표 펠트 장난감 DIY

박정선 지음

터닝
포인트

DVD 동영상 강의로 쉽게 배우는
친절한 엄마표 펠트 장난감 DIY

Copyright©2013 by 박정선 & Turningpoint

2013년 11월 18일 초판 1쇄 인쇄
2013년 12월 1일 초판 1쇄 발행

지은이	박정선
펴낸이	정상석
펴낸 곳	터닝포인트
등록번호	2005. 2. 17 제6-738호
주소	서울시 마포구 연남로 97-1(연남동, 3층)
대표전화	(02)332-7646
팩스	(02)3142-7646
홈페이지	www.diytp.com
ISBN	978-89-94158-47-1 [18630]
정가	19,800원
기획 및 교정	차슬아
편집	앤미디어
표지 디자인	이지선
일러스트	홍수정
작품 사진 촬영	이성우(G1-studio)
과정 사진 촬영	김현진
스타일링	이규엽
동영상 촬영 편집	어린이TV
협력 스태프	강혜원, 박미애
재료 협찬	이지펠트(www.easyfelt.com)
내용 문의	www.diytp.com
제품 구매 문의	www.easyfelt.com
원고 집필 문의	diamat@naver.com

(터닝포인트는 삶에 긍정적 변화를 가져오는 좋은 원고를 환영합니다.)

머리말

펠트공예를 시작한 지 벌써 10년이 넘었습니다. 큰 아이 때 바느질을 시작했는데, 벌써 아이가 셋이 되었네요. 5살인 셋째 아이는 그 고물고물한 손으로 내 옆에서 가위를 들고 실을 잘라주곤 하는데, 엉성하게 바느질을 하는 그 모습이 절로 웃음을 짓게 합니다. 매일같이 새로운 작품을 구상하고 아이들에게 필요한 것들을 만들지만, 더 이상 만들 게 없을 것 같아도 내일이면 또 만들 게 생기네요. 작품이 하나씩 완성될 때마다 아이들이 좋아해주고 회원분들이 찾아주는 기쁨에 늘 바쁜 하루하루를 보내고 있습니다.

저의 두 번째 책인 『친절한 엄마표 펠트 장난감 DIY』에서는 첫 번째 책인 『아름다운 펠트공예』처럼 초보자 분들도 쉽게 접할 수 있는 기본 작품을 담았음은 물론이고, 한 단계 더 발전된 작품을 만들 수 있는 테크닉과 노하우를 담으려고 노력했습니다. 좀 더 새로운 것을 만들어보려고 시도 중인 분들께도 많은 도움이 되었으면 하는 바람입니다.

지금껏 맘 놓고 제 일을 할 수 있었던 건 건강하게 자라준 세 아이와 외조의 달인인 아이들 아빠의 도움이 가장 컸습니다. 항상 고맙고 사랑한다고 이 책을 기회 삼아 전하고 싶네요. 그리고 두 번째 책도 같이 해준 터닝포인트 관계자 분들께도 감사의 인사를 전합니다.

DVD 동영상 강의 200% 활용하기

이 책의 부록 DVD에는 펠트 장난감을 누구나 쉽고, 재미있게 만들 수 있도록 생생한 저자 직강 동영상 강의가 담겨 있습니다. 펠트공예를 시작할 때 알아야 할 기초 지식과 기본 바느질법, 펠트의 다양한 활용 기법, 33가지 작품 만들기 과정을 과외 선생님에게 일대일로 특별한 지도를 받는 것처럼 쉽고 재미있게 배울 수 있습니다.

메인 페이지

DVD를 재생하면 가장 먼저 만나는 홈 화면입니다. 원하는 메뉴를 선택해 필요한 동영상 강의를 선택하여 볼 수 있습니다.

❶ 펠트의 기초 페이지

펠트 장난감 만들기를 시작하기 전에 알아두면 좋은 기초 지식과 정보를 담았습니다. 펠트와 함께 사용하는 다양한 도구와 부재료를 하나하나 짚어가며 자세히 설명하고, 펠트공예에서 아주 유용하게 쓰이는 융천에 대해 소개합니다.

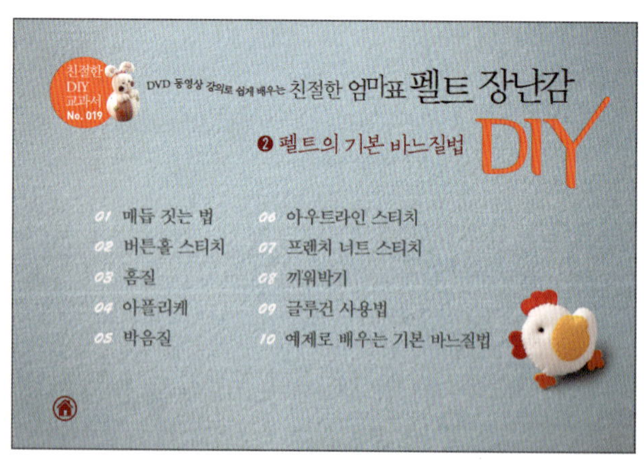

❷ 펠트의 기본 바느질법 페이지

펠트 장난감 만들기에 필요한 기본적인 바느질법을 알려줍니다. '예제로 배우는 기본 바느질법'에서는 모든 바느질법을 활용해 귀여운 코끼리 인형을 만들어 볼 수 있습니다.

PART 1

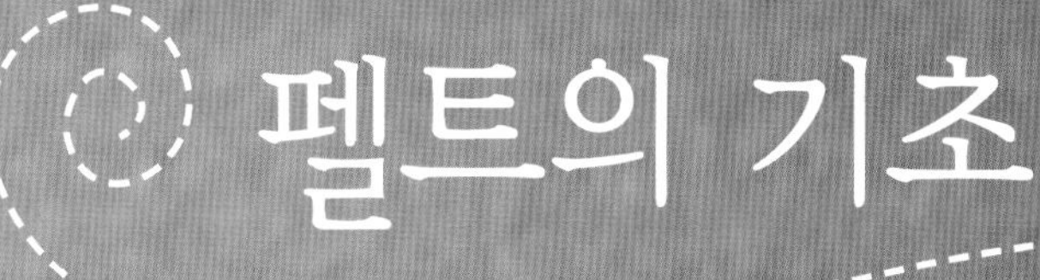 펠트의 기초

펠트 천은 일반 직물과 달리 올 풀림이 없어 깨끗하게 재단되며, 염색성이 뛰어나고, 색상 및 두께가 다양하여 아주 유용한 공예 소재입니다. 대표적으로는 자수마크, 교구, 완구, 가방, 모자 등에 쓰이고, 그 외에 각종 생활 소품 제작에도 널리 사용됩니다. 펠트 천을 뒤집지 않고 겉면에서 바로 바느질을 하기 때문에, 다른 공예에 비해 작품 만들기가 쉽습니다. 구김이 잘 가지 않고 세탁이 쉬운 것도 큰 장점 중의 하나입니다.

1 하드펠트(유수지)

가장 대표적인 펠트 천으로 자수, 완구, 수공예 등 여러 분야에 사용되고 있습니다. 표면이 매끄럽고 늘어나지 않아 유아 장난감이나 교구를 만들 때 가장 많이 사용하며, 두께는 보통 1.2~3mm 정도입니다. '펠트 천'이라고 할 때 보통 하드펠트를 통칭합니다. ※ 예시 작품 : 주사위, 자동차, 책

2 소프트펠트(무수지)

'로얄펠트'라고도 불리는 1mm 두께의 부드러운 고급 천입니다. 부드럽고 견고한 울 느낌이며, 손으로 많이 만지는 경우 보풀이 생길 수 있기 때문에, 눈으로 보고 즐기는 생활 소품을 만드는 데 주로 사용됩니다. 1mm 두께의 소프트펠트는 주름을 잡아서 만드는 소품을 만들 때 주로 사용되며, 2mm 두께의 소프트펠트는 손인형이나 가방을 만들 때 자주 사용됩니다.
※ 예시 작품 : 개구리 손인형, 장미

3 보풀 방지 펠트

고급스러운 색감의 펠트 천으로, 통풍성이 우수하고 보풀의 발생이 적습니다. 보풀이 생기는 펠트 천의 단점을 보완한 것으로, 2.5mm 두께의 보풀 방지 펠트 천은 그 자체만으로 두께감이 있어, 가방이나 모자 등의 소품 제작에 많이 사용됩니다. ※ 예시 작품 : 공, 슬리퍼

4 미끄럼 방지 펠트

펠트 천에 발포 처리를 해서 미끄럼에 강하도록 제작된 펠트 천입니다. 신발 바닥에 주로 사용되며, 각종 생활 소품의 장식으로 조금씩 사용하면 포인트가 되면서 멋진 작품을 만들 수 있습니다. ※ 예시 작품 : 슬리퍼 바닥

펠트와 함께 사용하는 도구

1 실

바느질을 할 때 기본적으로 사용하는 실입니다. 펠트와 같은 색상의 실을 쓰는 것이 일반적이지만, 천과 대비되는 보색 계열의 실을 선택하면 펠트만의 개성과 멋을 더욱 살릴 수 있습니다. 보통 1겹으로 사용하지만, 2겹이나 4겹으로 사용하기도 합니다.

2 바늘

손에 맞고 적당한 굵기의 바늘을 사용하면 편하고 쉽게 바느질할 수 있습니다. 길이는 3~4cm 정도의 5~8호 바늘이 적당합니다. 바늘은 호수가 클수록 사이즈가 작습니다. 너무 두꺼운 바늘은 원단에 구멍을 낼 수도 있으므로 주의합니다.

3 가위

도안이나 펠트 천을 자를 때 사용합니다. 도안을 자르는 가위와 천을 자르는 가위는 구분해서 사용해야 가위의 날이 무뎌지지 않아 오래 사용할 수 있습니다. 미니 가위는 눈이나 코 등 작은 조각을 자르거나 구멍을 오려낼 때 사용하면 편리합니다.

4 겸자

겸자는 솜을 넣을 때 사용합니다. 좁은 창구멍으로 솜을 넣을 때 편리하며 작품 안에 솜을 골고루 넣을 수 있어 좋습니다.

5 펠트용 펜

펠트 작품은 뒤집는 과정이 없어 겉면에 표시하거나 바느질한 것이 그대로 작품에 드러납니다. 따라서 표시를 하더라도 시간이 지나면 공기 중으로 잉크가 휘발되어 없어지는 기화성펜을 사용합니다. 어두운 색상의 펠트 천에는 화이트 펜슬을 사용하는 것이 좋으며, 주근깨나 과일 씨처럼 점을 찍어 표현할 때는 피그마펜이 좋습니다. 십자수에 주로 사용하는 수성펜은 펠트 천에 사용할 경우 번짐이 발생할 수 있으므로 사용 시 펠트 천을 뒤집어서 바느질합니다.

6 시침핀

펠트 천 여러 장을 바느질할 때 움직이지 않도록 고정하기 위해 사용합니다. 특히 타월지를 고정해서 바느질할 때 유용합니다.

7 글루건   **부록 DVD** | 2-09 글루건 사용법

전기로 글루(실리콘 접착제)를 녹여 사용하는 마감재로, 벨크로(보들이&찍찍이)를 붙이거나 펠트 천끼리 붙일 때 주로 사용합니다.

8 접착제

작은 눈이나 바느질하기 어려운 조각 펠트 천을 붙일 때 사용합니다.

9 구멍 펀치

구멍을 하나씩 뚫을 때 사용하는 펀치입니다. 끈 끼우기 장난감이나 놀이 책에 구멍을 뚫을 때 유용합니다.

10 풀

도안이나 글자 작업을 할 때 사용합니다.

11 실 끼우개

바늘에 실을 꿸 때 사용합니다. 특히 2겹 이상의 실을 꿸 때 유용합니다.

e1 흰색	e2 아이보리	e3 형광 연두	e4 살구	e5 연노랑
e6 (진)노랑	e7 주황	e8 진주황	e9 분홍	e10 진분홍
e11 꽃분홍	e12 빨강	e13 연보라	e14 보라	e15 하늘
e16 바다하늘	e17 파랑	e18 진하늘	e19 연두	e20 녹색
e21 연밤	e22 밤색	e23 진밤	e24 연회색	e25 진회색	e26 검정

s1 겨자	s2 연황토	s3 진황토	s4 흐린 노랑	s5 중간 진노랑
s6 흐린 연분홍	s7 밝은 꽃분홍	s8 붉은 다홍	s9 진빨강	s10 흐린 진하늘
s11 중간 진보라	s12 흐린 하늘	s13 진파랑	s14 녹두색	s15 연녹색
s16 진녹색	s17 중간 진밤색	s18 투톤 회색	s19 백아이보리	s20 인디언 핑크
s21 형광 연분홍	s22 밝은 빨강	s23 형광 분홍	s24 파스텔 노랑	s25 파스텔 하늘
s26 파스텔 진하늘	s27 피스텔 녹색	s28 파스텔 밝은 연두	s29 파스텔 연두	s30 흐린 연부라

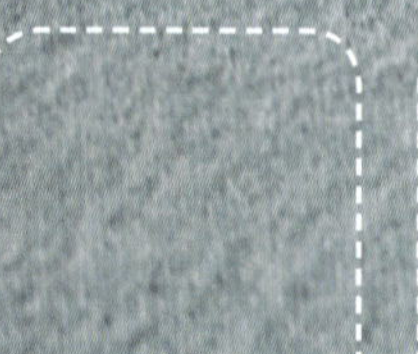

PART 2

기본 바느질법과 활용 기법

01 예제로 배우는 기본 바느질법

도안 자르고 재단하기

1 도안지를 두꺼운 종이에 딱풀로 붙입니다.

Tip 실물본에 있는 도안을 복사해서 그대로 사용하면 종이가 얇아서 쉽게 손상되므로, 달력이나 과자 박스 같은 두꺼운 종이에 붙여서 사용합니다.

2 도안에 그려진 선을 따라서 자릅니다.

3 필요한 도안을 모두 잘라서 준비합니다.

Tip 종이를 자르는 가위와 천을 자르는 가위는 구분해서 사용합니다. 두꺼운 종이를 자르면 가위날이 쉽게 무디어져 천 종류를 재단할 때 어려움이 있습니다. 그래서 가위를 자를 때 날이 무딘 가위는 주로 종이를 자를 때 사용하고, 잘 드는 가위는 천을 재단할 때 사용하는 것이 좋습니다.

4 천 위에 도안을 겹쳐서 가장자리를 기화성펜으로 따라 그립니다.

5 알맞은 색상의 펠트 천 위에 도안을 모두 그립니다.

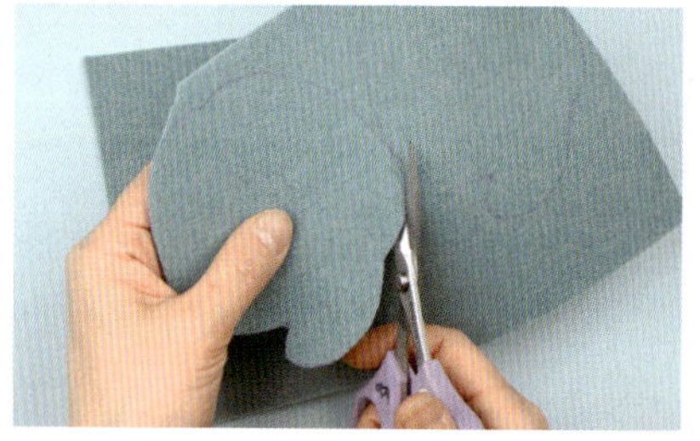

6 도안 선을 따라 펠트 천을 자릅니다.

7 펠트 천을 모두 재단해서 배치해봅니다.

매듭짓기 **부록 DVD** | 2-01 매듭짓는 법

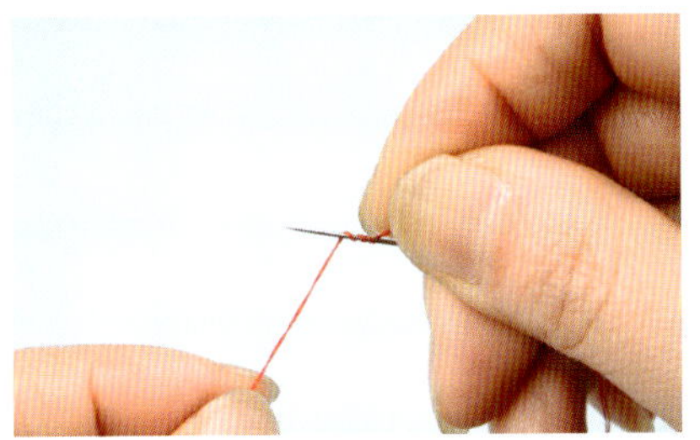

1 실을 바늘에 3~4회 감습니다.

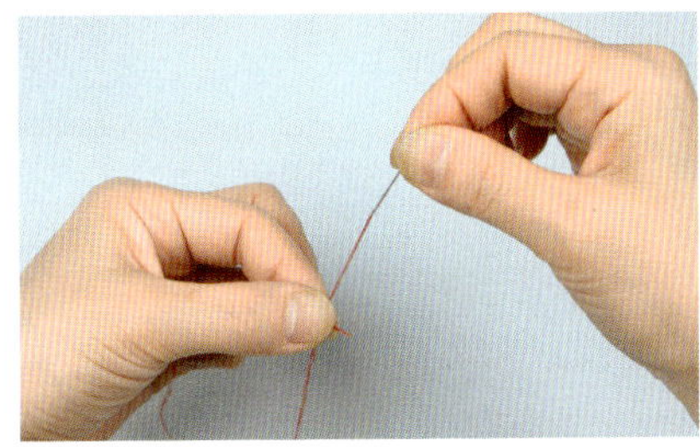

2 감은 실을 잡고 바늘귀 쪽으로 쭉 밀어서 빼냅니다.

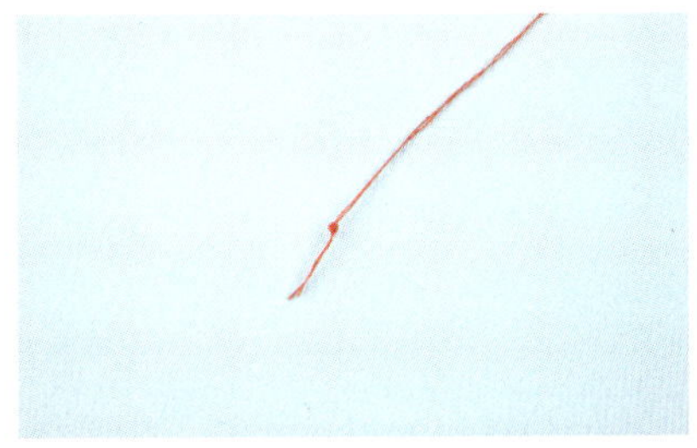

3 매듭이 완성됩니다. 일반 면으로 된 천보다 펠트 천의 조직이 성글기 때문에 매듭은 조금 두껍다 싶을 정도로 지어주어야 합니다.

아플리케 **부록 DVD** | 2-04 아플리케

1 코끼리 볼을 얼굴에 겹쳐서 볼 가장자리에서 비늘을 뒤에서 앞으로 찌릅니다.

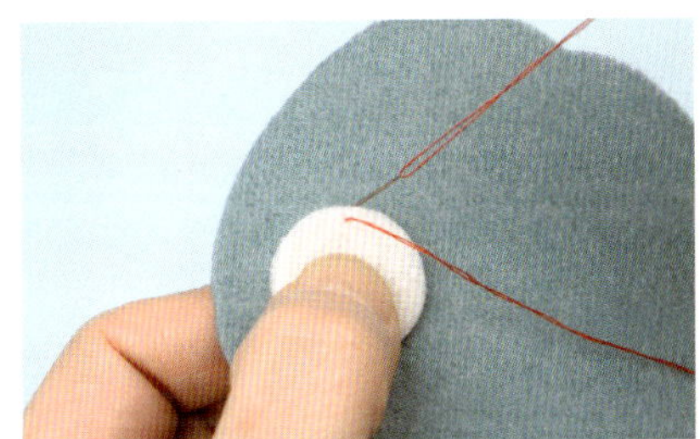

2 볼 가장자리에 바늘을 바짝 붙여서 아래로 찌릅니다

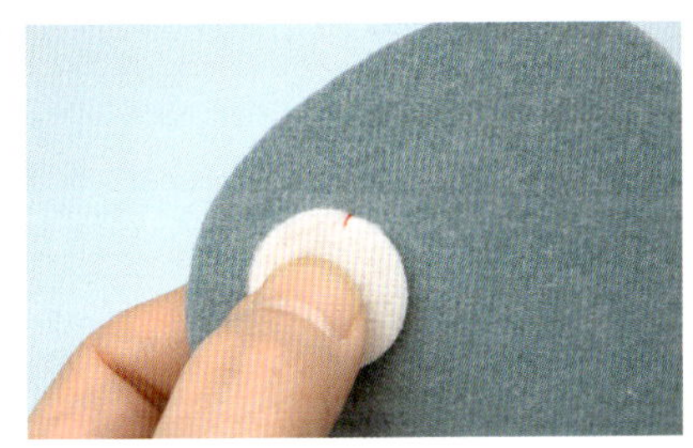

3 실을 당겨서 빼면 한 땀이 완성됩니다.

4 다시 한 땀 옆으로 가서 바늘을 위로 찌릅니다. 같은 방법으로 계속 반복합니다.

5 아플리케가 끝나면 뒤쪽에서 매듭을 짓습니다.

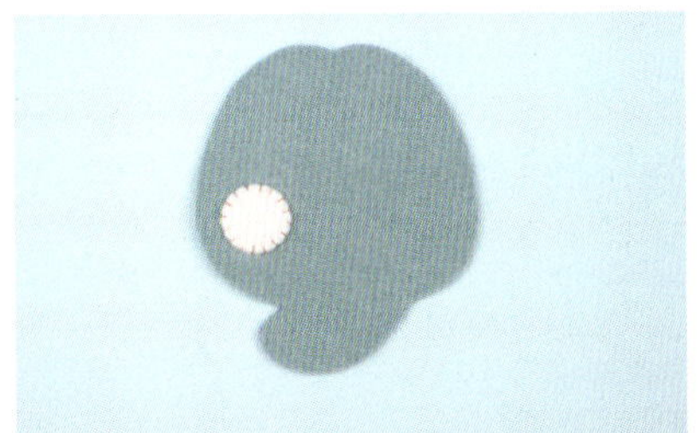

6 같은 방법으로 다른 쪽 볼도 완성합니다.

1 홈질할 코의 주름을 기화성펜으로 그립니다.

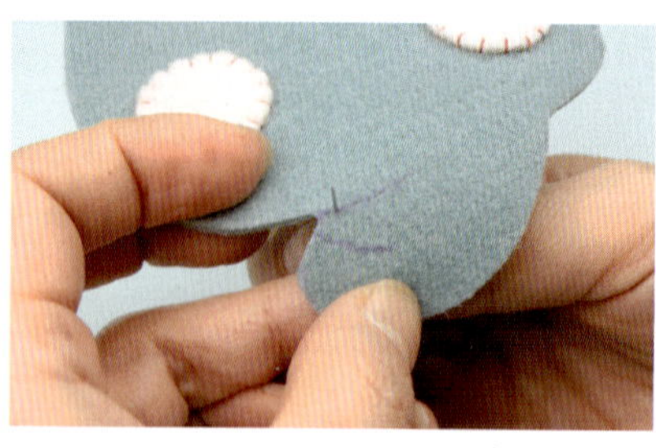

2 뒤에서 앞으로 바늘을 찌릅니다.

3 한 땀 옆으로 가서 바늘을 뒤로 찌릅니다.

4 다음 주름이 시작되는 곳으로 바늘을 옮겨 찌릅니다.

5 바늘을 뒤로 빼냅니다.

6 뒤에서 매듭을 짓습니다.

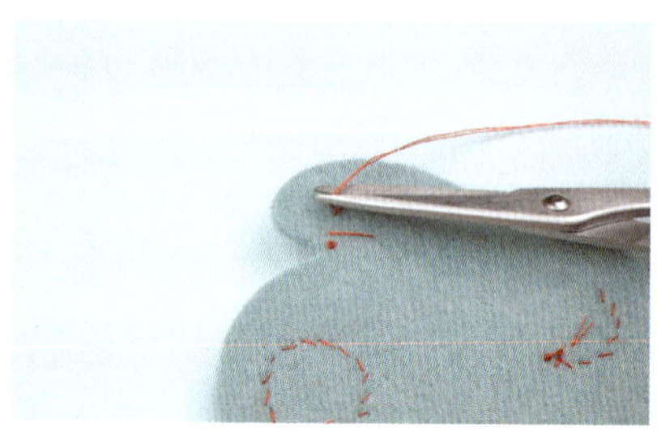

7 남은 실은 가위로 자릅니다.

Tip
매듭을 지을때 같은 자리에 홈질을 여러 번 해주어도 매듭이 지어집니다.

버튼홀 스티치

1 중앙에서 뒤쪽으로 바늘을 찌릅니다.

2 앞에서 중앙으로 바늘을 찌릅니다.

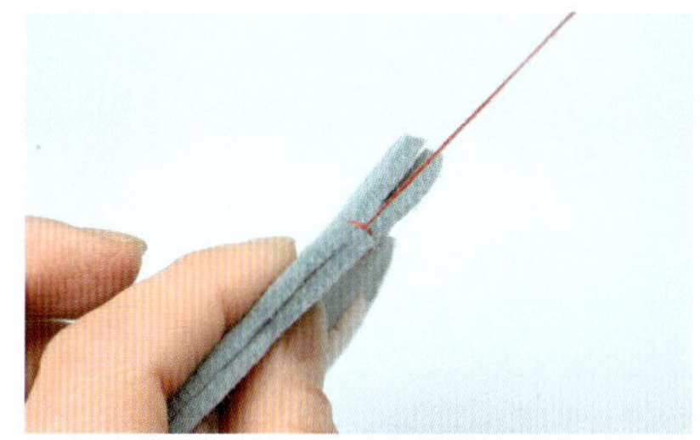

3 실을 당기면 한 땀이 완성됩니다.

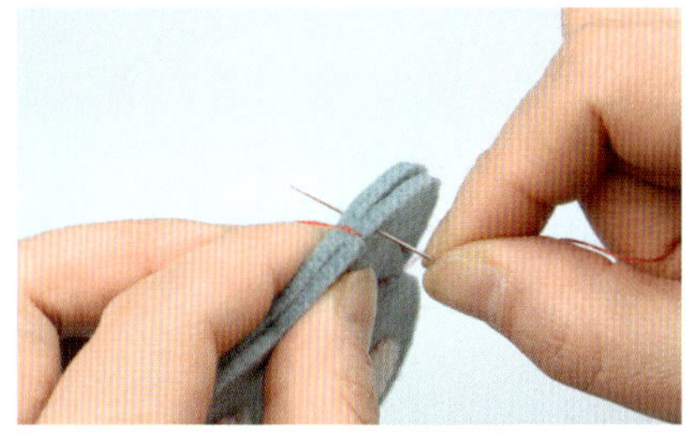

4 바느질 방향으로 한 땀을 옮겨서 앞뒤 장을 같이 찌릅니다.

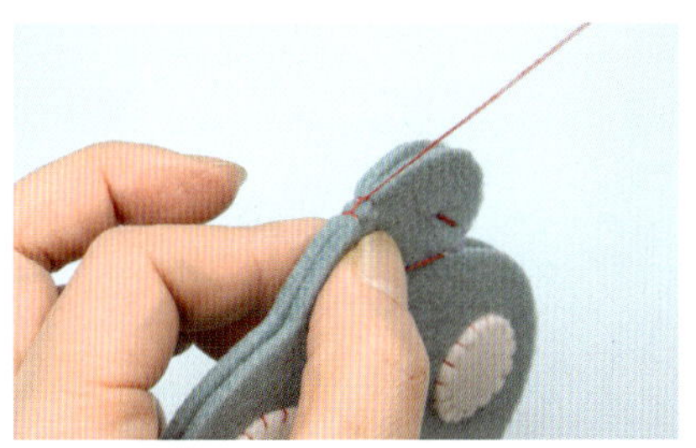

5 실을 당깁니다.

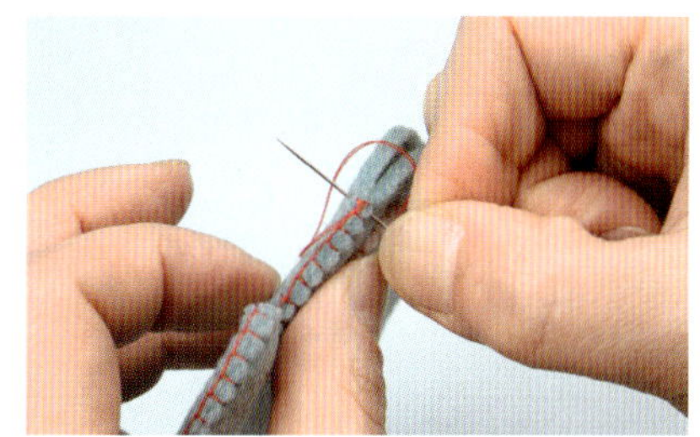

6 같은 방법을 계속 반복합니다.

중간에 실 교체하기

1 마지막 땀과 자리에 버튼홀 스티치를 한 번 더 합니다.

2 솔기 쪽에서 바늘을 넣어서 멀리서 바늘을 빼냅니다.

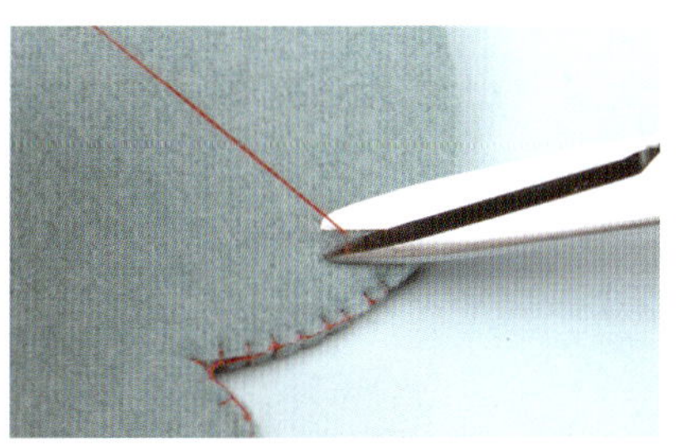

3 가위로 실을 자릅니다.

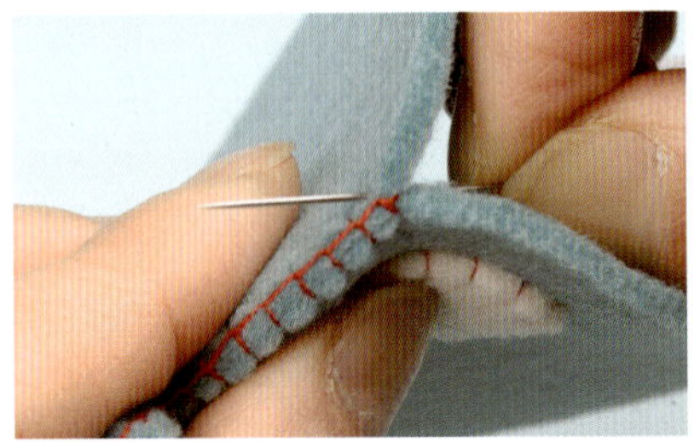

4 솔기 안쪽에서 뒤로 바늘을 빼냅니다. 마지막 땀과 같은 자리에서 빼냅니다.

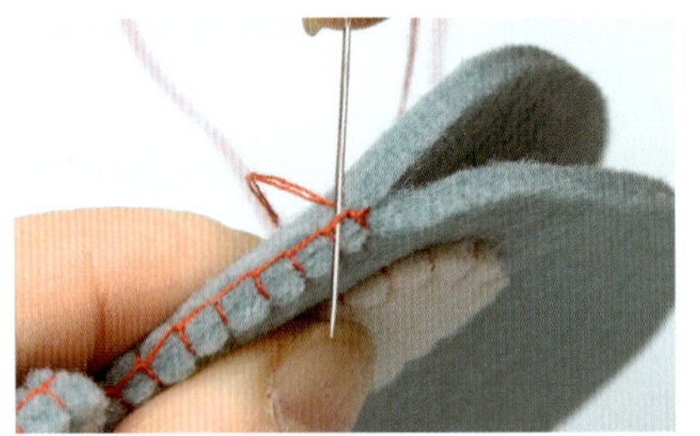

5 사진과 같이 마지막 땀의 실 라인 아래로 바늘을 통과시킵니다.

6 버튼홀 스티치를 마무리하기 전과 같은 상황이 되었습니다. 계속해서 버튼홀 스티치를 해나갑니다.

끼워박기 **부록 DVD** | 2-08 끼워박기

실 라인이 보이는 끼워박기

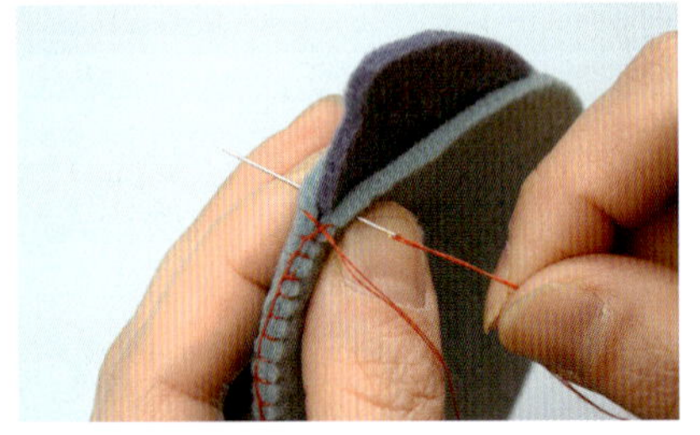

1 얼굴 2장과 귀 1장을 앞에서 뒤로 한꺼번에 찔러 바늘을 통과시킵니다.

2 뒤에서 앞으로 올 때는 귀 1장만 찔러 바늘을 통과시킵니다.

3 실을 당깁니다. 같은 방법으로 계속 반복합니다.

실 라인이 보이지 않는 끼워박기

1 귀 1장 뒤에서 바늘을 찔러 앞 얼굴 1장과 함께 바늘을 통과시킵니다.

2 귀 1장만 앞에서 바늘을 찌릅니다.

3 뒤에서 얼굴 2장과 귀 1장을 동시에 사선으로 찔러 다음 땀으로 이동합니다. 2∼3을 계속 반복합니다.

솜 넣고 마무리하기

1 겸자를 사용해서 솜을 창구멍으로 골고루 넣습니다.

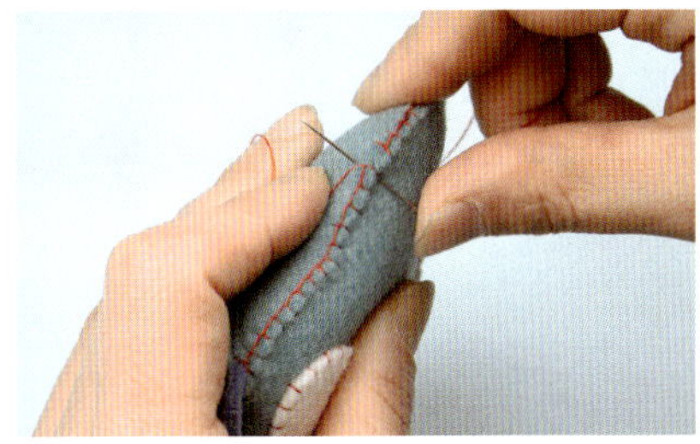

2 마지막 땀과 같은 자리에 한 번 더 버튼홀 스티치를 합니다.

3 바늘을 솔기 쪽에서 찌릅니다.

4 바늘 길이만큼 멀리 가서 빼주고 실을 잘라서 마무리합니다.

눈 달기

일반적인 눈 달기

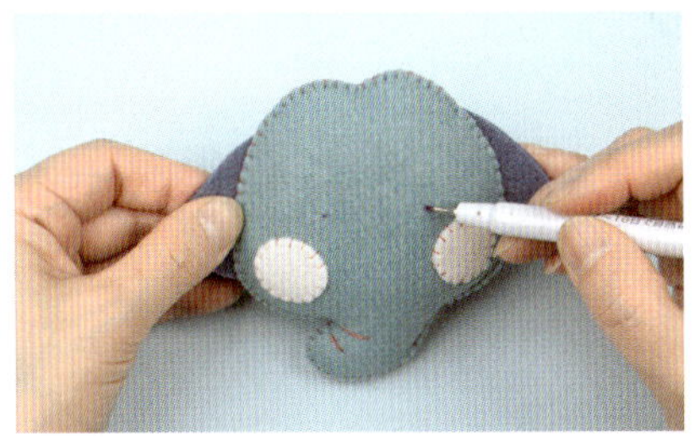

1 눈을 달 위치에 기화성펜으로 점을 찍어 표시합니다.

2 솔기 쪽에서 바늘을 찔러 한 쪽 눈으로 바늘을 빼냅니다.

3 시드비즈를 꿴니다.

4 눈 바로 옆자리에서 바늘을 찔러 다른 쪽 눈으로 바늘을 빼냅니다.

5 시드비즈를 바늘에 꿰니다.

6 눈 바로 옆자리에서 바늘을 찔러 솔기 쪽 으로 바늘을 빼냅니다.

  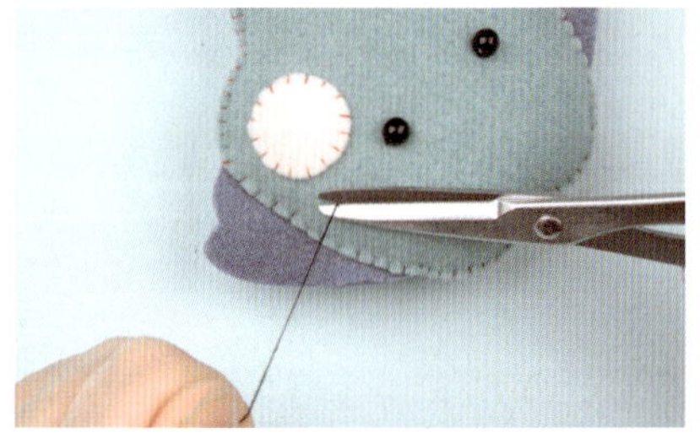

7 실을 묶어 매듭을 짓습니다.

8 바늘을 솔기에서 다시 찔러 넣어서 멀리서 바늘을 빼냅니다.

9 실을 자릅니다.

입체감 있게 눈 달기

1 솜을 넣어 마무리한 인형 뒤쪽에서 바늘을 찔러서 앞쪽의 눈 위치로 빼냅니다.

Tip 솜을 넣은 인형은 두께가 있으므로 일반 바늘보다는 대바늘을 사용하는 것이 좋습 니다.

2 시드비즈를 꿰니다.

3 눈 바로 옆에서 바늘을 찌릅니다.

4 뒤쪽에 바느질을 시작한 위치에서 바늘을 빼냅니다.

5 바로 옆에 다시 바늘을 찌릅니다.

6 반대쪽 눈 위치로 바늘을 빼내고 시드비즈
를 뀁니다.

7 눈 옆에 바늘을 꽂아서 뒤쪽으로 바늘을
찌릅니다.

8 실을 세게 당깁니다.

9 뒤쪽에서 살짝 한 땀을 뜹니다.

10 풀리지 않도록 몇번 더 땀을 뜹니다.

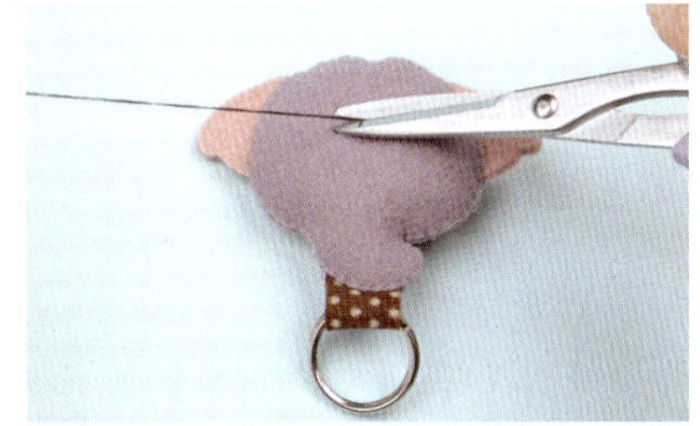

11 실을 가위로 자릅니다.

일반적인 눈 달기는 눈이 앞으로 돌출되며, 입체
감 있게 눈 달기는 눈이 인형 안에 쏙 파묻히는
효과가 있습니다.

한눈에 보는 바느질법

아플리케

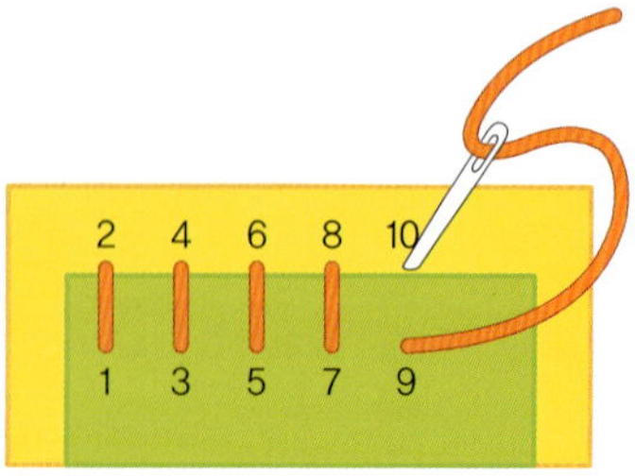

홈질

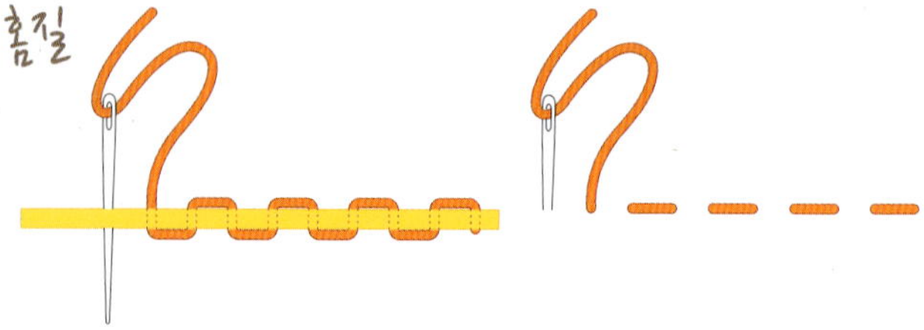

버튼홀 스티치

끼워박기

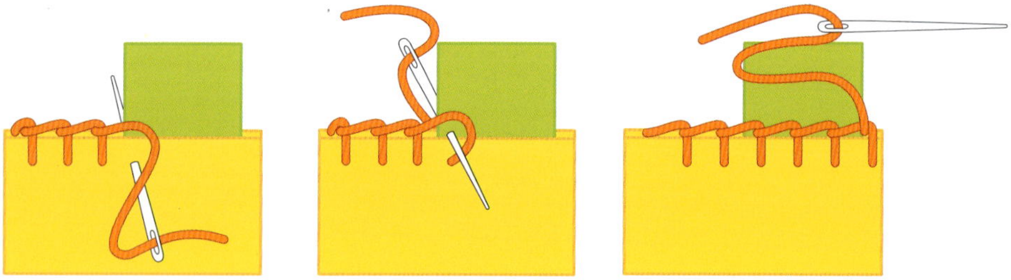

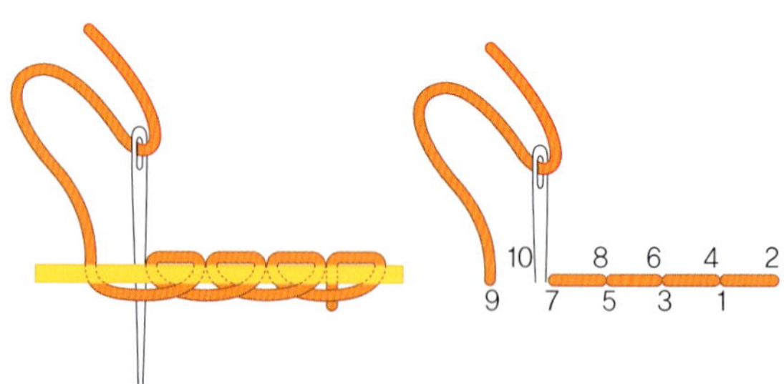

박음질 부록 DVD | 2-05 박음질

아웃라인 스티치 부록 DVD | 2-06 아우트라인 스티치

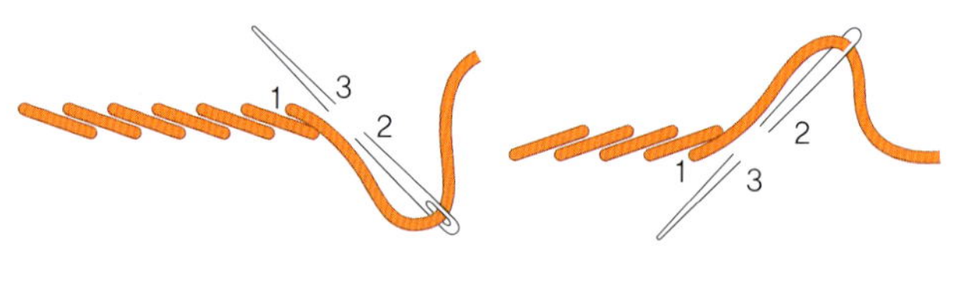

프렌치 너트 스티치 부록 DVD | 2-07 프렌치 너트 스티치

공그르기

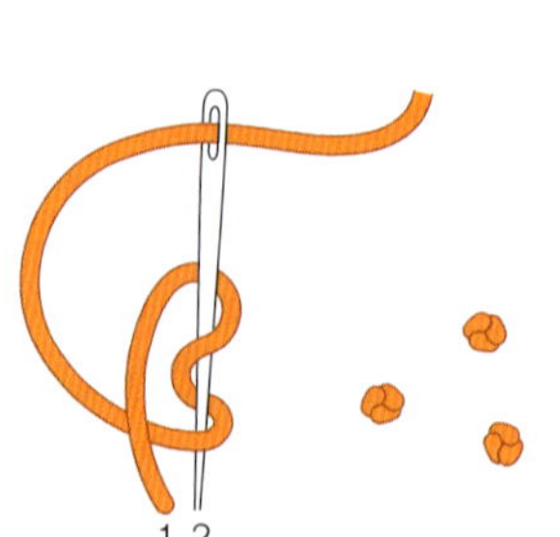

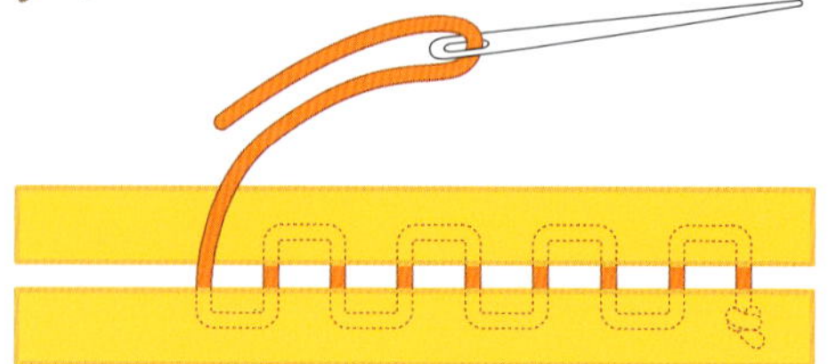

펠트의 다양한 활용 기법

카네이션 만들기 **부록 DVD** | 3-08 카네이션 만들기

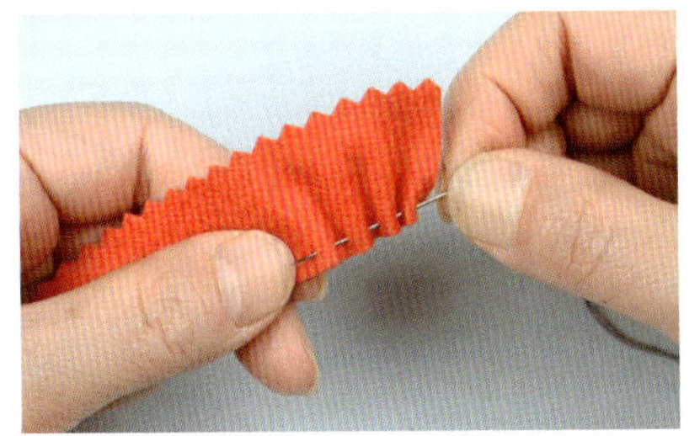

1 핑킹가위로 자른 반대편을 홈질합니다.

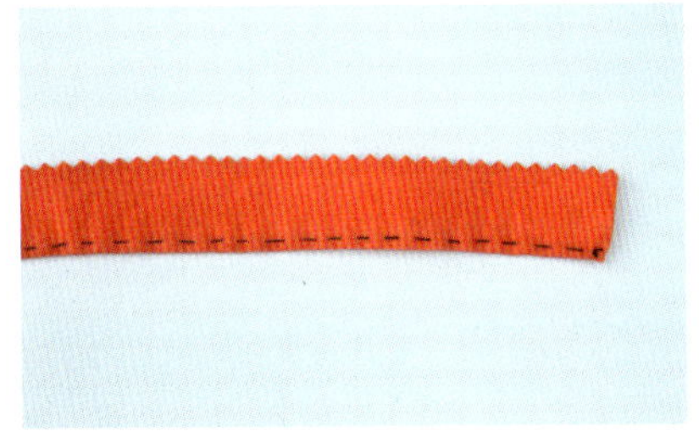

2 끝까지 홈질합니다.

Tip 핑킹가위 대신 일반 가위로 잘라 사용하면 장미가 됩니다.

3 실을 더 이상 당겨지지 않을 때까지 당깁니다.

4 끝부분을 한 땀 뜹니다.

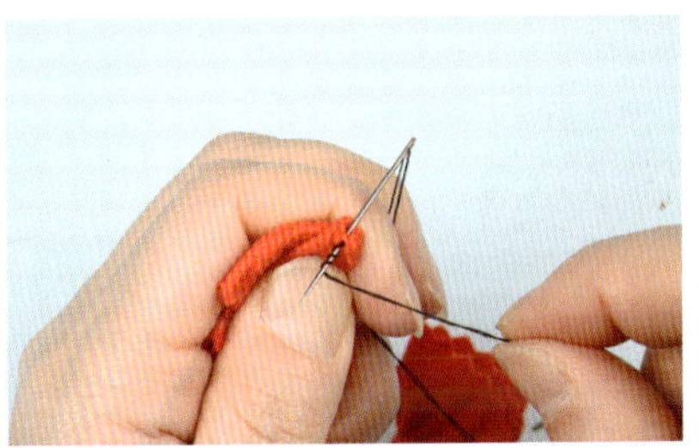

5 실을 바늘에 2~3회 감아서 바늘을 빼냅니다.

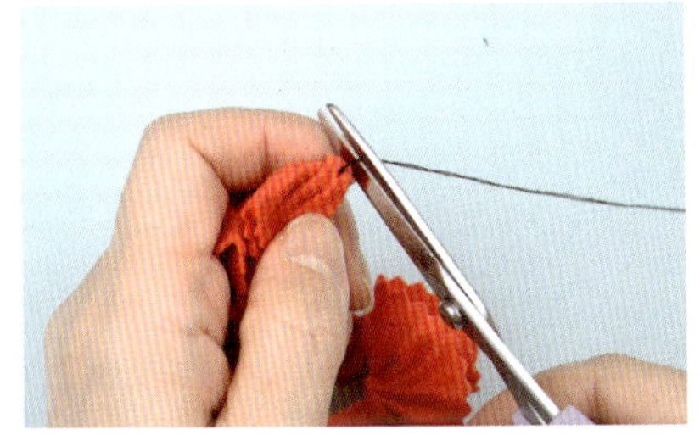

6 실을 자릅니다.

7 주름진 모양이 되었습니다.

8 한쪽 끝을 말기 시작합니다.

9 중간중간 글루건을 쏘아 붙이면서 말아줍니다.

10 뒤집어서 꽃의 하단이 평평한 모양으로 돌아가는지 확인합니다.

11 카네이션의 완성된 뒷모습입니다.

12 앞모습입니다.

13 손으로 조금씩 벌리면서 꽃 모양을 잡아줍니다.

14 완성입니다.

카네이션 바구니

카네이션 볼펜

비즈 꽃 만들기 **부록 DVD** | 3-05 비즈 꽃 만들기

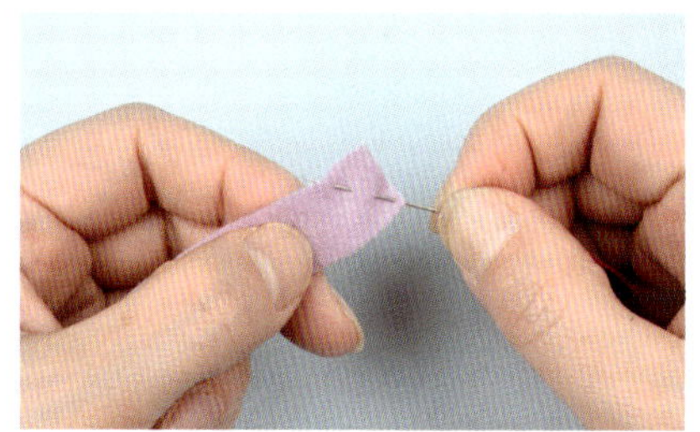

1 한쪽 끝에서 사선으로 홈질합니다.

2 전체 길이를 모두 홈질합니다.

3 끝부분에서는 처음과 반대 방향 사선으로 홈질합니다.

4 실을 당깁니다.

5 매듭을 짓습니다.

6 겹쳐지는 부분이 생기도록 동그랗게 만듭니다.

7 중앙을 통과해서 위쪽으로 바늘을 빼냅니다.

8 진주를 바늘에 꿰고 바늘을 가운데로 찔러 넣습니다.

9 뒤에서 한 번 더 진주를 통과해서 바늘을 빼냅니다.

10 가운데서 뒤쪽으로 바늘을 빼내어 마무리합니다.

11 실을 자릅니다.

12 완성 모습입니다.

장미꽃 만들기

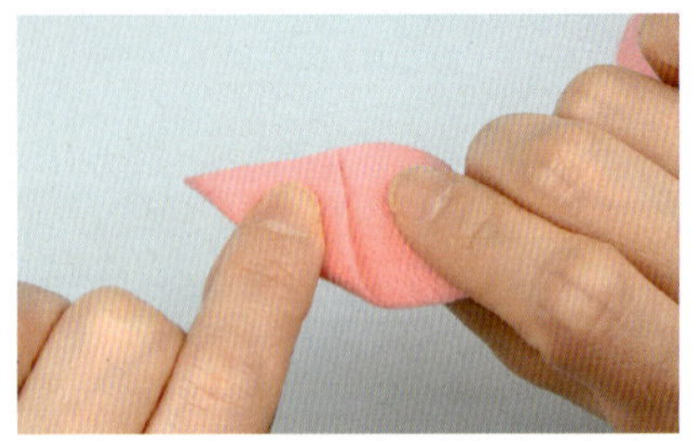

1 끝을 삼각형으로 접습니다.

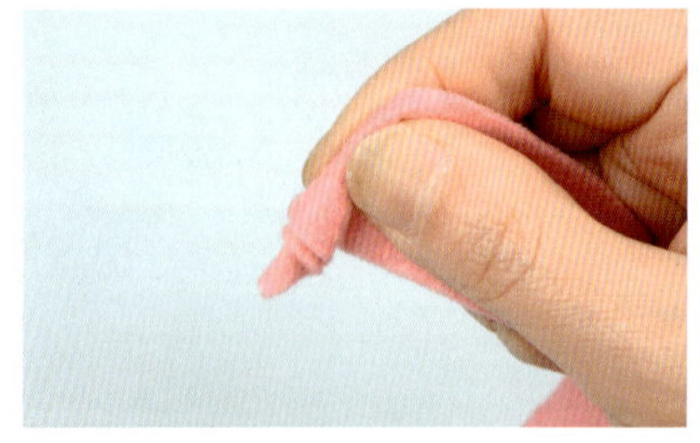

2 끝부분부터 돌돌 2번 정도 말아줍니다.

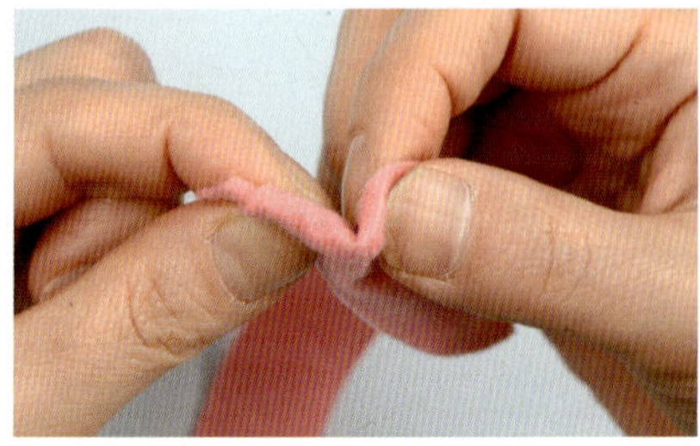

3 뒤로 꺾습니다.

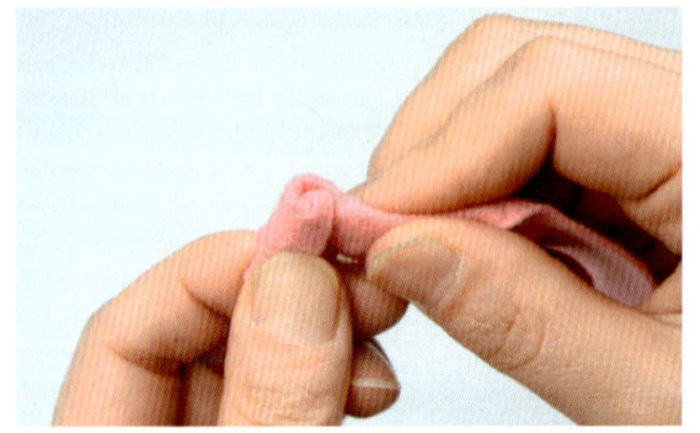

4 한바퀴 돌려줍니다.

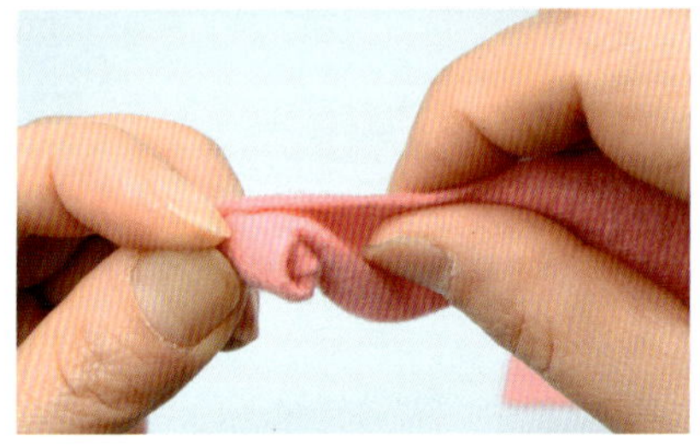

5 천을 윗부분으로 접어 올리면서 한 바퀴 말아줍니다.

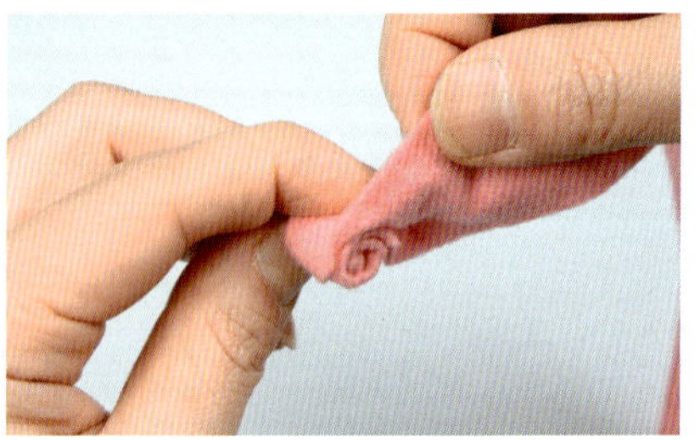

6 반대로 뒤로 꺾어서 말아줍니다.

7 꺾어서 말고, 접어 올려서 말고를 반복하면 장미 모양이 완성됩니다.

8 끝을 잘 잡고 실로 2~3회 돌려서 묶어줍니다.

9 매듭을 지어서 마무리합니다.

10 장미꽃이 완성되었습니다.

장미 시계   장미 화분   장미 리스

롤 만들기

부록 DVD | 3-06 롤 만들기

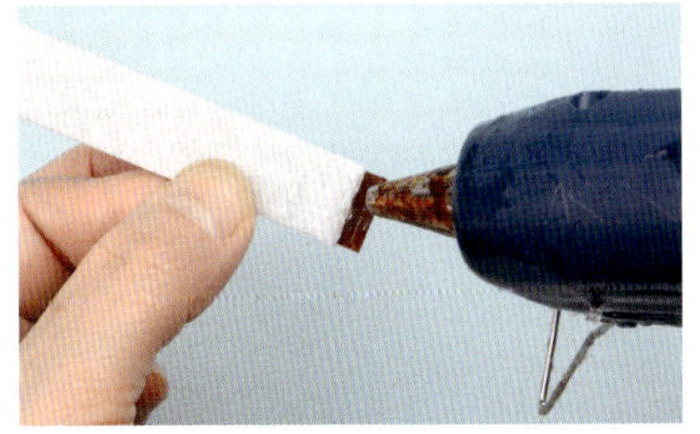

1 끝부분에 글루건을 쏩니다.

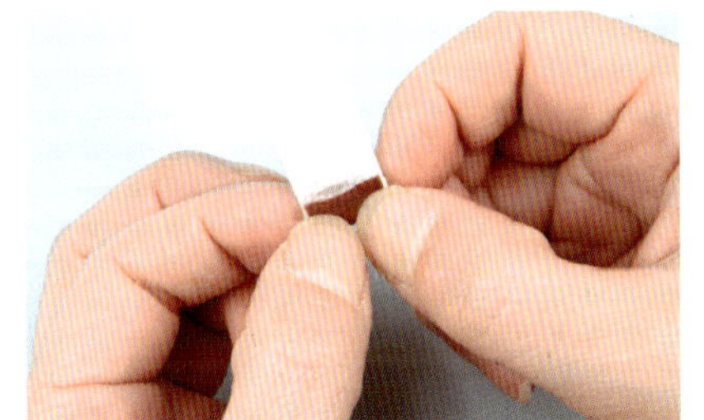

2 끝 부분이 잘 붙도록 접고 남은 부분을 감아줍니다.

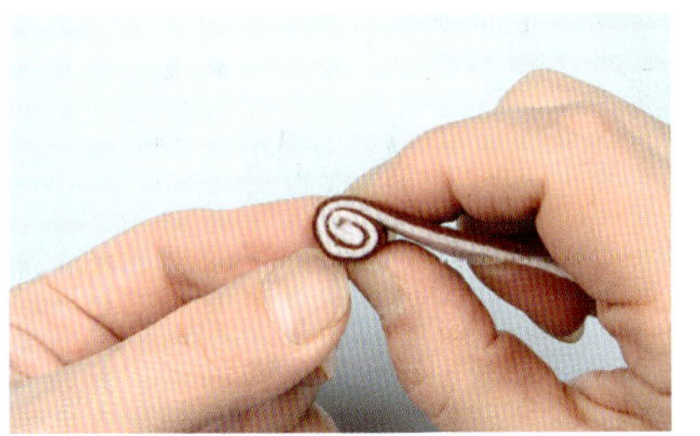

3 단단하게 돌돌 말아줍니다.

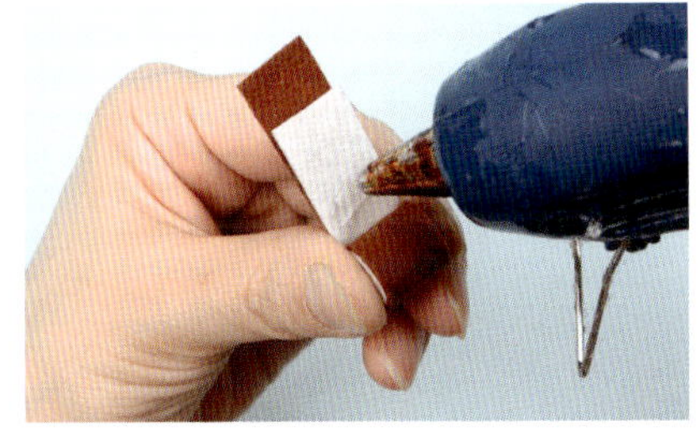

4 중간중간 글루건으로 붙이면서 감으면 더 단단해집니다.

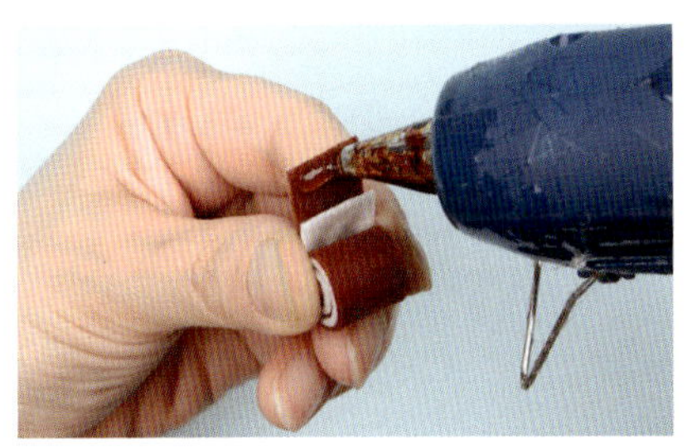

5 끝부분에 글루건을 쏩니다.

6 잘 고정시키면 롤이 완성됩니다.

단추 달기

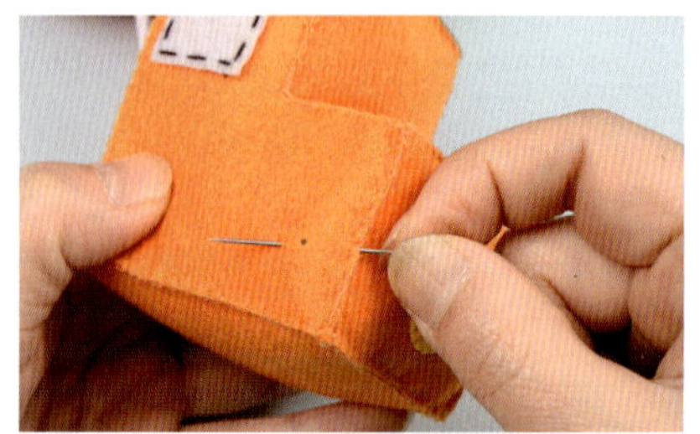

1 솔기 쪽에서 바늘을 찔러서 바퀴를 달 위치에서 바늘을 빼냅니다.

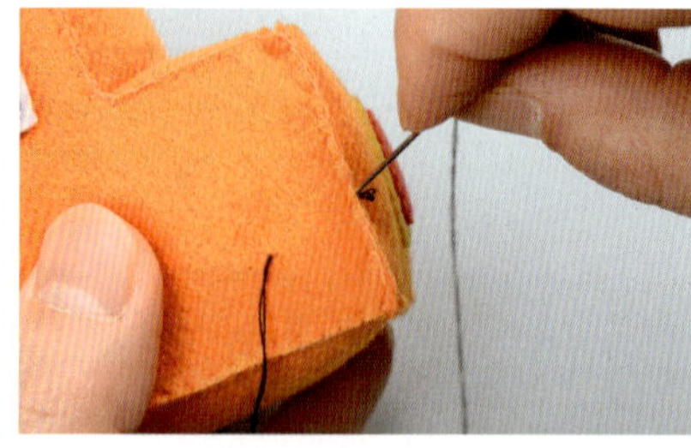

2 매듭이 잘 안 들어가면 바늘로 콕 찔러서 넣습니다.

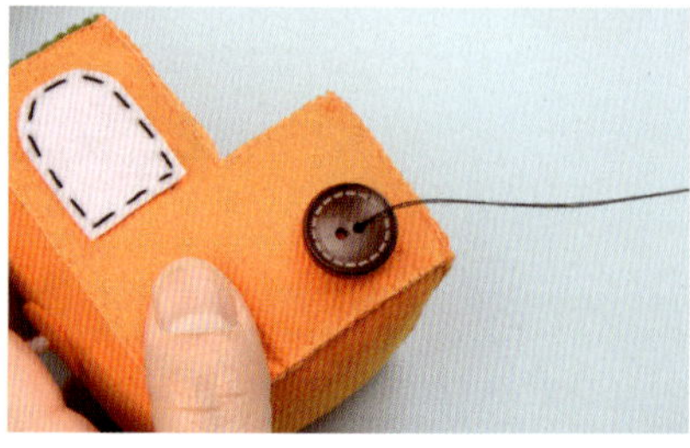

3 단추를 꿰니다.

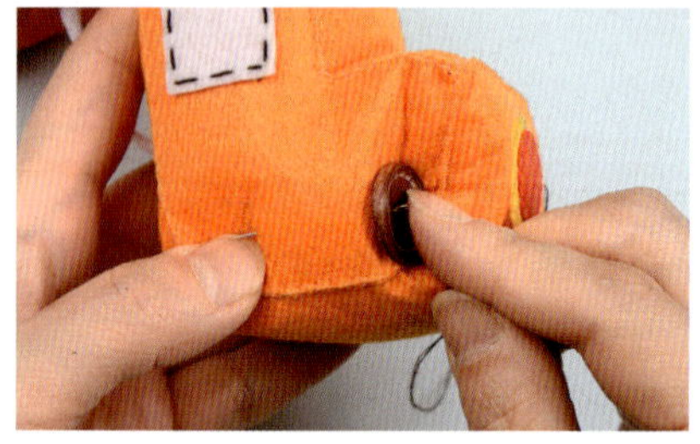

4 반대쪽 구멍에 바늘을 넣어서 다음 단추를 달 위치로 바늘을 이동시킵니다.

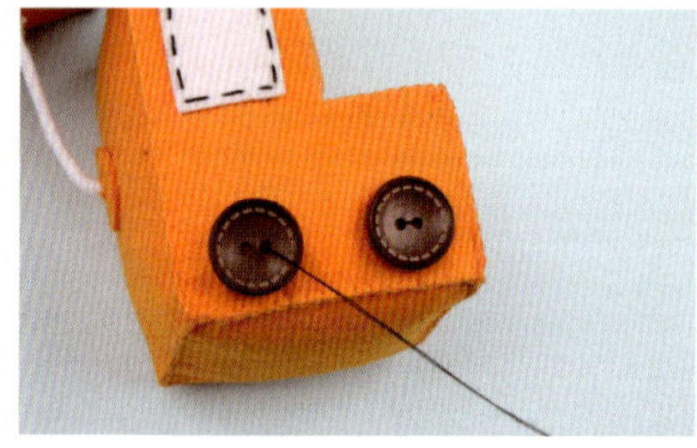

5 단추를 꿰니다.

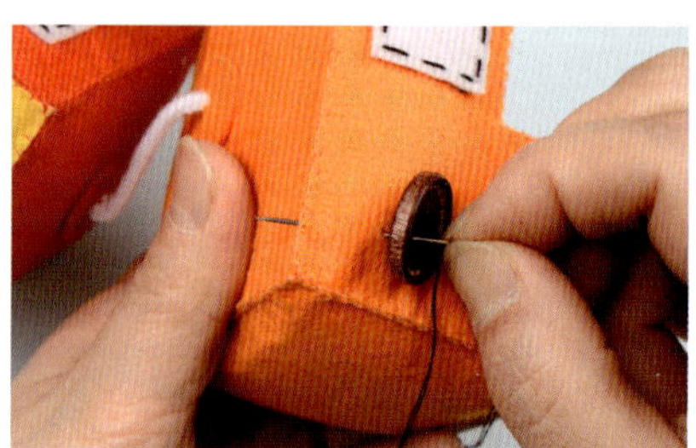

6 반대쪽 구멍에 바늘을 넣어서 솔기 쪽으로 마무리하러 이동합니다.

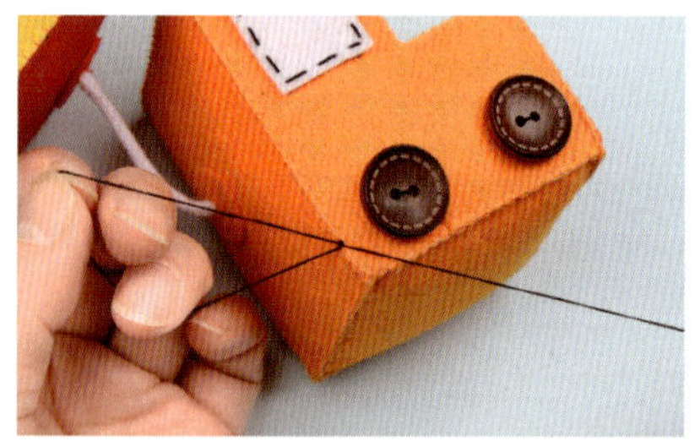

7 매듭을 짓습니다.

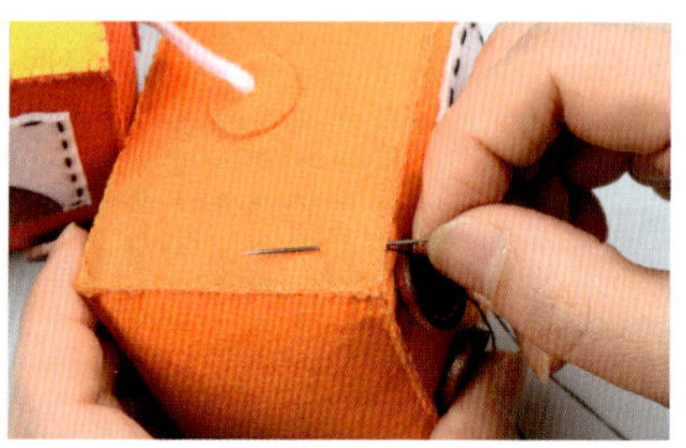

8 매듭 지은 쪽에서 바늘을 넣어서 멀리서 빼냅니다.

9 실을 자릅니다.

실제로 돌아가지 않지만 바퀴처럼 보이게 해 주는 역할로 장식된 단추입니다.

똑딱단추의 탈부착을 이용해서 과일 속 맞춰 보기 놀이 교구로 활용하였습니다.

단추 끼우기 놀이를 교구에 적용하였습니다. 알록달록한 천과 단추를 같은 컬러로 배색을 하면 색감 인지에도 도움이 됩니다.

핫픽스 활용하기

부록 DVD | 3-04 핫픽스 활용하기

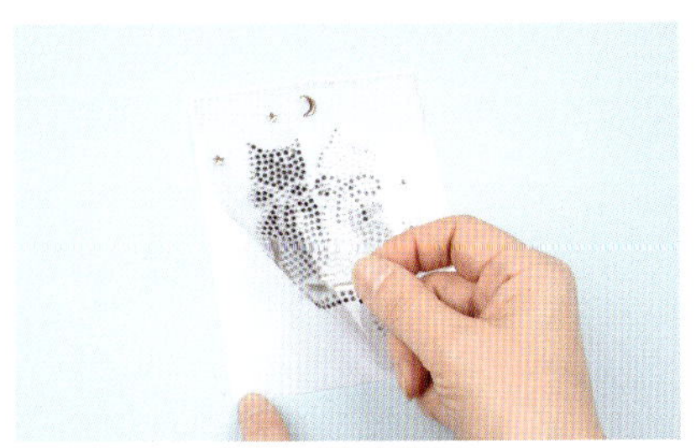

1 핫픽스가 붙어 있는 아랫면 비닐을 떼어냅니다.

2 바닥이 천 위로 가도록 잘 붙입니다.

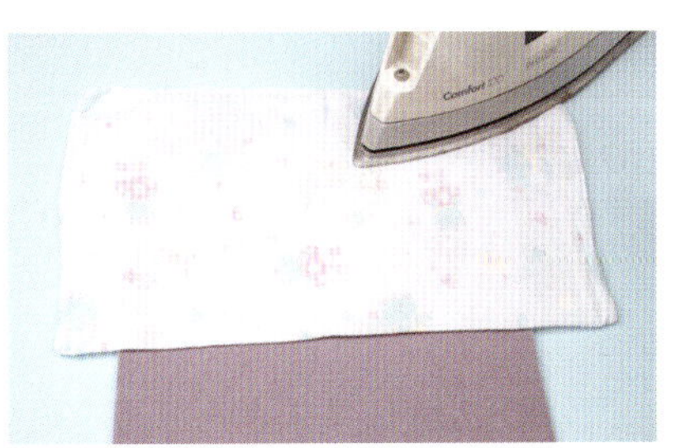

3 위에 손수건이나 타월지 같은 면을 깔고 다리미로 다립니다.

4 윗면 비닐을 떼어냅니다.

5 완성된 모습입니다.

Tip 핫픽스는 바느질을 시작하기 전에 먼저 다려서 붙이는 것이 좋습니다.

비즈 달기

한곳에 비즈 달기

1 뒤에서 앞으로 바늘을 찌릅니다.

2 비즈를 꿴니다.

3 바로 옆자리에서 뒤로 바늘을 빼냅니다.

4 바늘을 뒤에서 앞으로 다시 빼냅니다.

5 비즈를 또 하나 꿴니다.

6 반복해서 달아주면 원하는 한곳에 비즈를 고정시킬 수 있습니다.

여러 곳에 비즈 달기

1 비즈를 달 위치에 기화성펜으로 점을 찍어 표시합니다.

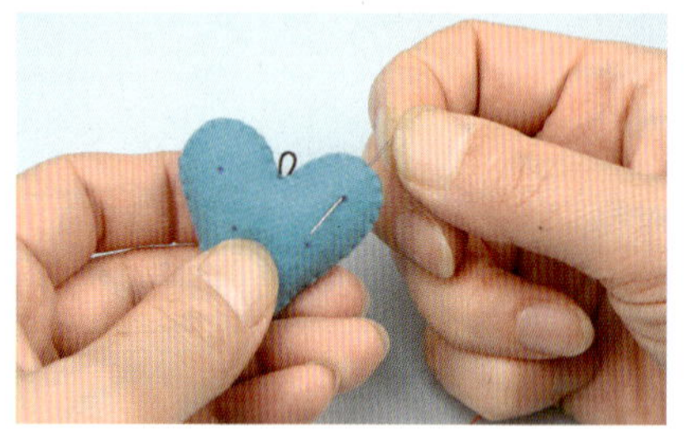

2 솔기 쪽에서 바늘을 찔러 비즈를 달 위치로 바늘을 빼냅니다.

3 비즈를 바늘에 꿰고 바로 옆에서 바늘을 찔러 넣어 비즈를 달 위치에서 바늘을 빼냅니다.

4 실을 당깁니다.

5 비즈를 바늘에 꿰고 바로 옆에서 바늘을 찔러 넣어 비즈를 달 위치에서 빼냅니다.

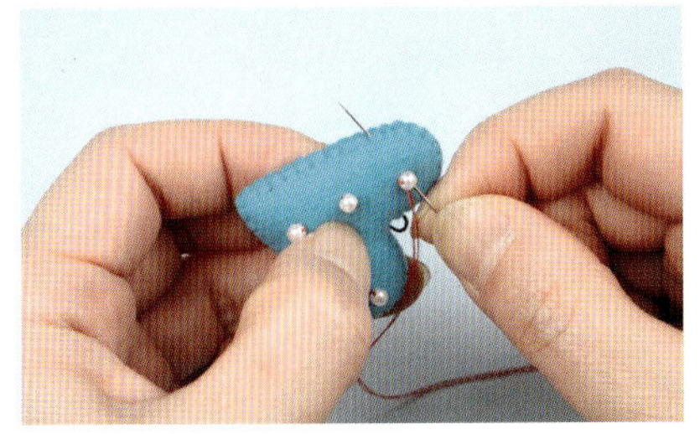

6 같은 방법으로 비즈를 모두 달고 솔기쪽으로 바늘을 빼냅니다.

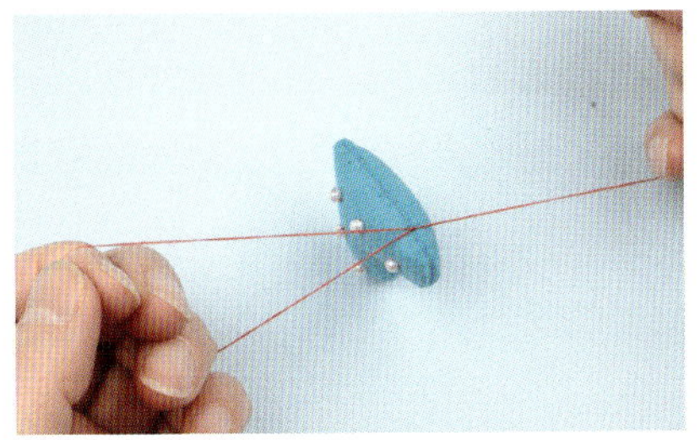

7 매듭을 짓습니다.

8 매듭을 지은 쪽에서 바늘을 넣어서 멀리서 빼냅니다.

9 완성 모습입니다.

곰돌이와 토끼, 오뚝이 등 동물 인형의 눈으로 활용된 비즈

도넛이나 과자 등 음식 모형 등의 장식으로 사용된 비즈

케이크의 휘핑크림에 장식된 진주비즈

PART 3

DVD 동영상으로 쉽게 만드는 첫 작품

01
나는 대한민국 월드컵 국가대표 선수!
알록달록 축구공

알록달록 축구공 만들기

사용 연령
6개월 이상

준비물

펠트 : 여러 가지 색상의 펠트 천(오각형 12장, 육각형 20장)
실 : 6(노랑)
부재료 : 딸랑이, 솜, 겸자, 가위, 기화성펜, 바늘

예상 재료비 : 10,000원   예상 제작 시간 : 3시간   완제품을 사려면 얼마나 하죠? : 35,000원

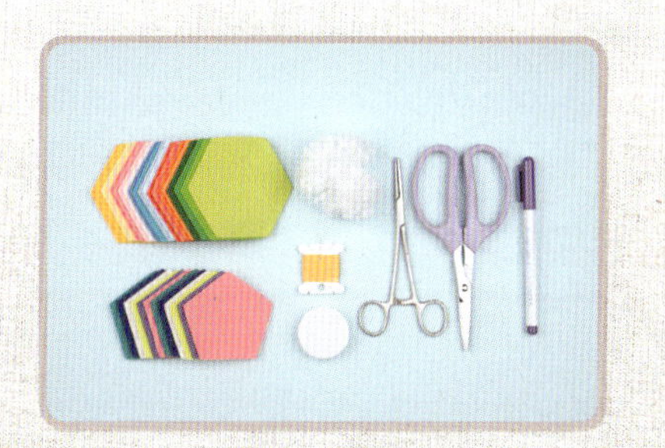

펠트 천 재단하기

여러 가지 색상 : 오각형 12장, 육각형 20장

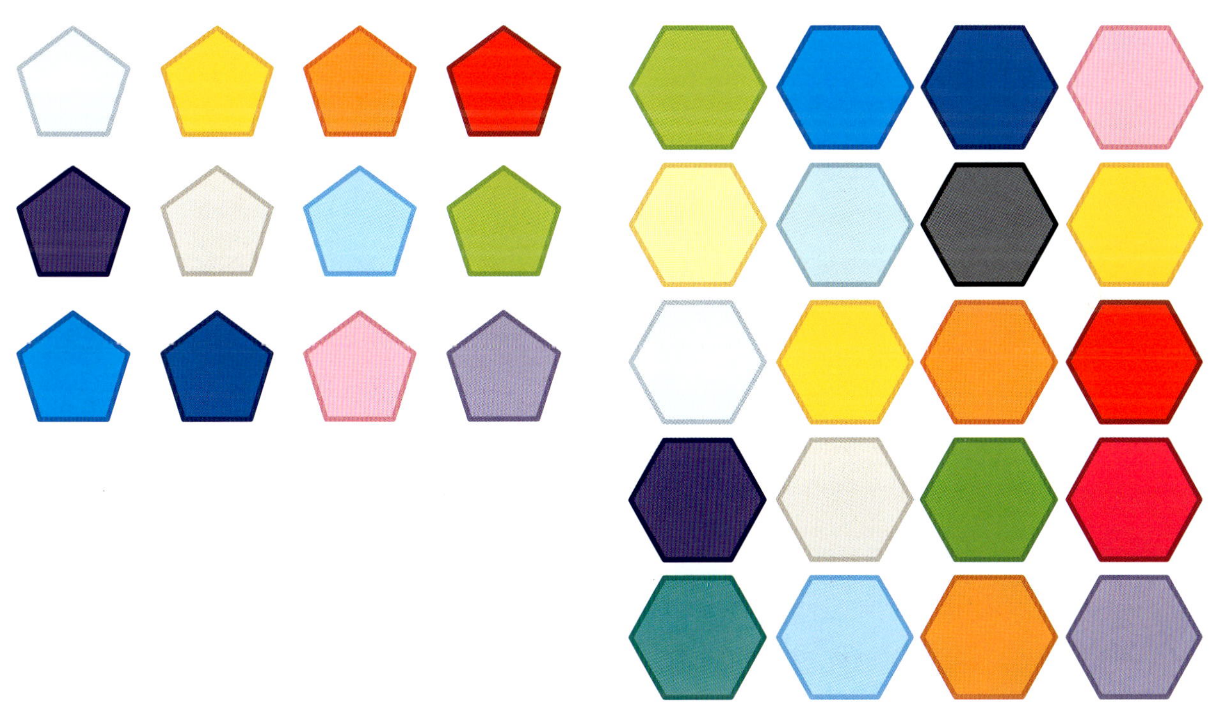

1 도안 선을 따라 종이를 잘라냅니다.

2 펠트 천 위에 자른 종이를 올려놓고 기화성펜으로 가장자리를 따라 도안을 그립니다.

기화성펜 사용법

기화성펜은 그린 자국이 일정 시간이 지나면 자연스럽게 사라지는 펜입니다. 자국이 강하면 그만큼 사라지는 시간도 많이 걸리므로, 살짝 눌러서 부드럽게 그리는 것이 요령입니다. 자국이 남은 경우에는 천을 자를 때 선 안쪽으로 가위질을 하여 펜 자국을 잘라냅니다. 색상이 진한 천에는 보라색의 기화성펜보다는 흰색 펜이나 흰색 연필을 사용하는 것이 좋습니다.

3 기화성펜으로 그린 도안 선을 따라서 펠트 천을 자릅니다.

천을 쉽고 빨리 자르는 방법

같은 모양이 반복되는 경우에는 펠트 천을 반으로 접어 스테이플러로 중앙을 고정하고 한꺼번에 자르면 시간을 반으로 줄일 수 있습니다. 단, 천 두께가 2mm 이상인 경우에는 밀릴 수 있으므로 1장씩 자릅니다.

4 여러 가지 색상의 펠트 천(오각형 12장, 육각형 20장)을 잘라서 준비합니다.

실 가닥 수

바느질을 할 때 보통 1겹을 사용하지만 특히 공이나 주사위 같은 장난감은 좀 더 튼튼하게 2겹으로 하면 좋습니다.

5 오각형과 육각형을 같이 잡고 버튼홀 스티치를 시작합니다. 화살표 방향을 따라 바늘을 통과시킵니다.

6 두 장 사이로 나온 실을 끝까지 당겨줍니다.

7 바늘을 한 땀 옆으로 이동해서 두 장을 한 꺼번에 찌릅니다. 앞장과 뒷장의 스티치 간격이 같도록 바늘은 수직을 유지합니다.

8 바늘이 실보다 앞에 오도록 하여 실을 당겨줍니다.

9 7~8을 반복하여 한 변을 끝까지 버튼홀 스티치 합니다.

10 바느질이 끝난 오각형과 육각형을 벌려서 오각형 앞에 다른 색상의 육각형을 겹칩니다. 그대로 버튼홀 스티치로 연결합니다.

11 계속해서 오각형 주위에 다른 색상의 육각형을 연결합니다.

12 육각형 주변에는 오각형과 육각형을 번갈아 3개씩 버튼홀 스티치로 연결합니다.

13 사진과 같은 배치로 반구를 연결합니다.

버튼홀 스티치를 하다가 실이 모자라는 경우

버튼홀 스티치로 바느질을 하다가 실이 모자라는 경우에는 마지막 땀과 같은 자리에서 버튼홀 스티치를 한 번 더 해서 매듭을 짓습니다. 남은 실은 보이지 않도록 바늘을 솔기 안쪽으로 멀리 빼서 자릅니다. 실을 바꿔 다시 시작할 때도 마지막 땀과 같은 자리에서 시작합니다. 버튼홀 스티치 무늬가 자연스럽게 이어지도록, 솔기 쪽의 실 라인에 바늘을 통과시켜 실을 걸고 스티치를 계속해 나갑니다.

14 반구가 완성된 모습입니다.

15 5~14를 반복하여 반구를 하나 더 만듭니다.

16 반구와 반구를 연결할 곳을 확인합니다.

17 변을 마주 잡고 버튼홀 스티치로 반구와 반구를 연결합니다.

18 솜을 넣기 위해 세 변 정도는 연결하지 않고 창구멍을 남겨둡니다.

19 창구멍으로 솜을 넣습니다. 손으로 넣어도 좋고, 솜을 넣는 전용 도구인 겸자를 사용하면 좀 더 편합니다.

20 공이 어느 정도 차면 딸랑이를 넣습니다. 너무 깊숙이 넣으면 소리가 잘 들리지 않으므로 바깥쪽에 가깝게 넣습니다.

21 솜을 조금 더 넣어 공이 빵빵해지면 버튼홀 스티치로 창구멍을 막습니다.

22 모서리까지 꼼꼼하게 창구멍을 모두 막은 다음. 마지막 땀과 같은 자리에 버튼홀 스티치를 한 번 더 해서 매듭을 짓습니다.

23 두 변이 만나는 솔기에서 바늘을 안쪽으로 찔러 넣어 멀리서 바늘을 빼냅니다.

24 남은 실을 가위로 잘라서 마무리합니다. 특별히 매듭을 짓지 않아도 실이 공 안으로 깊숙이 들어가서 빠지지 않습니다.

25 알록달록 축구공이 완성되었습니다.

오각형에 12간지 동물을 붙이거나, 과일과 숫자 등을 붙이면 아이의 사물 인지 능력을 키워주는 훌륭한 교구가 됩니다.

02
아크릴 거울이 달려 내 모습을 볼 수 있는
거울 주사위

거울 주사위 만들기

사용 연령
흑백 : 신생아~3개월 / 컬러 : 3개월~돌 전후

준비물

펠트 : 〈흑백 거울 주사위〉 흰색, 검정
　　　　〈컬러 거울 주사위〉 파랑, 노랑, 빨강, 연두

실 : 1(흰색), 26(검정)

부재료 : 딸랑이, 10cm 정육면체 스펀지, 바늘, 가위, 기화성펜, 화이트 펜슬, 지름 8cm 아크릴 안전 거울

예상 재료비 : 7,500원　　　예상 제작 시간 : 2시간　　　완제품을 사려면 얼마나 하죠? : 20,000원

펠트 천 재단하기

〈흑백 거울 주사위〉

검정 : 3면 바탕 1장, 다양한 도형

흰색 : 3면 바탕 1장, 다양한 도형

〈컬러 거울 주사위〉

노랑 : 3면 바탕 1장

빨강 : 3면 바탕 1장

파랑, 노랑, 빨강, 연두 : 다양한 도형

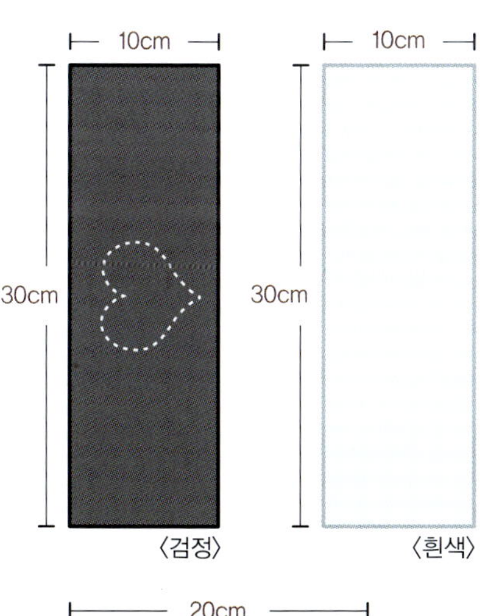

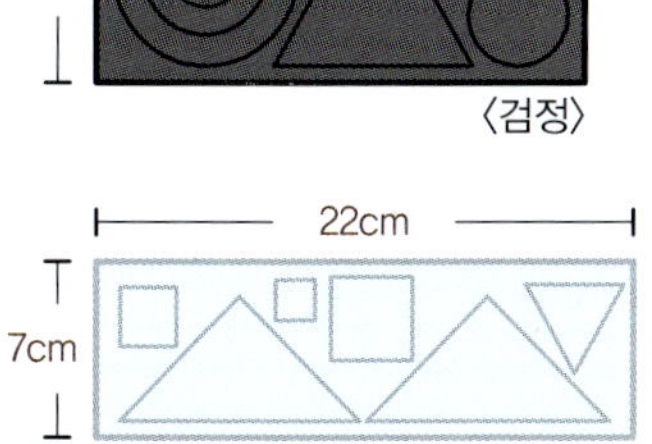

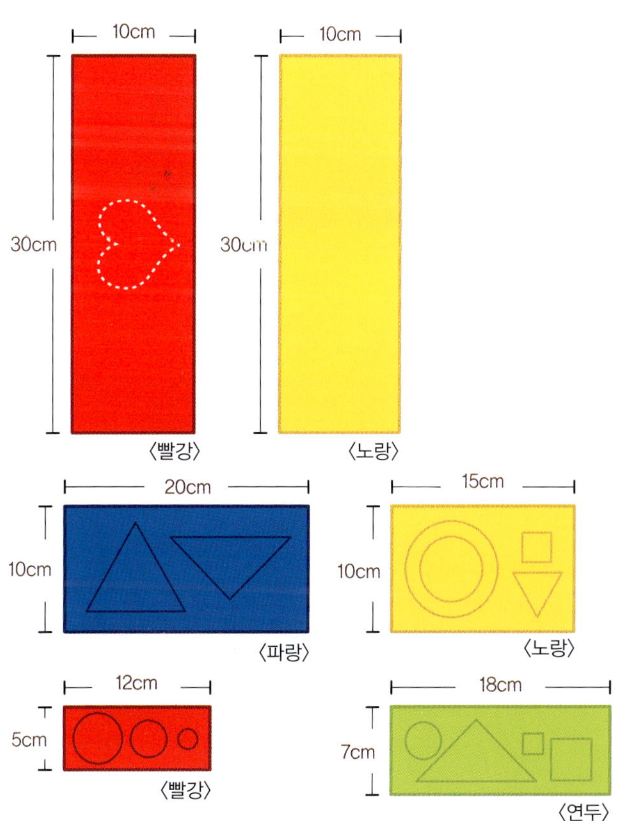

1 검정 3면 바탕 천 위에 흰색 도형 천을 겹쳐서 아플리케를 시작합니다.

2 바늘을 뒤에서 앞으로 통과시킨 다음. 도형 천에 바늘을 바짝 붙여서 아래로 찔러 통과시킵니다.

3 바늘을 한 땀 옆으로 옮겨서 뒤에서 앞으로 찔러 통과시킵니다.

4 다시 도형 천에 바늘을 바짝 붙여서 아래로 찔러 통과시킵니다.

5 1~4를 반복하여 흰색 도형을 모두 아플리케 합니다.

6 거울이 들어갈 하트 부분을 오려냅니다.

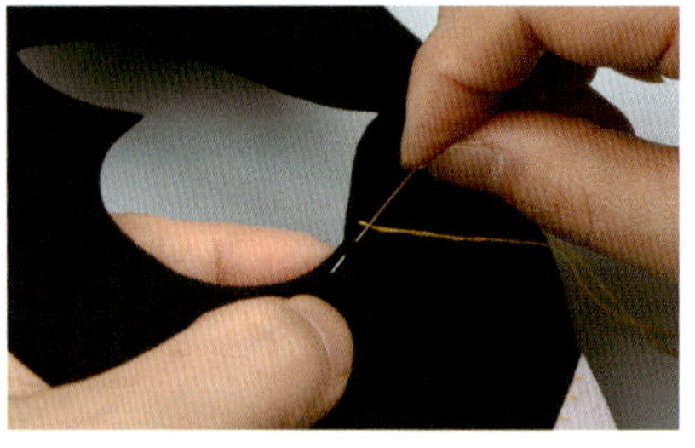

7 흰색 실로 하트 가장자리를 따라 2mm 안쪽으로 홈질을 합니다.

8 검정 3면 바탕 천 꾸미기가 완성되었습니다.

> **Tip**
>
> **검정 천에 도안을 그릴 때**
>
> 검정 천에 도안을 그릴 때는 보라색인 기화성펜을 사용하면 도안 선이 잘 보이지 않으므로, 화이트 펜슬을 사용하는 것이 좋습니다. 화이트 펜슬로 그린 자국은 물에 빨아야 완전히 없어지기 때문에. 천을 자를 때 선 안쪽으로 가위질을 하여 자국을 잘라내는 것이 좋습니다.

아크릴 거울 깔끔하게 붙이는 방법

아크릴 거울은 접착제가 묻을 경우 선명도를 잃어서 복구가 되지 않습니다. 따라서 거울 표면에 직접 글루건을 쏘지 말고 펠트 천에 글루건을 쏘아 거울을 붙이는 것이 좋습니다. 코팅지는 작품을 완성한 다음이나 완성하기 직전에 떼어내는 것이 가장 좋습니다.

9 아크릴 거울에 붙어 있는 코팅지를 손톱으로 살짝 긁어서 벗겨냅니다.

10 하트 구멍의 뒷면 가장자리에 글루건을 쏩니다. 접착제가 굳지 않도록 빠른 속도로 쏘아줍니다.

11 아크릴 거울을 구멍 위에 올려놓고 손으로 눌러서 고정합니다.

12 흰색 3면 바탕 천도 사진과 같이 꾸며줍니다.

14 딸랑이를 스펀지 위에 끼워 넣습니다.

13 스펀지 위에 딸랑이를 끼워 넣을 수 있을 만큼 공간을 만듭니다.

15 바느질을 하기 전에 천을 스펀지에 씌워보고 면의 배치와 크기가 맞는지 확인합니다.

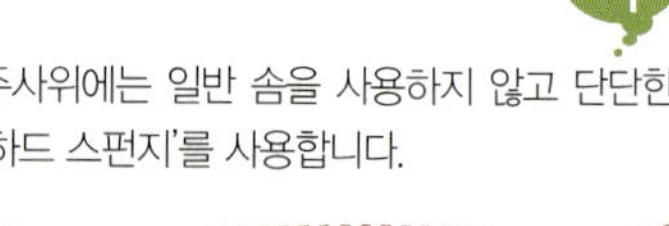

주사위에는 일반 솜을 사용하지 않고 단단한 '하드 스펀지'를 사용합니다.

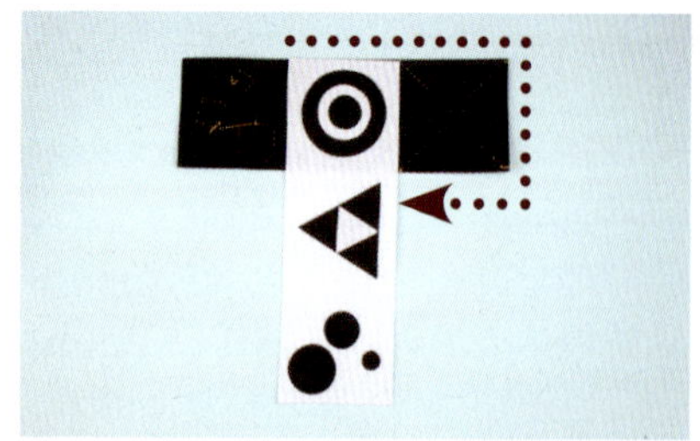

16 사진과 같이 T자 모양으로 배치하여 화살표를 따라 버튼홀 스티치로 연결합니다.

17 뚜껑 부분만 남겨두고 연결한 모습입니다.

18 딸랑이를 끼워 넣은 스펀지를 안으로 밀어 넣습니다.

19 뚜껑 부분을 버튼홀 스티치로 연결합니다.

20 바느질이 끝나는 위치에서 마지막 땀과 같은 자리에 버튼홀 스티치를 한 번 더 해서 매듭을 짓습니다.

21 남은 실을 주사위 안쪽으로 정리하면(51쪽 23~24 참고) 흑백 거울 주사위가 완성입니다.

흑백 거울 주사위 만드는 방법을 참고하여, 여러 가지 색상의 펠트 천으로 '컬러 거울 주사위'를 만들어보세요!

03
팔을 움직일 때마다 소리가 나는
손목 딸랑이

손목 딸랑이 만들기

준비물

펠트 : 노랑, 밤색, 바다하늘, 주황, 빨강, 연두
실 : 6(노랑), 16(바다하늘), 26(검정)
부재료 : 딸랑이, 바늘, 가위, 기화성펜, 방울솜, 겨자, 글루건, 벨크로(보들이&찍찍이), 시드비즈

예상 재료비 : 5,000원   예상 제작 시간 : 1시간   완제품을 사려면 얼마나 하죠? : 15,000원

펠트 천 재단하기

〈호랑이〉
노랑 : 얼굴 2장, 겉귀 2장, 하트 1장
밤색 : 얼굴 무늬 3장
바다하늘 : 손목 띠 2장
주황 : 속귀 2장
빨강 : 하트 1장
연두 : 하트 1장

〈소〉
흰색 : 얼굴 2장, 귀 2장
겨자 : 뿔 2장, 입 1장
파스텔 진하늘 : 손목 띠 2장
회색 : 얼룩 1장
진분홍, 연두, 노랑 : 하트 1장씩

〈토끼〉
흰색 : 얼굴 2장, 귀 2장
진분홍 : 속귀 2장
파스텔 연두 : 손목 띠 2장
빨강, 파랑, 노랑 : 하트 1장씩

〈코끼리〉
파스텔 밝은 연두 : 얼굴 2장
파스텔 연두 : 귀 2장
연보라 : 손목 띠 2장
진분홍 : 볼 2장
빨강, 흰색, 노랑 : 하트 1장씩

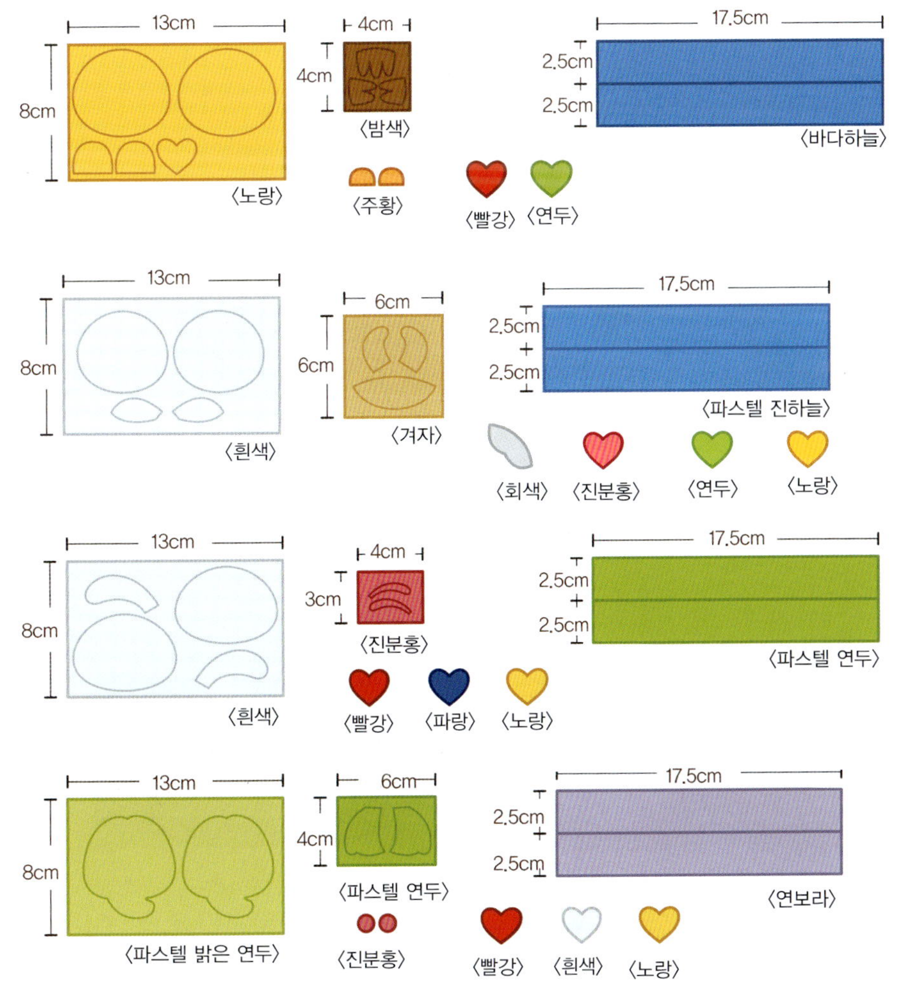

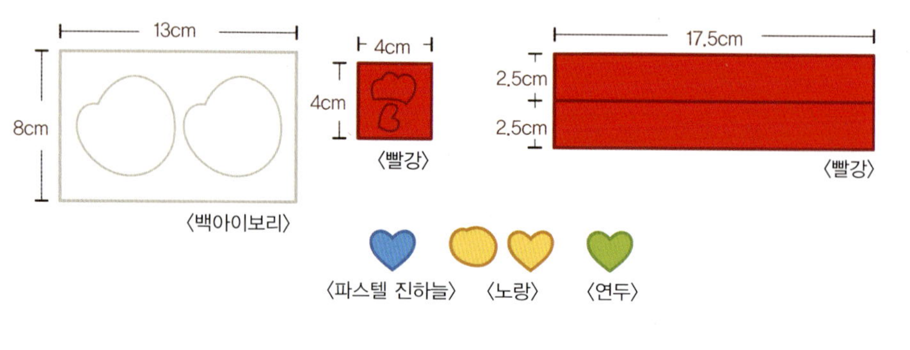

손목 띠 만들기

1 손목 띠 천 1장 위에 하트와 호랑이 얼굴을 먼저 배치해보고, 하트를 아플리케 합니다.

2 호랑이 얼굴을 붙일 자리는 남겨놓고 빨강, 노랑, 연두 하트 3개를 먼저 아플리케 합니다.

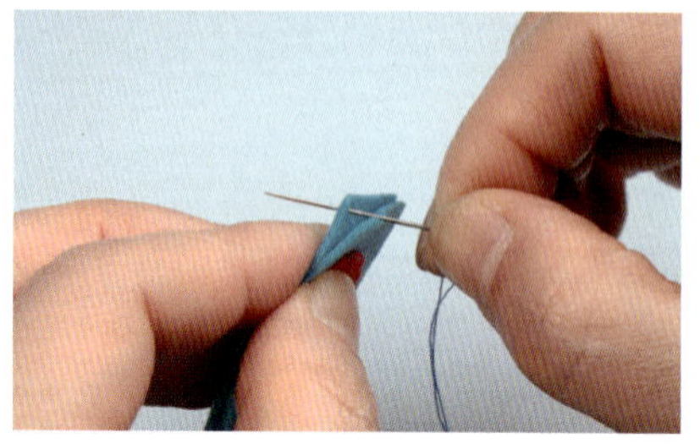

3 손목 띠 천 1장을 더 겹쳐서 버튼홀 스티치로 가장자리를 모두 연결합니다.

4 손목 띠가 완성되었습니다.

얼굴 만들기

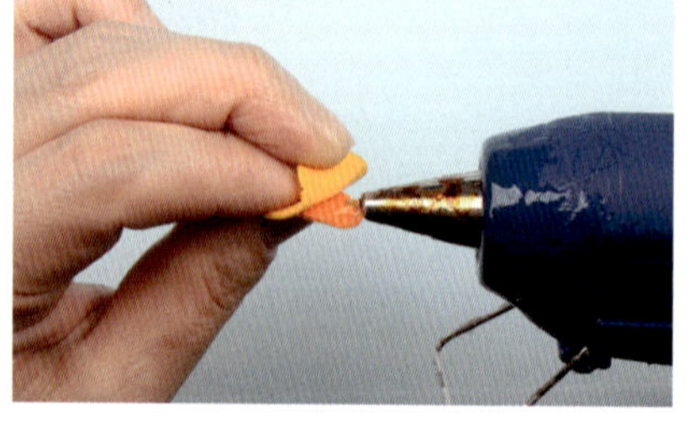

5 속귀 위쪽에만 글루건을 쏘아 겉귀에 붙입니다. 속귀 아래쪽은 바느질을 해야 하는 부분이므로 풀이 묻지 않도록 주의합니다.

Tip

글루건을 사용할 때 주의할 점

글루건으로 펠트 천을 붙이기 전에, 붙일 부분이 바느질을 하는 부분인지를 꼭 확인합니다. 글루건으로 붙인 천에는 바늘이 잘 들어가지 않으므로 주의합니다.

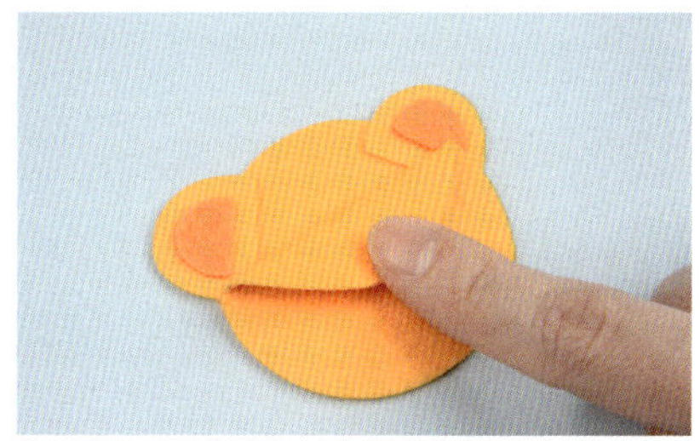 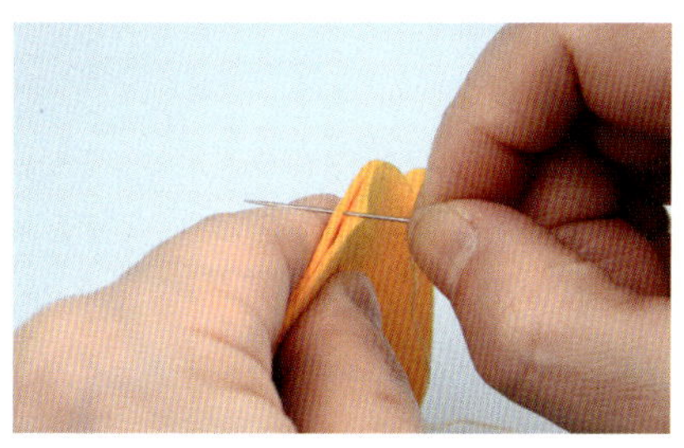 

6 귀를 얼굴에 배치해 보고 위치를 확인합니다. 기화성펜으로 표시해두면 좋습니다.

7 얼굴 2장을 겹쳐서 가장자리를 버튼홀 스티치 합니다. 얼굴 아랫부분에 솜을 넣을 창구멍을 2cm 정도 남겨둡니다.

8 귀의 위치를 표시한 곳에 귀를 넣고 끼워박기를 시작합니다. 얼굴 2장과 귀 1장을 앞에서 뒤로 한꺼번에 찔러 바늘을 통과시킵니다.

9 뒤에서 앞으로 올 때는 귀 1장만 찔러 바늘을 통과시킵니다.

10 한 땀 옆으로 바늘을 옮겨 8~9를 반복합니다.

11 나머지 귀도 끼워박기하여 창구멍을 제외한 가장자리를 모두 연결하였습니다.

 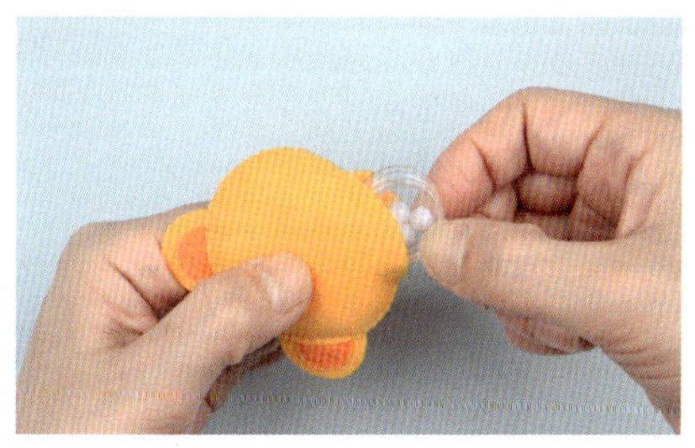 

12 겸자를 사용하여 솜을 반 정도 채웁니다.

13 딸랑이를 넣습니다.

14 얼굴이 빵빵해질 때까지 솜을 채우고 창구멍은 버튼홀 스티치로 막습니다.

눈, 코, 입 붙이고 완성하기

15 바늘을 솔기에서 찔러 넣어 눈 위치에서 빼냅니다. 실을 당기면 매듭은 안쪽으로 들어갑니다.

Tip
눈이나 코의 위치를 기화성펜으로 표시해 두면 더욱 쉽고 정확하게 바느질을 할 수 있습니다.

16 실에 시드비즈를 뀁니다.

17 바늘이 나온 위치에 바늘을 다시 찔러 넣어 다른 쪽 눈의 위치로 빼냅니다.

18 실에 시드비즈를 뀁니다.

19 바늘이 나온 위치에 바늘을 다시 찔러 넣어 다른 쪽 눈의 위치로 빼냅니다.

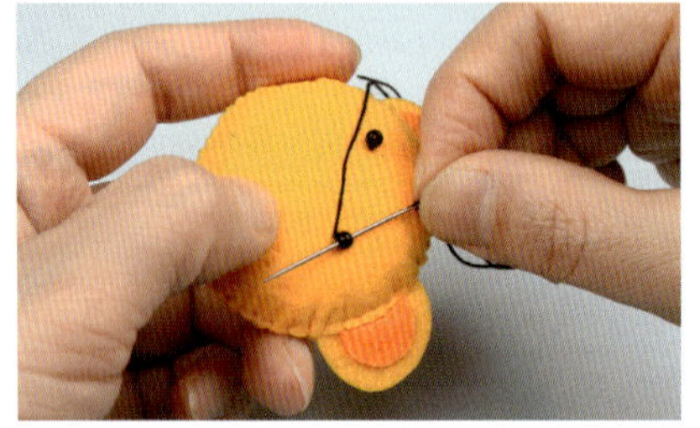

20 시드비즈에 바늘을 통과시키고 **19**를 반복합니다. 이렇게 양쪽 눈을 왔다갔다 하며 튼튼하게 고정합니다.

영유아가 가지고 노는 장난감이나 교구에 다는 비즈의 경우, 떨어지면 아이가 입에 넣어 삼킬 수 있기 때문에 떨어지지 않도록 튼튼하게 달아줍니다. 그래도 걱정이 된다면 시드비즈 대신에 검정 실 2겹으로 프렌치 너트 스티치를 합니다.

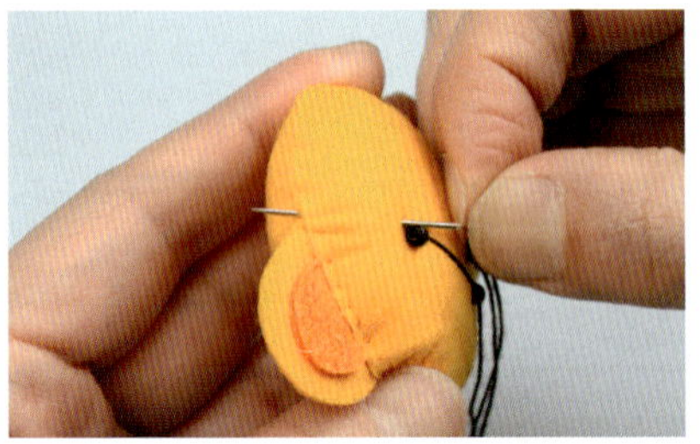

21 마무리를 위해서 솔기로 바늘을 빼냅니다.

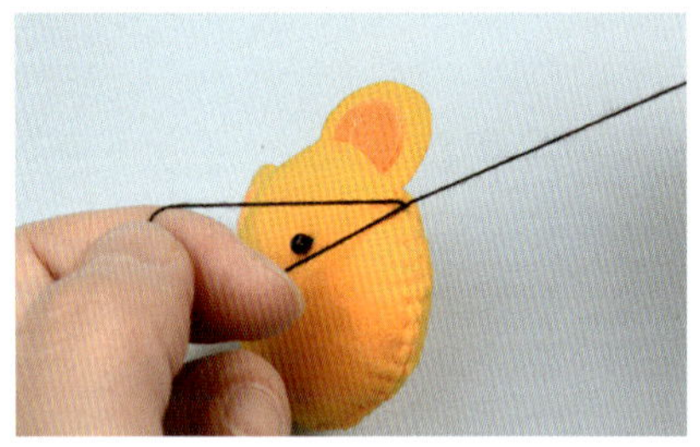

22 매듭을 짓습니다.

23 솔기에서 바늘을 찔러 넣어 코의 위치에서 빼냅니다.

24 세모 모양의 코가 되도록 사진과 같이 바늘을 조금 왼쪽에서 찔러 넣어 통과시킵니다.

25 **24**에서 생긴 바늘땀에 바늘을 넣어 통과시킵니다.

26 실을 당겨서 세모 모양의 코를 만듭니다.

27 세모 꼭지 위치에 바늘을 찔러 넣어서 솔기로 빼냅니다.

28 솔기로 나온 실을 잘라 마무리합니다.

29 글루건으로 얼굴 무늬를 붙입니다.

30 얼굴 무늬를 모두 붙인 모습입니다.

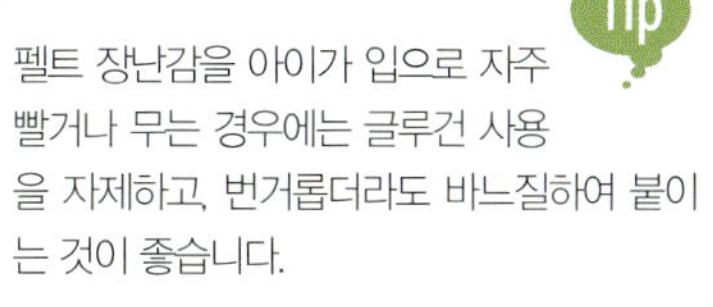

31 글루건으로 손목 띠에 호랑이 얼굴을 붙입니다.

32 손목 띠 끝에 글루건으로 보들이를 붙입니다.

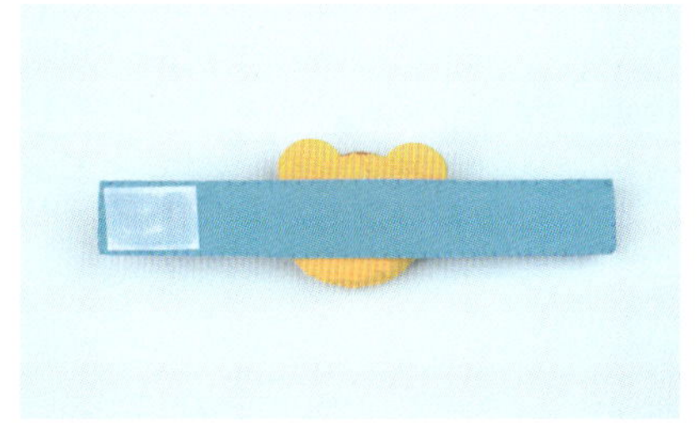

33 뒤집어서 반대쪽 끝에는 찍찍이를 붙입니다.

34 손목 딸랑이가 완성되었습니다.

공주님에게 딱 어울리는

인형 머리 끈

인형 머리 끈 만들기

준비물

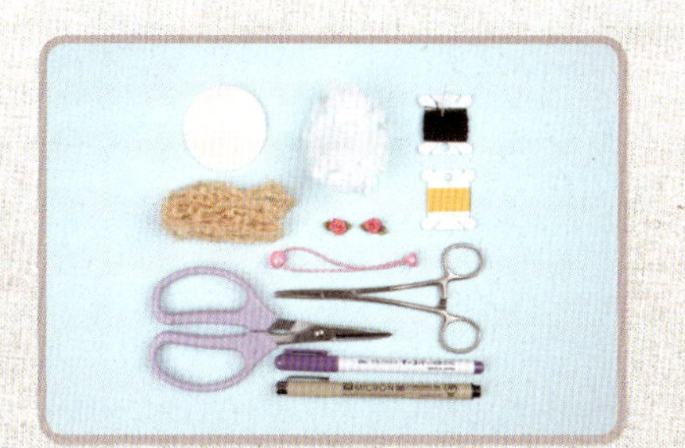

펠트 : 아이보리 무수지 펠트 천

　★ 부드러운 무수지(소프트펠트)는 솜을 넣어서 무언가를 만들었을 때 유수지(하드펠트)보다 주름이 덜 생깁니다.

실 : 2(아이보리), 26(검정)

부재료 : 바늘, 가위, 기화성펜, 방울솜, 겸자, 장미 장식, 머리카락용 털실, 볼터치용 블러셔, 피그마펜 또는 네임펜, 머리 끈

예상 재료비 : 3,000원　　예상 제작 시간 : 20분　　완제품을 사려면 얼마나 하죠? : 6,000원

펠트 천 재단하기

아이보리 : 얼굴 1장

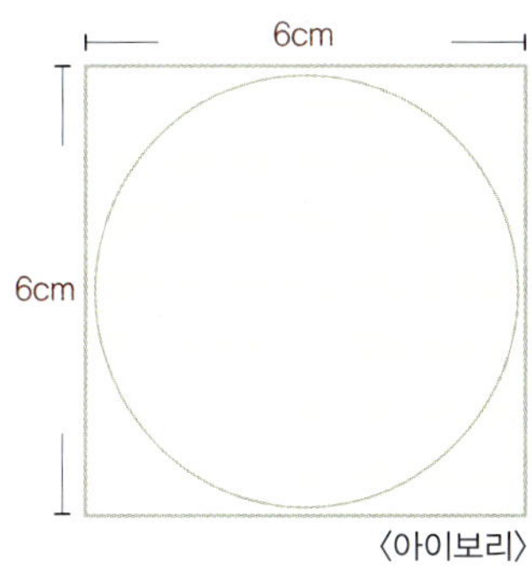

6cm

6cm

〈아이보리〉

인형 머리카락 만들기

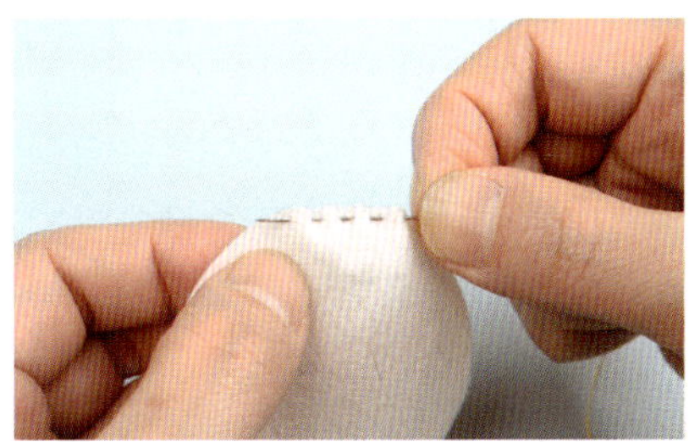

1 얼굴 천의 가장자리를 실 2겹으로 홈질합니다.

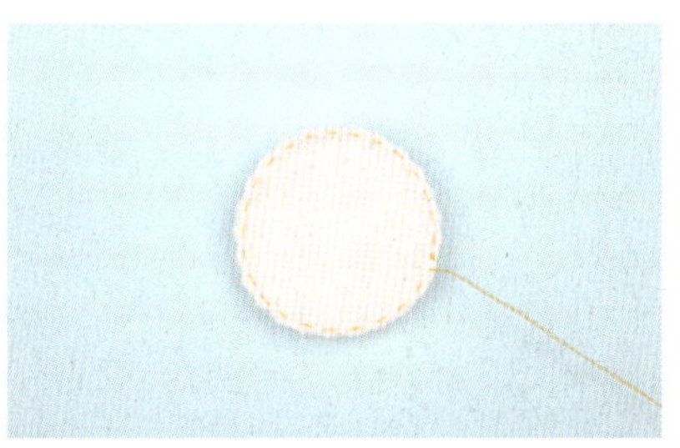

2 한 바퀴 삥 둘러서 홈질한 모습입니다.

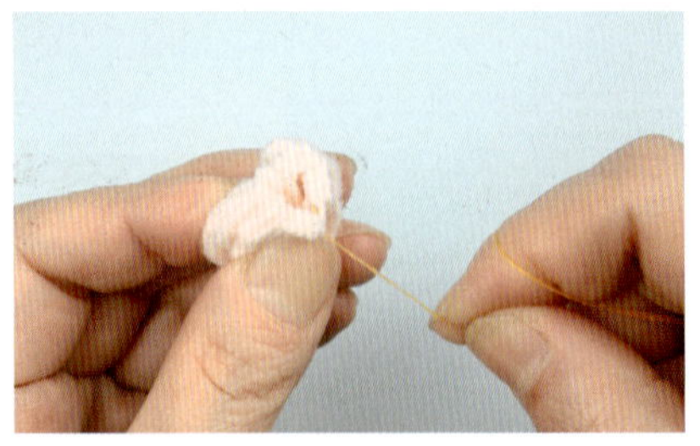

3 가장자리가 모아지도록 실을 최대한 당 깁니다.

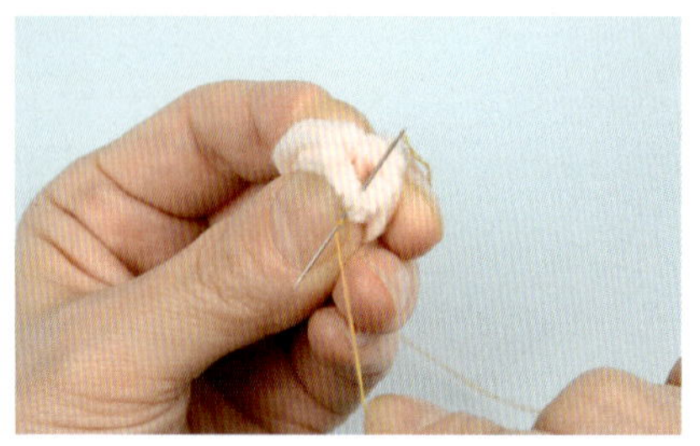

4 매듭을 지은 후 실은 자르지 말고 그대로 둡니다.

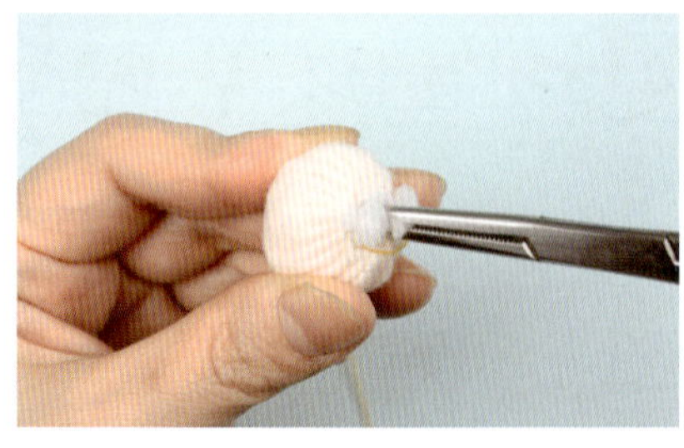

5 겸자를 사용해서 꼼꼼하게 솜을 채웁니다.

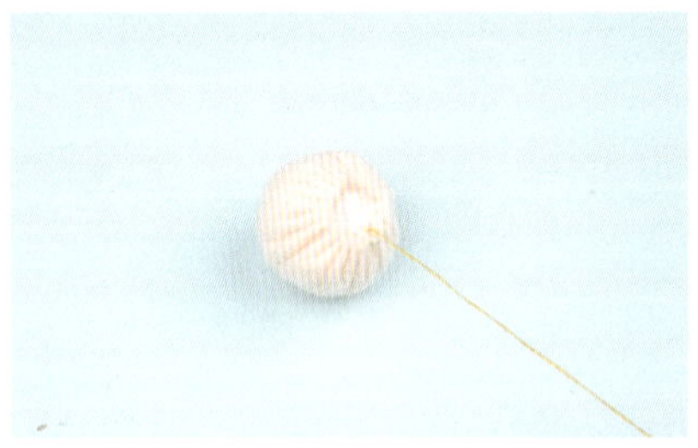

6 솜을 채우면서 얼굴 형태를 동그랗게 만 듭니다.

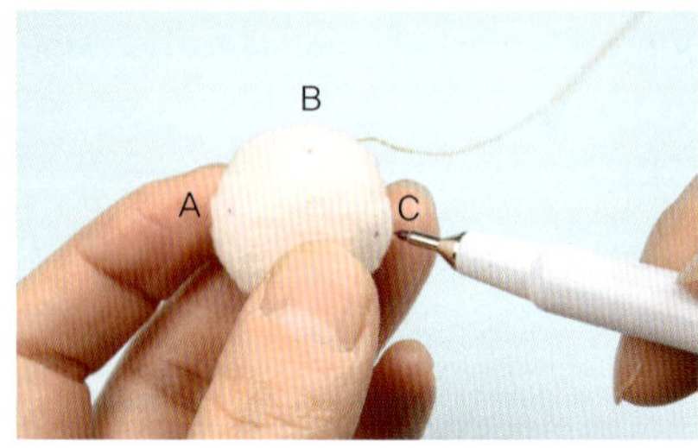

7 기화성펜으로 머리카락을 고정할 위치 3군데(A,B,C)를 사진과 같이 표시합니다.

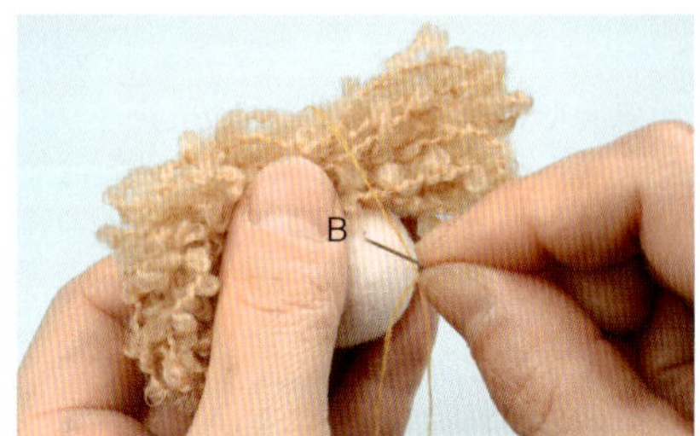

8 머리카락용 털실을 여러 겹으로 감아서 얼굴 위에 올려놓고, B로 바늘을 찔러 넣 어 뒤로 빼냅니다(가르마 부분이 됩니다).

> **Tip**
> 털실을 감을 때는 손이나 두께가 있는 물체에 대고 감습니다. 원하는 머리 길 이를 생각하면서 짧거나 길게 폭을 조절합 니다.

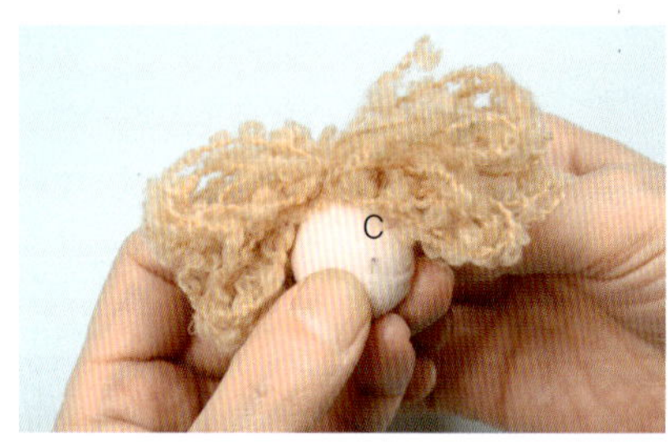

9 뒤로 뺀 바늘을 C에서 빼냅니다.

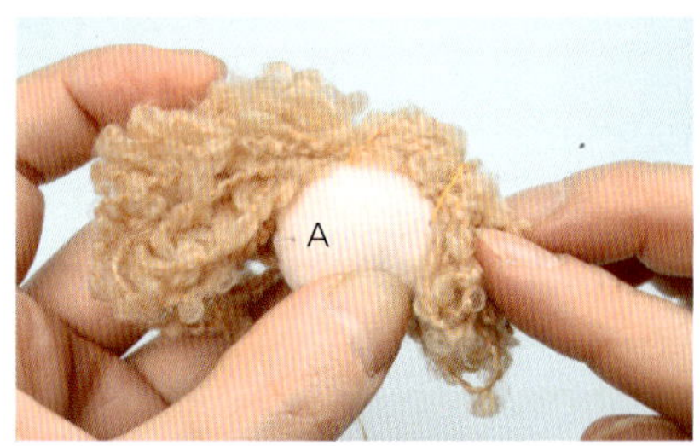

10 옆 머리카락을 실로 감아주고 바늘을 뒤에서 찔러 넣어 A로 빼냅니다.

11 옆 머리카락을 실로 감아주고 뒤에서 매듭을 지어 실을 마무리합니다.

12 실로 머리카락을 고정한 모습입니다.

13 정리가 잘 안 되는 부분에 글루건을 쏘아 원하는 모양으로 튼튼하게 고정합니다.

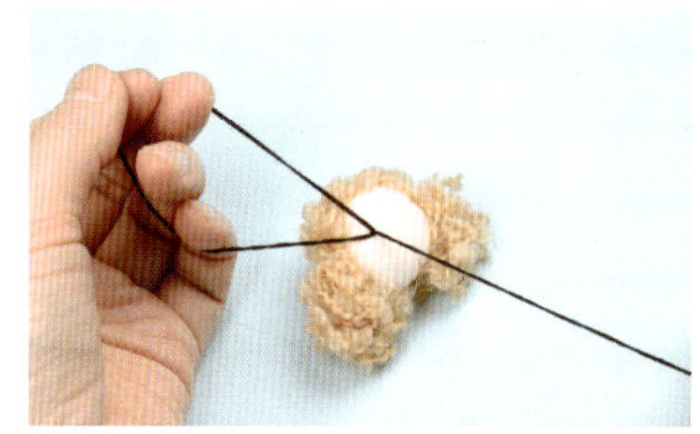

14 뒷머리 쪽에서 바늘을 넣어 눈 위치에서 바늘을 빼냅니다. 기화성펜으로 눈의 위치를 표시해두면 좋습니다.

15 매듭을 지어 눈을 만듭니다. 눈이 너무 작으면 한 번 더 매듭을 짓습니다.

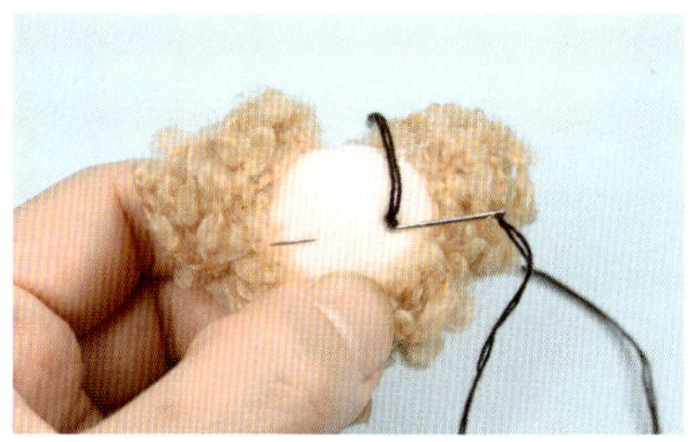

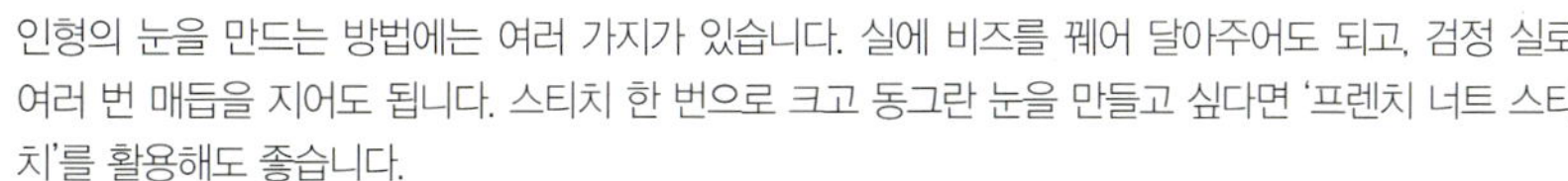

인형 눈 만드는 방법

인형의 눈을 만드는 방법에는 여러 가지가 있습니다. 실에 비즈를 꿰어 달아주어도 되고, 검정 실로 여러 번 매듭을 지어도 됩니다. 스티치 한 번으로 크고 동그란 눈을 만들고 싶다면 '프렌치 너트 스티치'를 활용해도 좋습니다.

16 사진과 같이 반대쪽 눈으로 바늘을 찔러 넣어 이동합니다.

17 같은 방법으로 매듭을 짓습니다. 바늘을 얼굴 뒤쪽으로 빼서 실을 마무리합니다.

18 글루건으로 머리카락 양옆에 장미 장식을 붙입니다.

19 볼터치용 블러셔로 발그레한 볼을 표현합니다.

20 피그마펜으로 볼터치 위에 주근깨를 그립니다.

21 머리 끈의 플라스틱 부분에 글루건을 쏘아줍니다.

22 머리 뒷부분에 올려놓고 한참 눌러주면 튼튼하게 고정됩니다.

23 인형 머리 끈이 완성되었습니다. 하나를 더 만들어 한 쌍을 만들어봅니다.

인형 머리 끈 만드는 방법을 응용하여 완성한 집게 핀입니다.
다양한 부재료를 사용하여 여러 가지 헤어 액세서리를 만들어보세요.

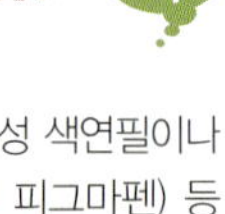

펠트 천에 색칠하는 방법

펠트 천에 색칠을 할 때는 유성 색연필이나 유성 파스텔, 유성펜(네임펜, 피그마펜) 등 물이 묻거나 세탁을 하더라도 지워지지 않는 도구를 사용하는 것이 좋습니다. 안 쓰는 색조 화장품을 사용하는 것도 좋은 방법입니다. 솜방울(뿅뿅)로 칠하면 자연스러운 표현을 할 수 있습니다.

수를 좋아하게 만드는

123 수놀이책

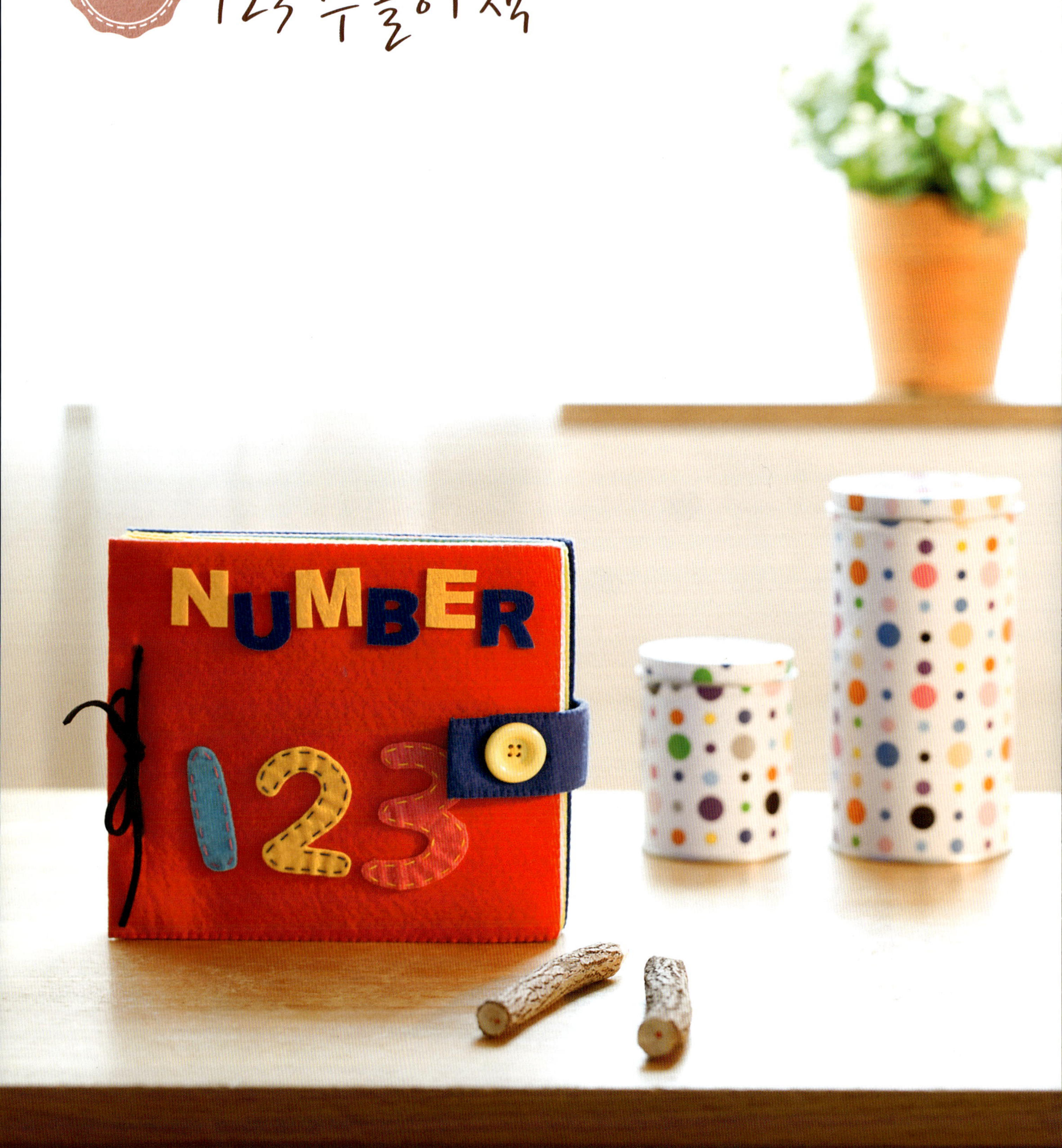

123 수놀이 책 만들기

사용 연령
5세 이전

준비물

펠트 : 〈유수지 펠트 천〉 노랑, 파스텔 노랑, 진분홍, 분홍, 빨강, 파랑, 파스텔 진하늘, 녹색, 파스텔 연두, 파스텔 밝은 연두, 남색, 밤색, 흰색, 아이보리 〈접착 펠트 천〉 노랑, 파랑

실 : 무지개 색 계열의 모든 색상

부재료 : 바늘, 가위, 기화성펜, 구멍 펀치, 가죽 끈, 단추

예상 재료비 : 27,500원   예상 제작 시간 : 10시간   완제품을 사려면 얼마나 하죠? : 75,000원

펠트 천 재단하기

〈유수지 펠트 천〉

노랑 : 숫자 8쪽 바탕 1장, 쪽 연결 5장, 숫자 2 2장, 숫자 9 1장, 별 2장, 바나나 10장

파스텔 노랑 : 숫자 1쪽 바탕 1장, 꽃 1장

진분홍 : 숫자 6쪽 바탕 1장, 숫자 3 2장, 숫자 7 1장, 자동차 1장

분홍 : 숫자 3쪽 바탕 1장

빨강 : 앞표지 1장, 숫자 10쪽 바탕 1장, 숫자 5 1장, 꽃 1장, 딸기 7장

파랑 : 뒤표지 1장, 책 연결 끈 1장

파스텔 진하늘 : 숫자 9쪽 바탕 1장, 숫자 1 2장, 숫자 6 1장, 새 5장

녹색 : 숫자 8 1장, 딸기 꼭지 7장

파스텔 연두 : 숫자 4쪽 바탕 1장, 키위 6장
(동그라미 3개를 반으로 잘라 사용)

파스텔 밝은 연두 : 숫자 7쪽 바탕 1장, 꽃 9장

남색 : 숫자 2쪽 바탕 1장

밤색 : 숫자 4 1장, 하트 8장

흰색 : 자동차 연기 1장, 꽃 1장, 키위 속 6장
(동그라미 3개를 반으로 잘라 사용)

아이보리 : 숫자 5쪽 바탕 1장, 숫자 10 1장, 곰 4장

〈접착 펠트 천〉

노랑 : 알파벳 N, M, E 각 1장

파랑 : 알파벳 U, B, R 각 1장

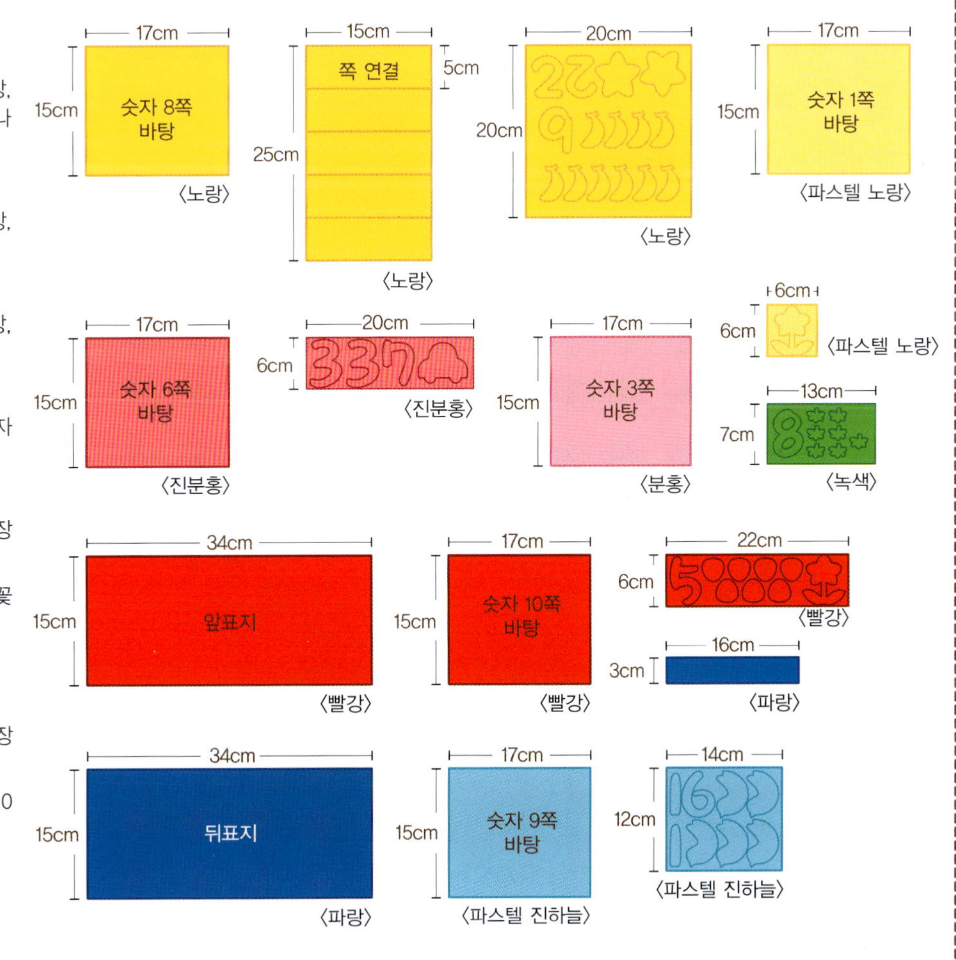

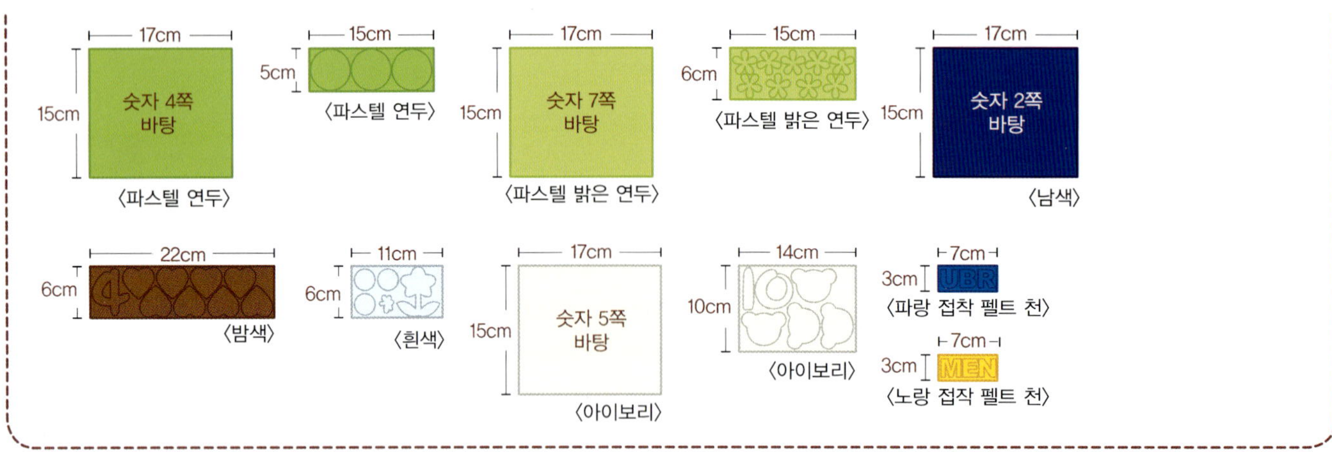

앞표지와 연결 끈 만들기

가장자리 홈질을 예쁘게 하는 방법

실을 2겹 이상 사용하고, 천 색상과 대비되는 보색의 실을 선택하여 홈질을 하면 더욱 선명하고 예쁜 작품이 됩니다.

1 앞표지에 붙일 숫자 1,2,3의 가장자리를 홈질합니다.

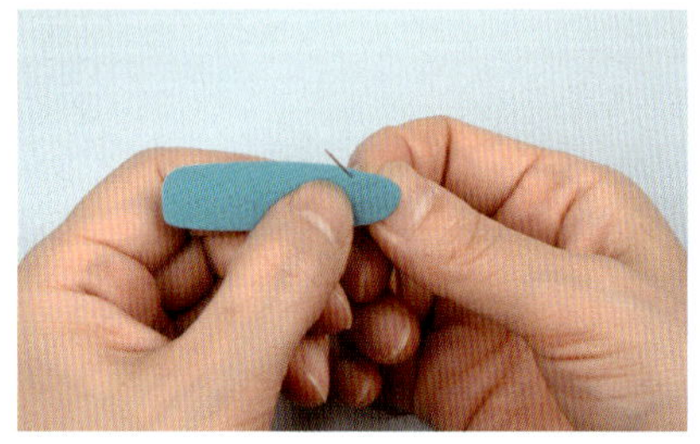

2 알파벳 N, U, M, B, E, R(접착 펠트)의 뒷면 종이를 떼어내고 앞표지에 붙입니다. 글루건으로 붙이면 더욱 튼튼하게 고정됩니다.

3 실물본에 있는 쪽 연결 도안을 사용하여 구멍 펀치로 가운데에 구멍을 뚫습니다.

4 오른편 중앙에 단추를 답니다.

5 숫자 1,2,3을 글루건으로 앞표지에 붙입니다.

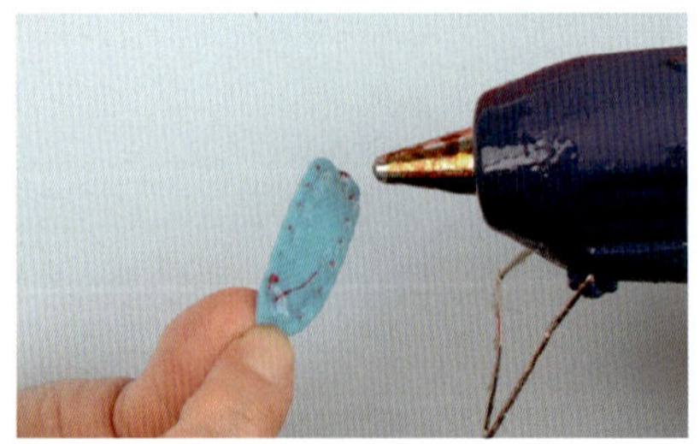

6 앞표지가 완성되었습니다.

7 앞표지를 반으로 접어서 가장자리를 버튼홀 스티치 합니다.

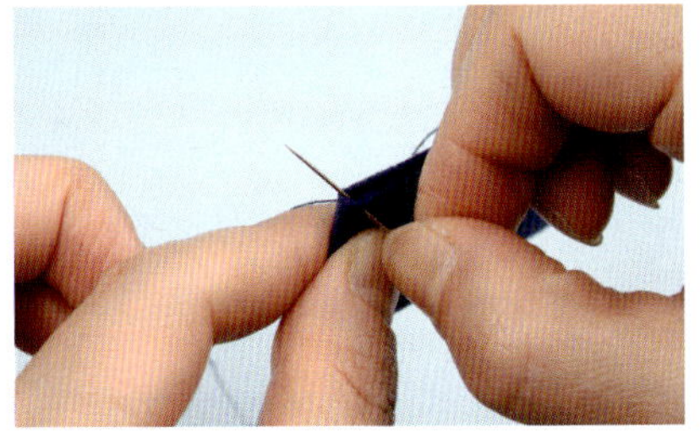

8 책 연결 끈은 반으로 접어 가장자리를 버튼홀 스티치 합니다.

9 가장자리를 모두 버튼홀 스티치 한 모습입니다.

10 한쪽 끝을 살짝 접어서 가위집을 내어 단춧구멍을 만듭니다.

11 구멍에 단추를 넣어보고 작을 경우 구멍을 조금 더 자릅니다.

12 숫자 1을 바탕 천에 홈질하여 붙입니다.

13 기화성펜으로 자동차 위에 창문을 그립니다.

14 창문 선을 따라서 홈질합니다.

15 기화성펜으로 바퀴를 그립니다.

16 바퀴 선을 따라서 한땀홈질합니다.

17 바퀴의 가운데 점은 매듭을 지어서 표현합니다.

18 바늘을 뒤로 빼내어 마무리합니다.

19 같은 방법으로 자동차의 양쪽 바퀴를 완성합니다.

20 바탕 천 위에 자동차를 올려놓고 가장자리를 아플리케 합니다. 자동차 연기는 글루건으로 붙입니다.

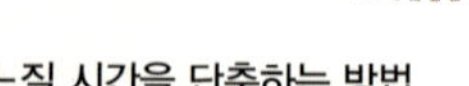

바느질 시간을 단축하는 방법

바느질하는 부분을 생략하면 시간을 많이 단축할 수 있습니다. 예를 들어 숫자를 홈질하지 않고 글루건으로 붙이거나, 바퀴 선을 바느질하지 않고 네임펜으로 그리면 조금 밋밋할 수는 있겠지만 빠른 시간에 책을 완성할 수 있습니다.

뒤표지 만들기

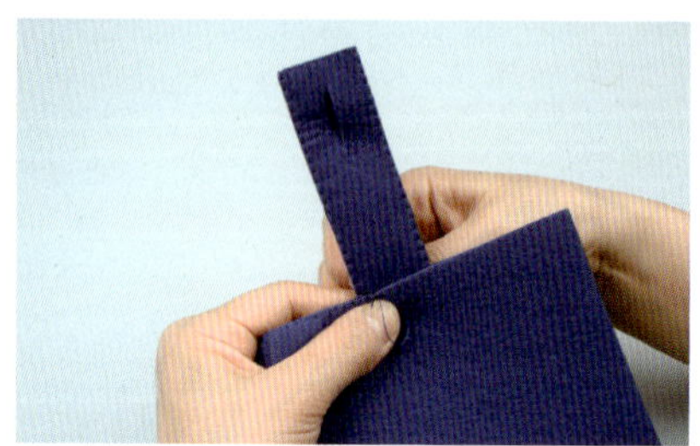

21 뒤표지를 반으로 접어 가장자리를 버튼홀 스티치 하다가 책 연결 끈을 끼워박기합니다.

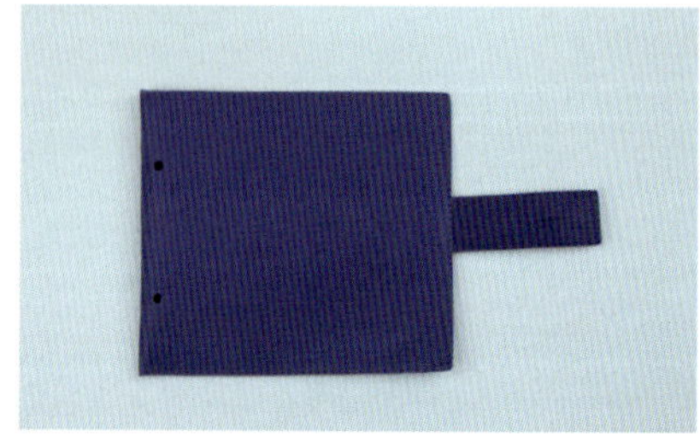

22 앞표지와 겹쳐보고 구멍 펀치로 같은 위치에 구멍을 뚫어 뒤표지를 완성합니다.

숫자 1쪽 만들기

23 쪽 연결 천 위에 실물본을 올려놓고 구멍 펀치로 구멍을 뚫습니다.

24 쪽 연결 부분이 완성되었습니다.

25 쪽 연결 부분을 숫자 1쪽 위에 5mm 정도 겹치게 놓고 시침핀으로 고정합니다.

26 아플리케 하여 숫자 1쪽과 쪽 연결 부분을 잇습니다.

27 숫자 2는 홈질로, 별은 아플리케로 바탕천 위에 붙입니다.

28 쪽 연결 부분을 숫자 2쪽 위에 5mm 정도 겹치게 놓고 시침핀을 고정한 후 아플리케로 연결합니다.

29 연결된 숫자 1쪽과 2쪽을 반으로 접어서 가장자리를 버튼홀 스티치합니다.

30 숫자 2쪽의 완성 모습입니다.

31 25~29를 참고하여 숫자 3쪽~10쪽을 완성합니다. 위의 사진은 숫자 3쪽의 완성 모습입니다.

32 숫자 4쪽의 완성 모습입니다. 곰의 라인은 홈질로, 눈은 프렌치 너트 스티치로 표현합니다.

33 숫자 5쪽의 완성 모습입니다. 숫자는 홈질, 새는 아플리케, 눈은 프렌치 너트 스티치를 합니다.

숫자 4쪽 곰돌이 바느질 선

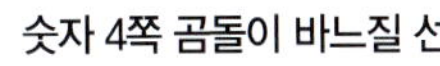

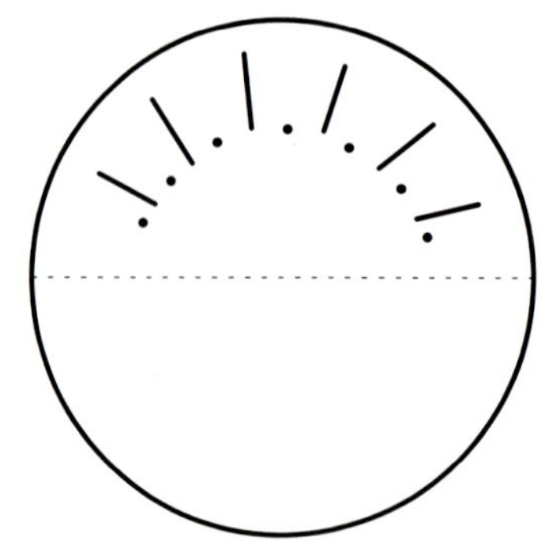

34 숫자 6쪽의 완성 모습입니다. 키위는 원을 반으로 잘라 아플리케, 키위 씨는 프렌치 너트 스티치, 라인은 홈질합니다.

35 숫자 7쪽의 완성 모습입니다. 숫자는 홈질, 딸기는 아플리케, 딸기 씨는 프렌치 너트 스티치를 합니다.

36 숫자 8쪽의 완성 모습입니다. 숫자는 홈질, 하트는 아플리케 합니다.

37 숫자 9쪽의 완성 모습입니다. 숫자는 홈질, 꽃은 아플리케 합니다.

38 숫자 10쪽의 완성 모습입니다. 숫자는 홈질, 바나나는 아플리케 합니다.

연결하여 책 완성하기

39 앞표지, 숫자 1~10쪽, 뒤표지 순으로 겹쳐서 가죽 끈으로 묶습니다.

40 책 연결 끈을 단추에 채웁니다.

41 123 수놀이 책이 완성되었습니다.

여러 가지 모양을 익힐 수 있는 '모양 나라 책(220쪽)', 컬러와 영어 단어를 함께 배우는 '컬러북(228쪽)' 등 펠트 천으로 다양한 주제의 책을 만들어보세요. 융천으로 바탕을 만들고 숫자와 조각 뒷면에 벨크로(찍찍이)를 붙여서 탈부착 책을 만들어도 좋습니다.

PART 4

예쁘고 유용한 아기 소품과 장난감

아이의 눈과 호기심을 자극하는

토끼 오뚝이

토끼 오뚝이 만들기

펠트 천 재단하기

아이보리 : 얼굴 1장, 뒤통수 2장, 겉귀 4장, 발 4장, 오뚝이 옆면 3장
인디언 핑크 : 속귀 2장, 오뚝이 옆면 3장
주황 : 당근 3장
녹두 : 당근 줄기 3장
와인 : 볼 2장

준비물

펠트 : 아이보리, 인디언 핑크, 주황, 녹두, 와인
실 : 2(아이보리), 7(주황), 9(분홍), 12(빨강), 20(녹색), 26(검정)
부재료 : 바늘, 대바늘(5호 9cm), 가위, 기화성펜, 글루건, 시드비즈, 솜, 오뚜기 볼, 리본

예상 재료비 : 16,000원   예상 제작 시간 : 3시간   완제품을 사려면 얼마나 하죠? : 45,000원

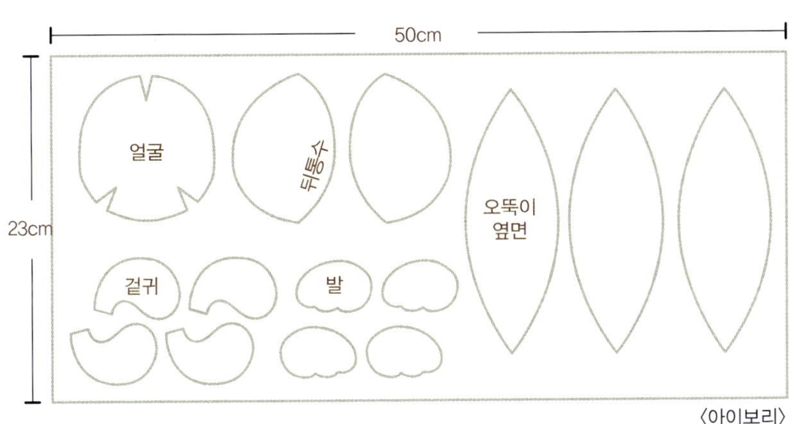

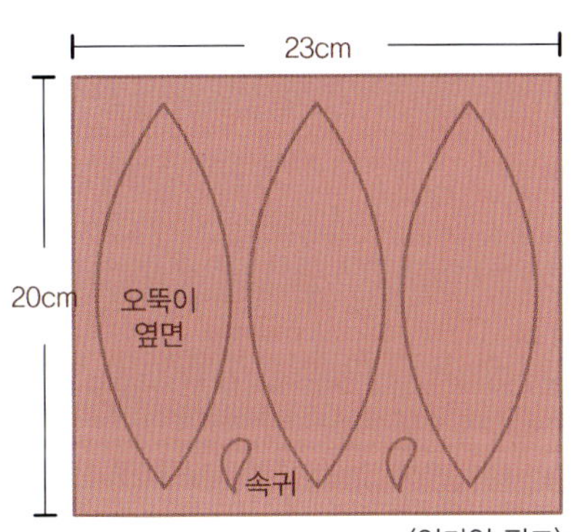

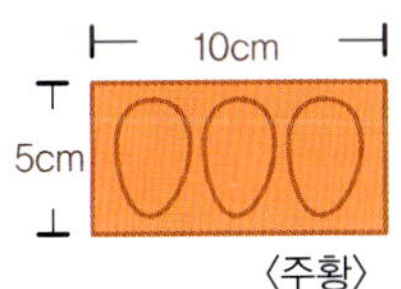

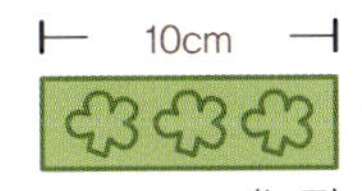

토끼 얼굴과 발 만들기

다트(dart)는 천 가장자리 한쪽에 가위집을 내서 바느질을 하는 부분입니다. 입체감을 주고 싶을 때 사용하며, 안쪽에서 박음질하거나 버튼홀 스티치 하여 마무리하면 됩니다.

1 아이보리 실을 2겹으로 겹쳐서 얼굴 펠트 천의 다트 부분 안쪽에서 박음질합니다.

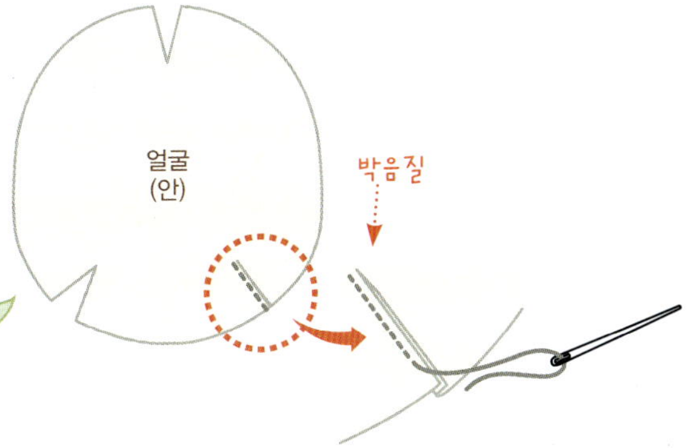

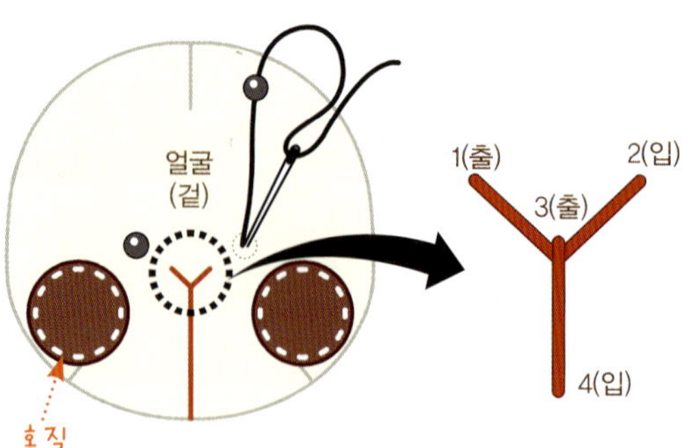

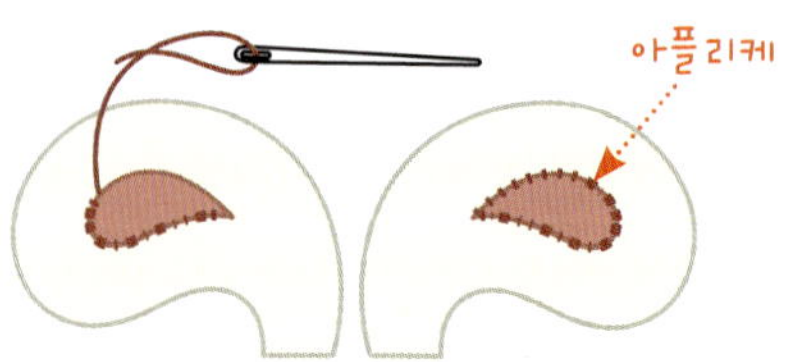

2 아이보리 실 2겹으로 볼을 홈질하고, 검정 실 2겹으로 눈 위치에 시드비즈를 답니다. 코와 입 모양은 빨강 실 2겹으로 한땀홈질 합니다.

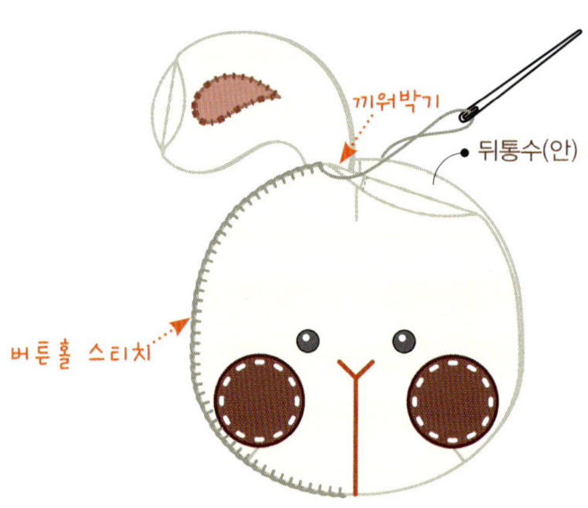

3 겉귀 1장 위에 속귀를 겹쳐서 분홍 실 1겹으로 아플리케 하여 양쪽 귀를 완성합니다.

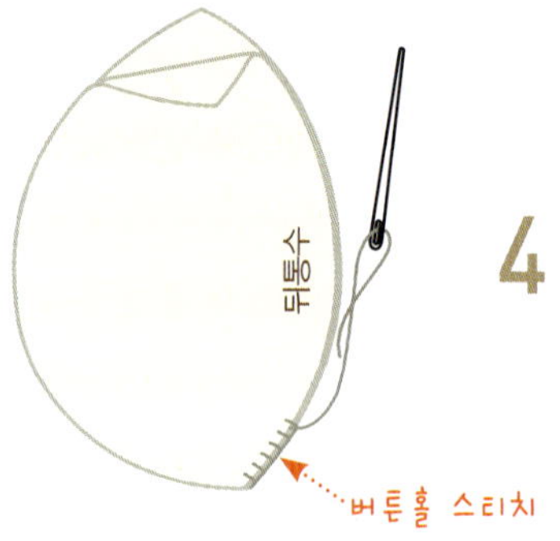

4 뒤통수 2장을 '뒤통수'라고 적힌 쪽을 겹쳐서 버튼홀 스티치 합니다.

5 뒤통수와 얼굴을 겹쳐서 가장자리를 버튼홀 스티치 하다가 양쪽 귀를 끼워박기합니다.

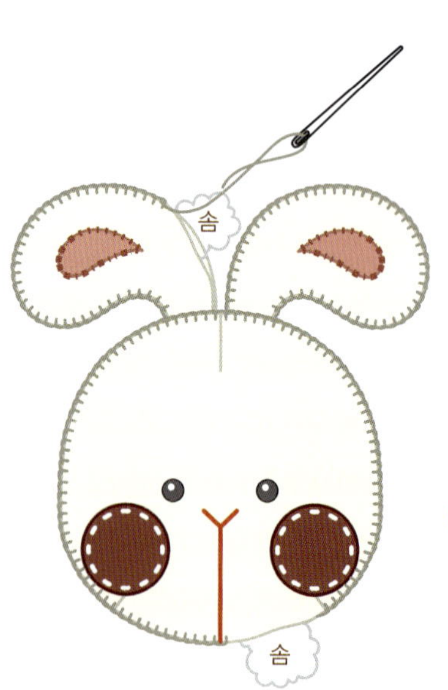

6 계속해서 얼굴 가장자리를 버튼홀 스티치 하다가 창구멍으로 솜을 넣고 마무리합니다. 양쪽 귀도 같은 방법으로 마무리합니다.

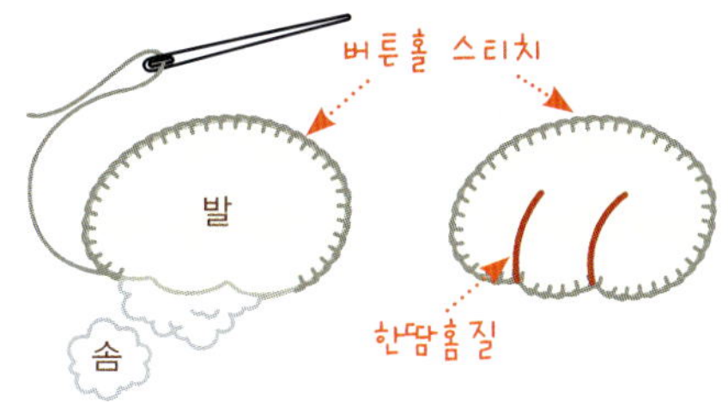

7 토끼 발은 아이보리 실 1겹으로 가장자리를 버튼홀 스티치 하
다가 솜을 넣고 마무리합니다. 발가락 모양은 빨강 실 2겹으
로 한땀홈질합니다.

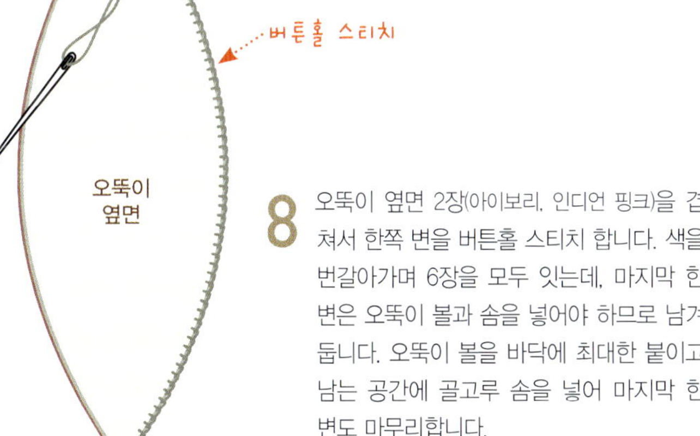

8 오뚝이 옆면 2장(아이보리. 인디언 핑크)을 겹
쳐서 한쪽 변을 버튼홀 스티치 합니다. 색을
번갈아가며 6장을 모두 잇는데, 마지막 한
변은 오뚝이 볼과 솜을 넣어야 하므로 남겨
둡니다. 오뚝이 볼을 바닥에 최대한 붙이고
남는 공간에 골고루 솜을 넣어 마지막 한
변도 마무리합니다.

9 토끼 얼굴과 발을 오뚝이 위에 올려놓고 대
바늘에 아이보리 실 4겹을 꿰어서 감침질합
니다(글루건으로 붙여도 됩니다). 주황, 녹색 실
1겹으로 당근을 아플리케 하고, 글루건으로
귀에 리본을 붙이면 완성입니다.

07
손에 쥐기 편하고 놀기 좋은
토끼 당근 딸랑이

1. 소 손잡이 딸랑이 만들기

부록 DVD | 3-03 몸통 조립하기

사용 연령
6개월~돌 전후

펠트 천 재단하기

백아이보리 : 몸 2장, 얼굴 2장, 귀 4장
연밤 : 입 2장, 볼 4장
검정 : 동그라미 3장, 얼룩무늬 1장, 눈 2장
진분홍 : 하트 3장, 보조개 2장

준비물

펠트 : 백아이보리, 연밤, 검정, 진분홍
실 : 1(흰색), 2(아이보리), 10(진분홍), 21(연밤), 26(검정)
부재료 : 바늘, 대바늘(5호, 9cm), 가위, 기화성펜, 딸랑이, 스티치 리본, 반진주, 접착제, 글루건

예상 재료비 : 8,000원 | 예상 제작 시간 : 2시간 | 완제품을 사려면 얼마나 하죠? : 20,000원

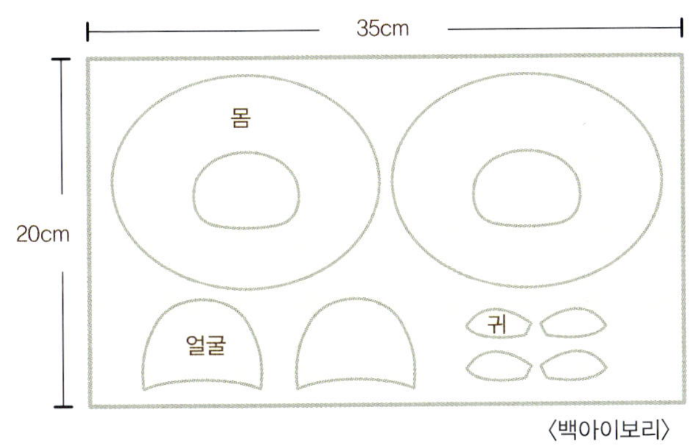

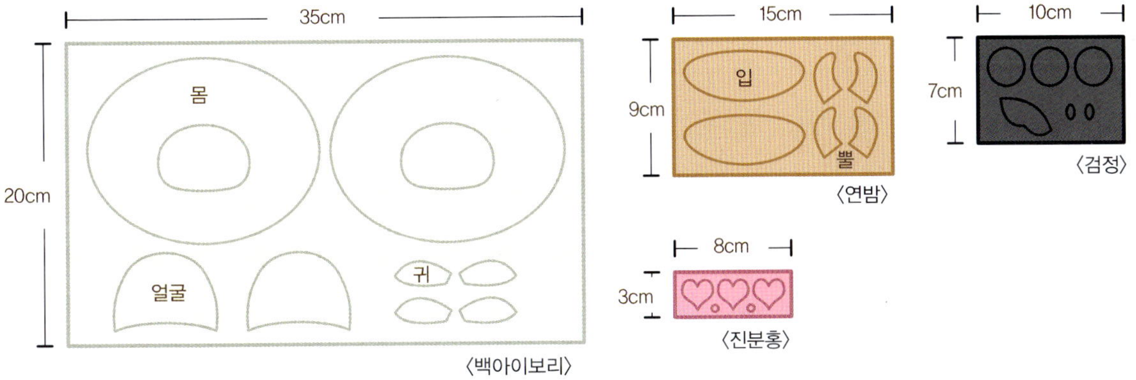

소 얼굴 만들기

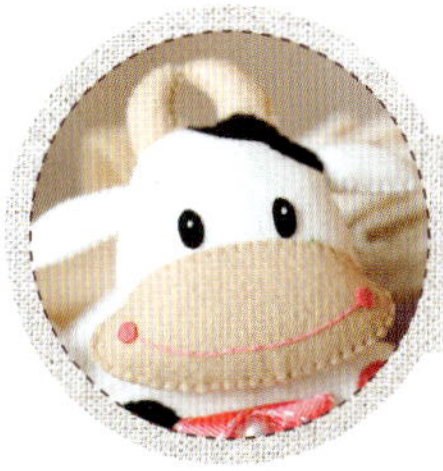

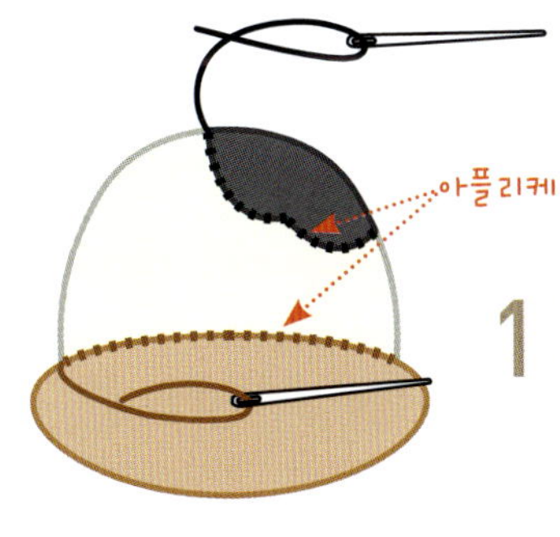

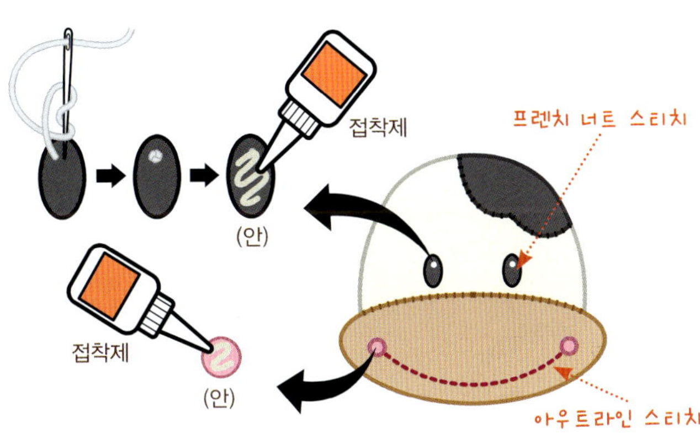

1 얼굴과 입을 그림과 같이 겹쳐서 연밤 실 1겹으로 아플리케 합니다. 같은 방법으로 얼굴 뒷면도 만듭니다. 얼굴 앞면에 얼룩무늬를 검정 실 1겹으로 아플리케 합니다.

2 눈 위에 눈동자를 흰색 실 2겹으로 프렌치 너트 스티치 하고, 접착제로 눈을 붙입니다. 입은 진분홍 실 2겹으로 아우트라인 스티치 하고, 보조개는 접착제로 붙입니다.

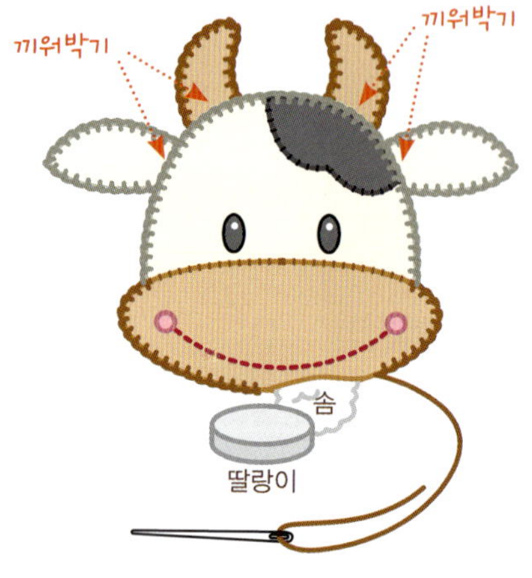

3 뿔은 연밤 실 1겹으로, 귀는 아이보리 실 1겹으로 각 2장씩 겹쳐서 버튼홀 스티치 하고 솜을 조금만 넣어 채웁니다. 뿔과 귀는 끼워 박기해야 하므로 마무리하지 않아도 됩니다.

4 얼굴 앞뒤 장을 겹쳐서 버튼홀 스티치 하다가 귀와 뿔을 끼워박기 하고 솜과 딸랑이를 넣어서 버튼홀 스티치로 마무리합니다(입 가장 자리는 연밤 실 1겹. 얼굴 가장자리는 아이보리 실 1겹).

버튼홀 스티치를 반 정도 한 다음에 파랑 화살표 방향으로 솜을 넣습니다. 이후에는 스티치 중간중간 솜을 넣어줍니다.

5 몸 1장 위에 동그라미는 검정 실, 하트는 진분홍 실 1겹으로 아플 리케 합니다. 몸 2장을 겹쳐서 안쪽 구멍을 먼저 버튼홀 스티치 하 고, 가장자리도 중간중간 솜을 넣어가며 버튼홀 스티치 합니다.

6 몸 위에 얼굴을 올려놓고, 대바늘에 아이보리 실 4겹을 꿰어서 감침질로 고정합니다. 리본을 꺾어 접어서 글루건으로 반진주를 붙이고, 얼굴 아래에 고정하면(꿰매거나 글루건 사용) 완성입니다.

2. 돼지 손잡이 딸랑이 만들기

펠트 천 재단하기

파스텔 노랑 : 몸 2장, 얼굴 2장, 꼬리 2장
주황 : 코 4장, 귀 2장
분홍 : 하트 3장
검정 : 눈 2장

준비물

펠트 : 파스텔 노랑, 주황, 분홍, 검정
실 : 1(흰색), 6(노랑), 7(주황), 11(꽃분홍)
부재료 : 바늘, 대바늘(5호, 9cm), 가위, 기화성펜, 딸랑이, 접착제, 솜

예상 재료비 : 8,000원   예상 제작 시간 : 2시간   완제품을 사려면 얼마나 하죠? : 15,000원

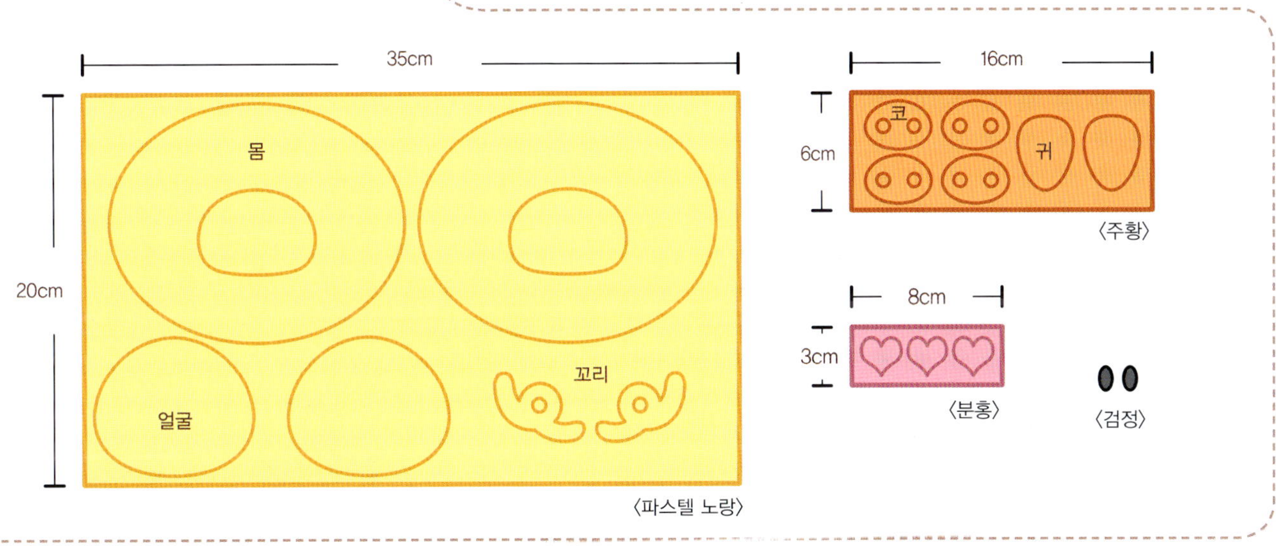

돼지 얼굴 만들기

1 얼굴에 코를 주황 실 1겹으로 아플리케 합니다.

2 눈 위에 눈동자를 흰색 실 2겹으로 프렌치 너트 스티치 하고, 접착제로 눈을 붙입니다. 입과 보조개를 빨강 실 2겹으로 아웃라인 스티치 합니다.

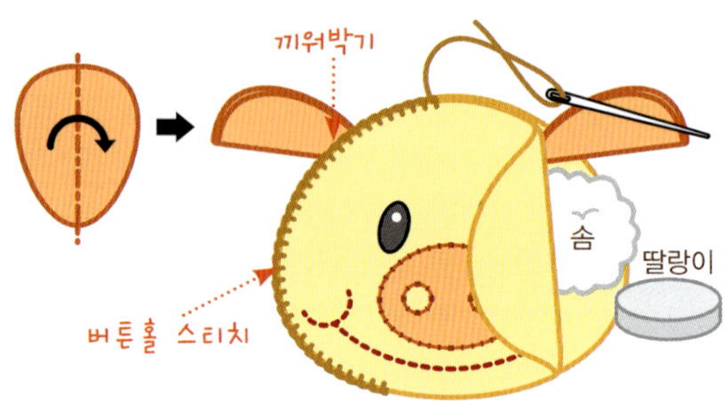

3 얼굴 2장을 겹쳐서 노랑 실 1겹으로 가장자리를 버튼홀 스티치 하다가 귀를 반으로 접어 끼워박기합니다. 창구멍으로 솜과 딸랑이를 넣고 마무리합니다.

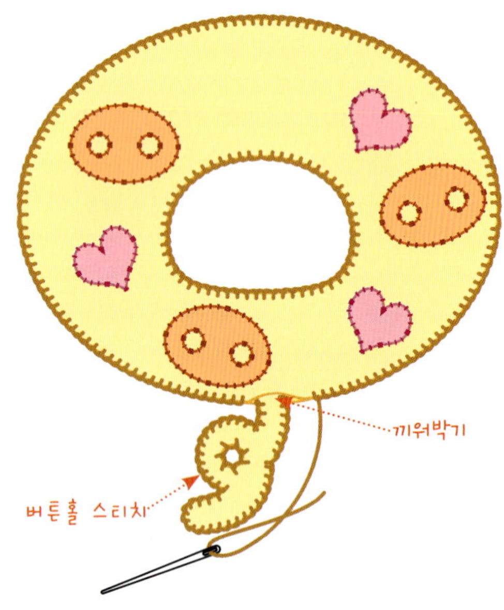

5 꼬리 2장을 겹쳐서 버튼홀 스티치를 하면서 솜을 넣어줍니다. 이 꼬리는 몸 가장자리를 마무리하기 전에 끼워박기 합니다.

4 몸 1장 위에 하트 3장은 꽃분홍 실, 코 3장은 주황 실 1겹으로 아플리케 합니다. 몸 2장을 겹쳐서 안쪽 구멍을 먼저 버튼홀 스티치 하고, 가장자리도 중간중간 솜을 넣어가며 버튼홀 스티치 합니다.

6 몸 위에 얼굴을 올려놓고, 대바늘에 노랑 실 4겹을 꿰어서 감침질로 고정하면 완성입니다(글루건으로 붙여도 됩니다).

3. 기린 손잡이 딸랑이 만들기

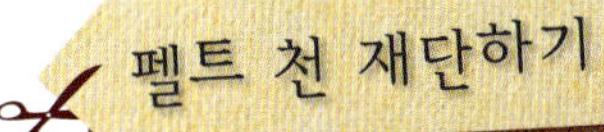 펠트 천 재단하기

노랑 : 몸 2장, 얼굴 2장, 귀 4장
백아이보리 : 입 2장, 뿔 4장
밤색 : 둥근 네모 3장
바다하늘 : 하트 3장, 보조개 2장
검정 : 눈 2장

준비물

펠트 : 백아이보리, 밤색, 노랑, 검정, 바다하늘
실 : 1(흰색), 2(아이보리), 6(노랑), 10(진분홍), 16(바다하늘), 22(밤색), 26(검정)
부재료 : 바늘, 대바늘(5호, 9cm), 가위, 기화성펜, 딸랑이, 글루건, 스티치 리본, 반진주, 접착제

예상 재료비 : 8,000원   예상 제작 시간 : 2시간   완제품을 사려면 얼마나 하죠? : 20,000원

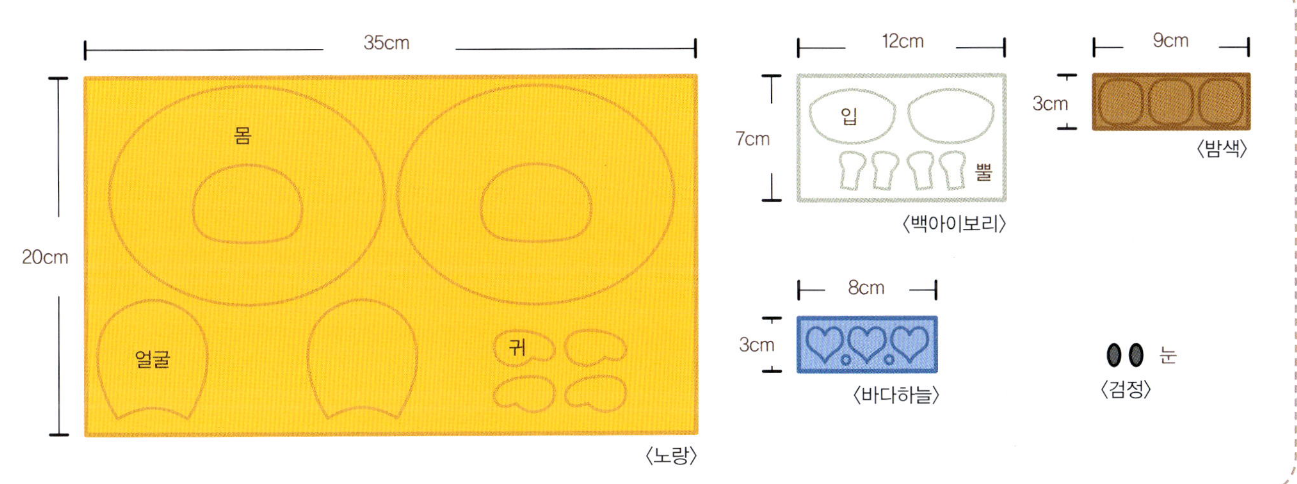

기린 얼굴 만들기

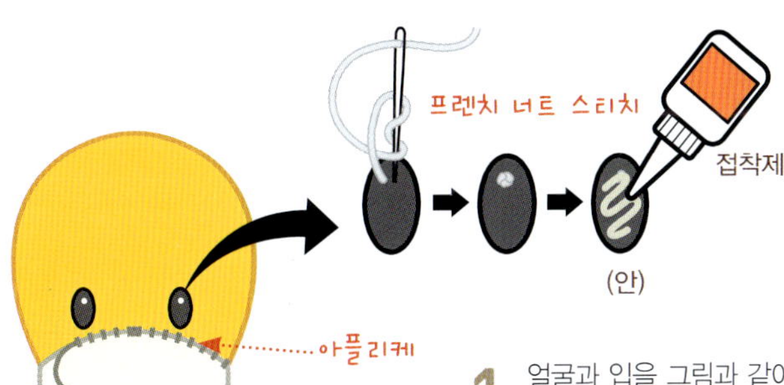

1 얼굴과 입을 그림과 같이 겹쳐서 아이보리 실 1겹으로 아플리케 합니다. 같은 방법으로 얼굴 뒷면도 만듭니다. 눈 위에 눈동자를 흰색 실 2겹으로 프렌치 너트 스티치 하고, 접착제로 눈을 붙입니다.

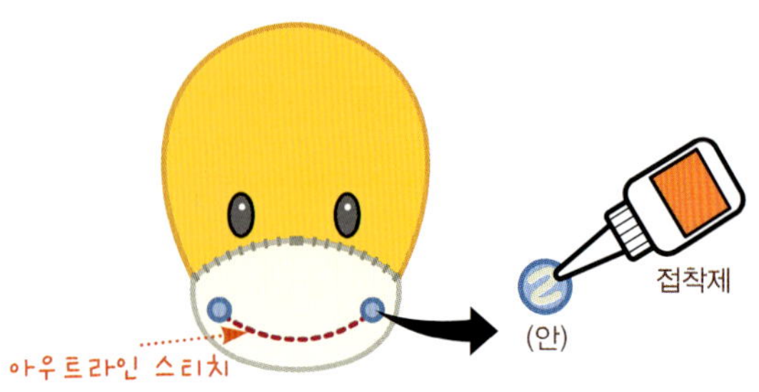

2 입은 진분홍 실 2겹으로 아우트라인 스티치 하고, 보조개는 접착제로 붙입니다.

3 뿔은 아이보리 실 1겹으로, 귀는 노랑 실 1겹으로 각 2장씩 겹쳐서 버튼홀 스티치 하고 솜을 조금만 넣어 채웁니다. 뿔과 귀는 끼워박기해야 하므로 마무리하지 않아도 됩니다.

4 얼굴 앞뒤 장을 겹쳐서 버튼홀 스티치 하다가 귀와 뿔을 끼워박기 하고 솜과 딸랑이를 넣어서 버튼홀 스티치로 마무리합니다(입 가장자리는 아이보리 실 1겹, 얼굴 가장자리는 노랑 실 1겹).

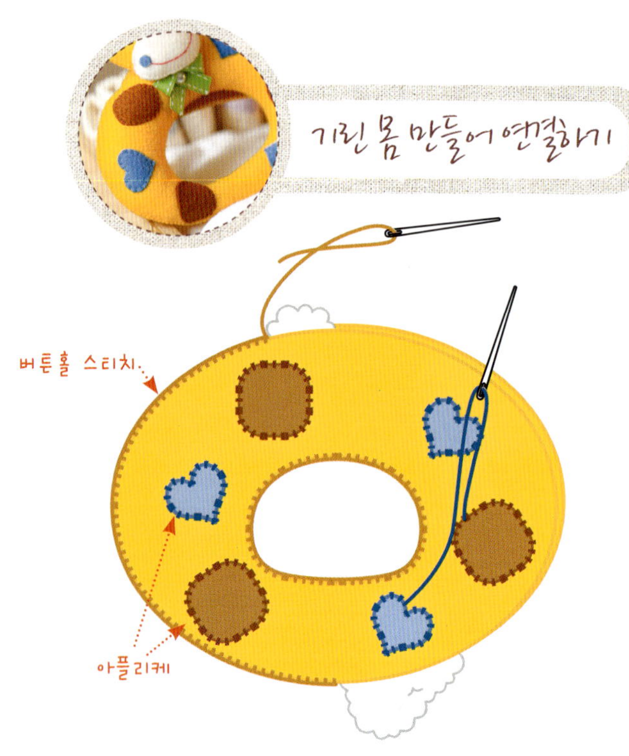

5 몸 1장 위에 둥근 네모는 밤색 실, 하트는 바다하늘 실 1겹으로 아플리케 합니다. 몸 2장을 겹쳐서 안쪽 구멍을 먼저 버튼홀 스티치 하고, 가장자리도 중간중간 솜을 넣어가며 버튼홀 스티치 합니다.

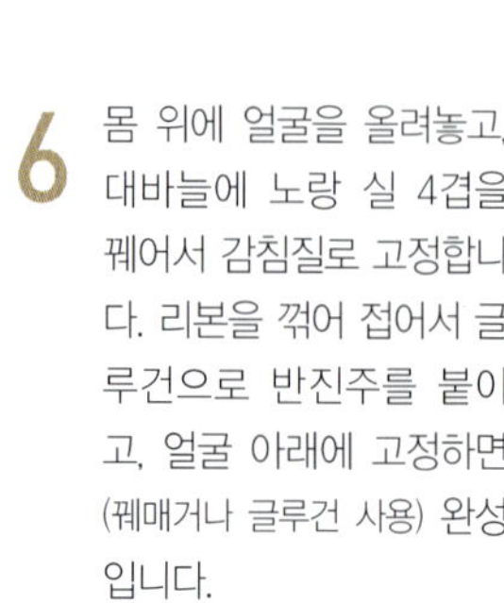

6 몸 위에 얼굴을 올려놓고, 대바늘에 노랑 실 4겹을 꿰어서 감침질로 고정합니다. 리본을 꺾어 접어서 글루건으로 반진주를 붙이고, 얼굴 아래에 고정하면 (꿰매거나 글루건 사용) 완성입니다.

09
머리를 예쁘게 키워주는
토끼 짱구베개

토끼 짱구베개 만들기

펠트 천 재단하기

하트 타월지 : 얼굴 2장, 겉귀 4장
인디언 핑크 : 속귀 2장, 코 1장
주황 : 당근 2장
녹색 : 당근 줄기 2장
흰색 : 눈동자 2장
검정 : 눈 2장

준비물

펠트 : 인디언 핑크, 주황, 녹색, 흰색, 검정
실 : 1(흰색), 7(주황), 9(분홍), 12(빨강), 20(녹색), 26(검정)
부재료 : 바늘, 하트 타월지, 방울솜, 기화성펜, 가위

예상 재료비 : 14,000원   예상 제작 시간 : 3시간   완제품을 사려면 얼마나 하죠? : 35,000원

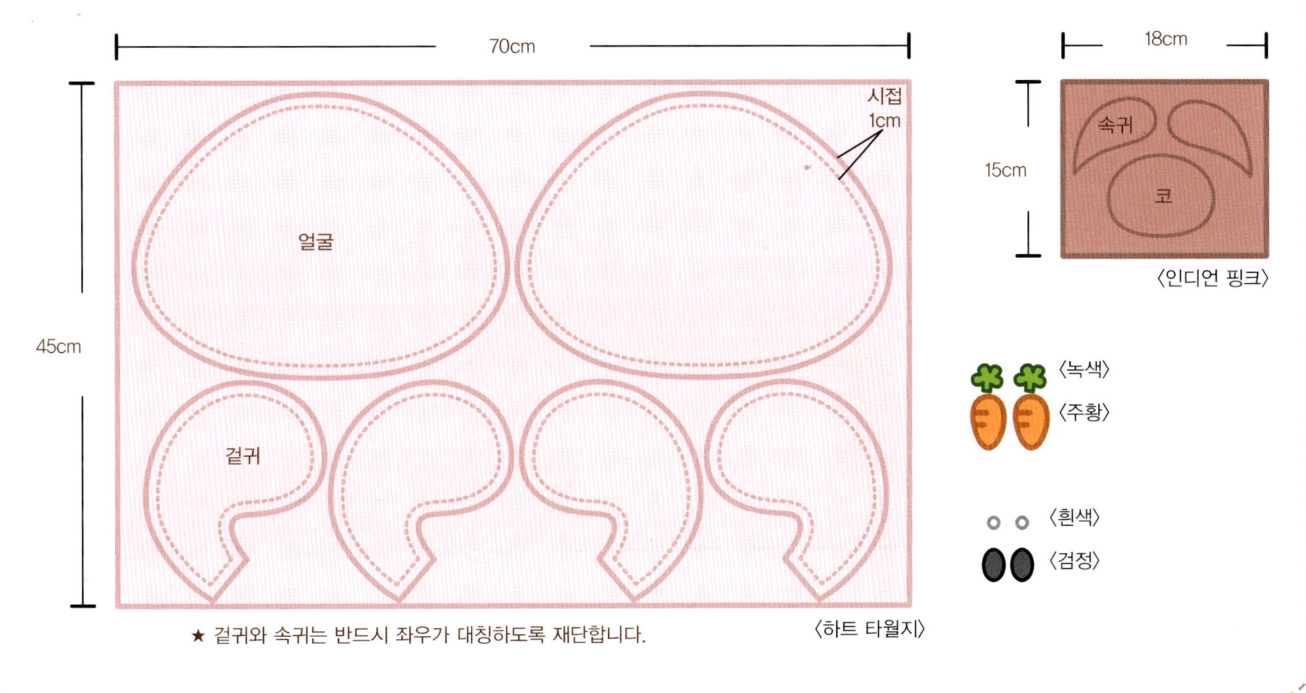

★ 겉귀와 속귀는 반드시 좌우가 대칭하도록 재단합니다.

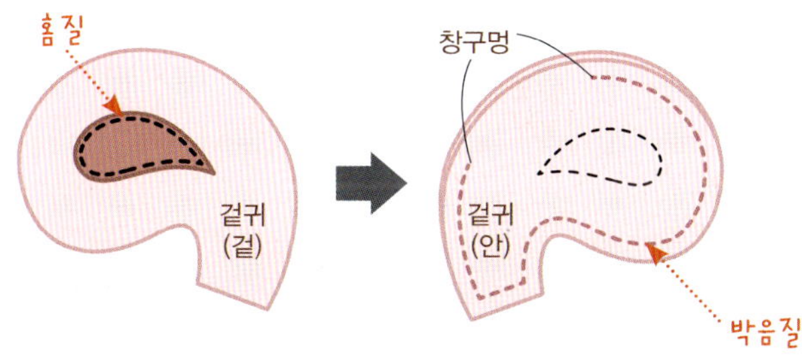

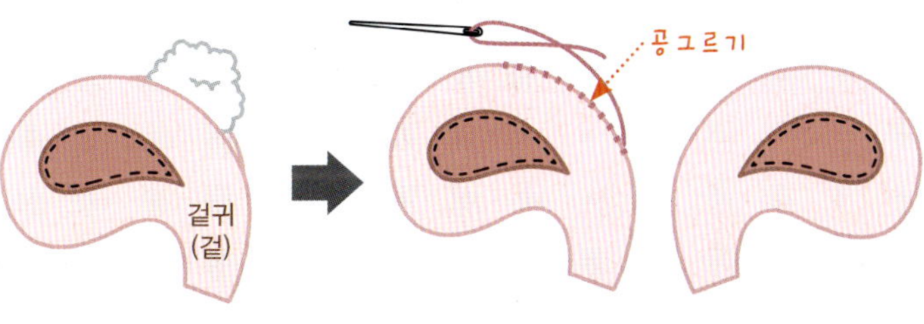

1 겉귀 위에 속귀를 겹쳐서 검정 실 2겹으로 홈질합니다. 겉귀 2장을 겉면이 마주보도록 겹쳐서 분홍 실 2겹으로 도안 선을 따라 가장자리를 박음질합니다.

2 창구멍으로 뒤집어서 솜을 넣고 공그르기로 마무리합니다. 같은 방법으로 다른 쪽 귀도 완성합니다.

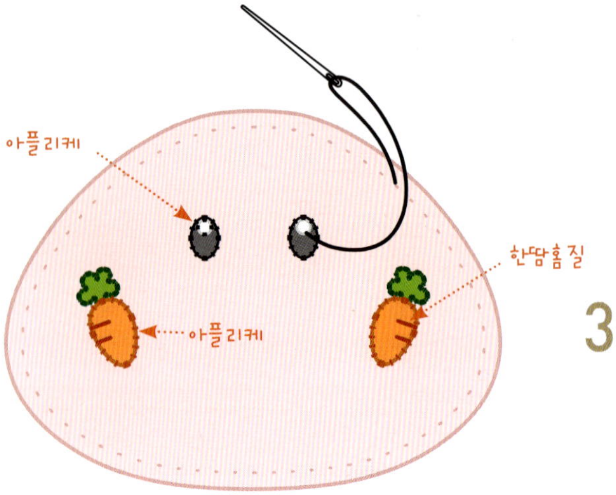

3 얼굴 앞면 위에 눈은 검정 실, 눈동자는 흰색 실 1겹으로 아플리케
합니다. 볼 위치에 당근은 주황 실, 줄기는 녹색 실 2겹으로 아플
리케 하고, 당근 무늬는 빨강 실 2겹으로 한땀홈질합니다.

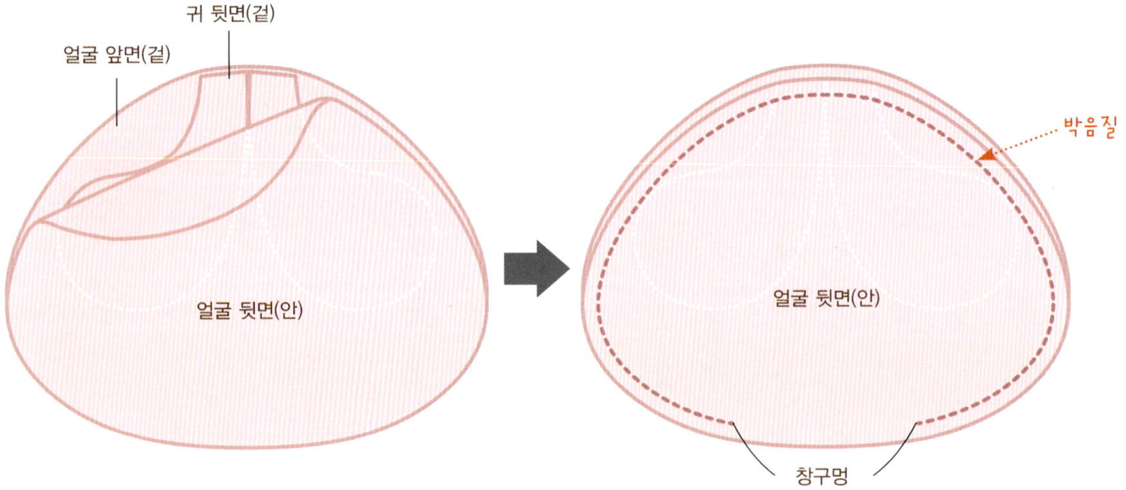

4 얼굴 앞면(겉) 위에 귀를 그림과 같이 올려놓고, 그 위에 토끼의 뒤통수가 되는 얼굴 뒷면을 안쪽이 위로 오도록 겹칩니다. 분
홍 실 2겹으로 도안 선을 따라 가장자리를 박음질합니다. 창구멍으로 뒤집었을 때 모양이 제대로 나오는지 미리 확인한 후 박
음질을 시작합니다.

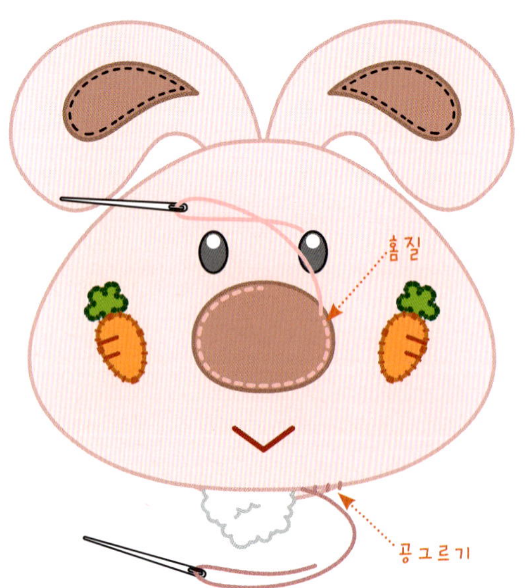

5 창구멍으로 뒤집습니다. 코를 얼굴 앞면에 올려놓고 분홍 실 2겹
으로 코, 얼굴 앞면, 얼굴 뒷면을 한꺼번에 박음질합니다. 창구멍
으로 솜을 넣고 공그르기로 마무리합니다. 빨강 실 2겹으로 입 모
양을 한땀홈질하면 완성입니다.

10
머리를 예쁘게 키워주는
용 짱구베개

용 짱구베개 만들기

펠트 천 재단하기

〈남아용〉

연하늘 하트 타월지 : 얼굴 A 1장, 얼굴 뒷면 1장

흰색 하트 타월지 : 얼굴 B 1장

하늘 : 코 1장, 귀 4장

흰색 : 뿔 4장, 눈동자 2장

검정 : 눈 2장

준비물

〈남아용〉

펠트 : 흰색, 하늘, 검정

하트 타월지 : 흰색, 연하늘

실 : 1(흰색), 12(빨강), 15(하늘), 17(파랑), 26(검정)

〈여아용〉

펠트 : 흰색, 분홍, 검정

하트 타월지 : 흰색, 연분홍

실 : 1(흰색), 9(분홍), 12(빨강), 14(보라), 26(검정)

〈공통〉

부재료 : 바늘, 가위, 기화성펜, 방울솜

예상 재료비 : 14,000원   예상 제작 시간 : 3시간   완제품을 사려면 얼마나 하죠? : 35,000원

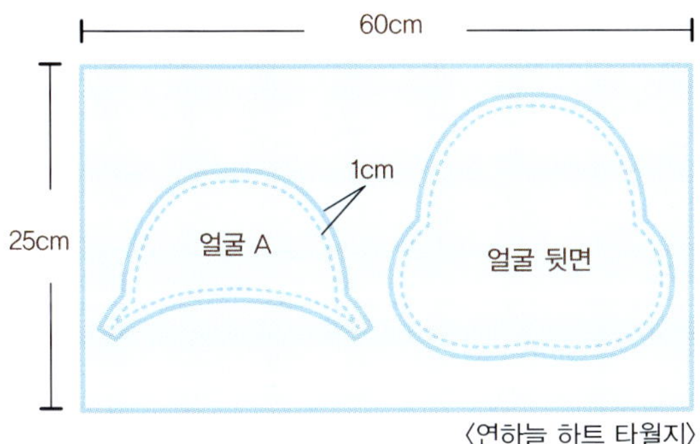

〈여아용〉

연분홍 하트 타월지 : 얼굴 A 1장, 얼굴 뒷면 1장

흰색 하트 타월지 : 얼굴 B 1장

분홍 : 코 1장, 귀 4장

흰색 : 뿔 4장, 눈동자 2장

검정 : 눈 2장

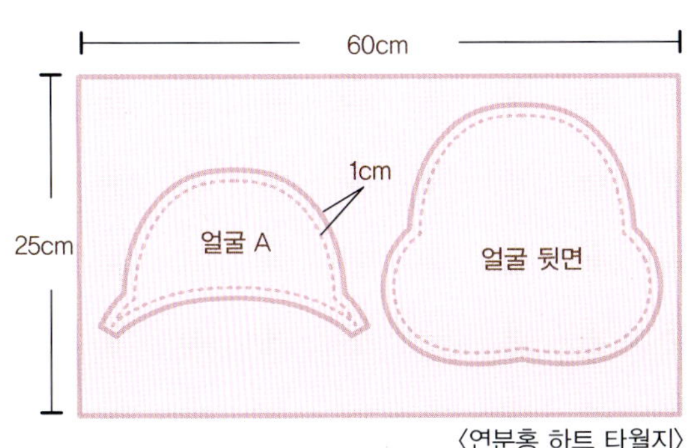

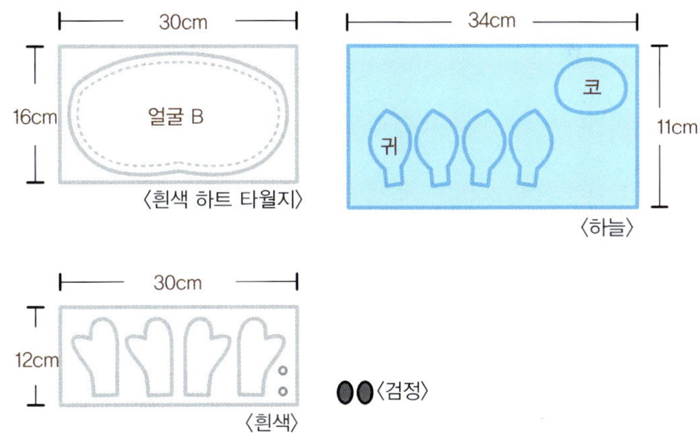

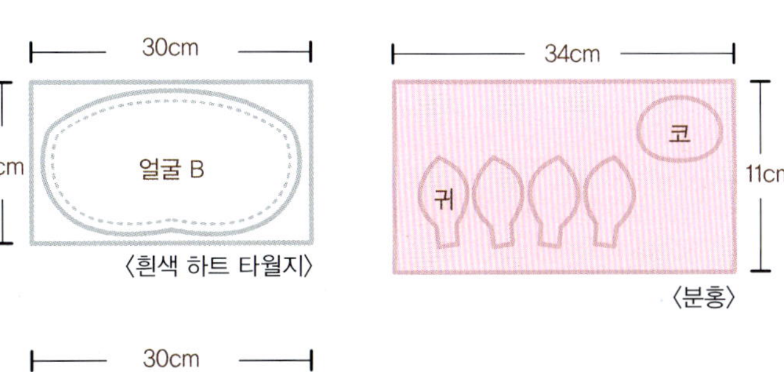
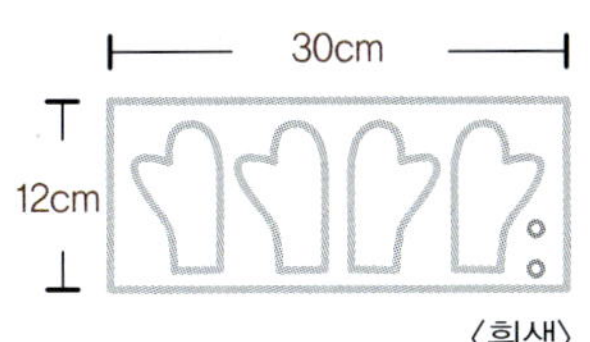

1 얼굴 A와 B를 겉면이 마주 보도록 겹쳐서 박음질합 니다(남아용은 하늘 실. 여아 용은 분홍 실 2겹).

2 눈(검정 실 2겹)과 눈동자(흰색 실 2겹)를 아플리케 합니다. 볼(남아용 은 파랑 실. 여아용은 보라 실 2겹)과 입 모양(빨강 실 2겹)은 기화성펜 으로 그려서 홈질합니다(입 모양은 한땀홈질).

3 뿔 앞장에만 가장자리에 홈질을 합니다(남아용은 파랑 실. 여아용은 보라 실 2겹).

4 뿔과 귀를 각 2장씩 겹쳐서 가장자리를 버튼홀 스티치 하고 솜을 조금만 넣습니다.

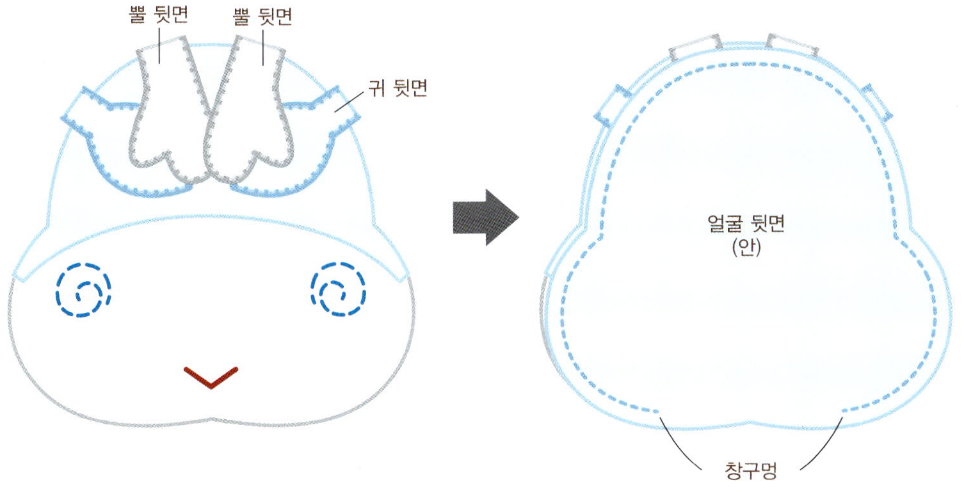

5 얼굴 앞면 위에 귀와 뿔을 뒷면이 위를 향하도록 올려놓고, 그 위에 얼굴 뒷면을 안쪽 면이 위를 향하도록 겹친 다음 가장자리를 박음질합니다(남아용은 하늘 실. 여아용은 분홍 실 2겹). 창구멍으로 뒤집었을 때 모양이 제대로 나오는지 미리 확인한 후 박음질을 시작합니다.

6 창구멍으로 뒤집습니다. 코를 올려놓고 가장자리를 홈질합니다(남아용은 파랑 실. 여아용은 보라 실 2겹). 창구멍으로 솜을 꼼꼼하게 넣은 다음 공그르기로 마무리합니다(남아용은 하늘 실. 여아용은 분홍 실 2겹).

11
유모차 기 살리는
유모차 장식 인형

유모차 장식 인형 만들기

펠트 천 재단하기

〈토끼〉
연노랑 : 얼굴 2장, 겉귀 4장
진분홍 : 속귀 2장
보라 : 띠 2장, 하트 2장
검정 : 눈 2장
흰색 : 띠 무늬 1장

〈코끼리〉
하늘 : 얼굴 2장
바다하늘 : 귀 2장
흰색 : 눈 2장
검정 : 눈동자 2장
진분홍 : 띠 2장, 하트 2장
노랑 : 띠 무늬 1장

준비물

〈토끼〉
펠트 : 연노랑, 진분홍, 보라, 검정, 흰색
실 : 5(연노랑), 10(진분홍), 12(빨강), 13(연보라)

〈코끼리〉
펠트 : 하늘, 바다하늘, 흰색, 검정, 진분홍, 노랑
실 : 10(진분홍), 12(빨강), 15(하늘)

〈공통〉
부재료 : 바늘, 가위, 기화성펜, 딸랑이, 고무줄 끈, 벨크로(보들이&찍찍이), 방울솜, 접착제, 글루건

〈호랑이〉
펠트 : 형광 연두, 녹색, 검정, 밤색, 아이보리, 주황
실 : 3(형광 연두), 5(연노랑), 20(녹색), 22(밤색)

〈소〉
펠트 : 흰색, 빨강, 진파랑, 검정, 도트 밤색
실 : 1(흰색), 12(빨강), 26(검정)

예상 재료비 : 14,500원　　예상 제작 시간 : 6시간　　완제품을 사려면 얼마나 하죠? : 40,000원

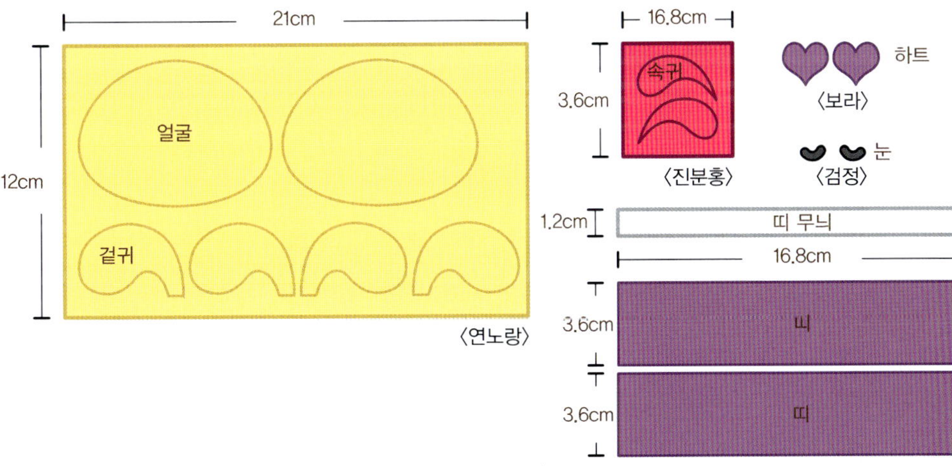

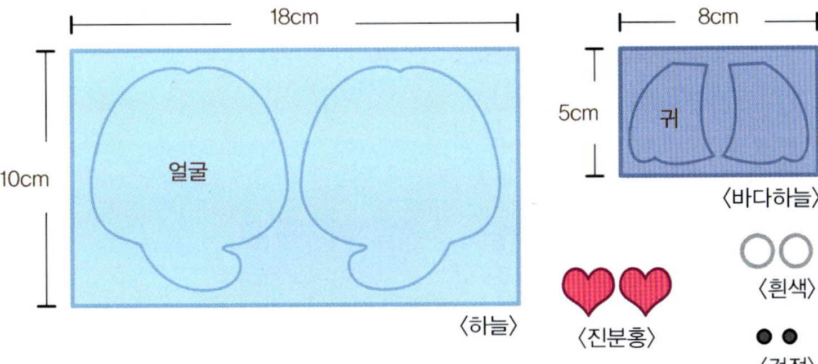

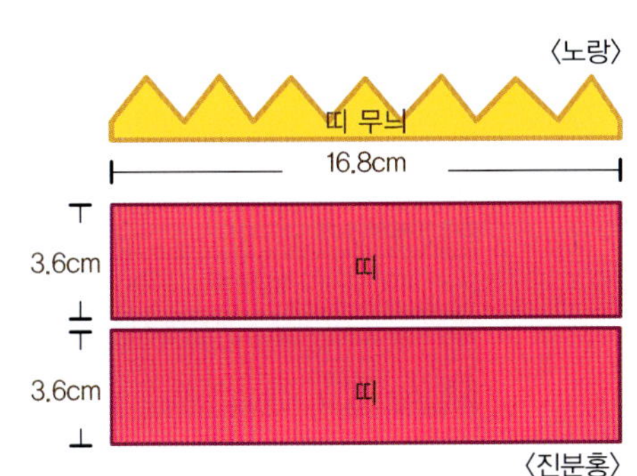

<호랑이>
형광연두 : 얼굴 2장, 겉귀 4장
검정 : 눈 2장
아이보리 : 속귀 2장
밤색 : 코 1장
녹색 : 띠 2장, 얼굴 무늬
주황 : 띠 무늬 1장

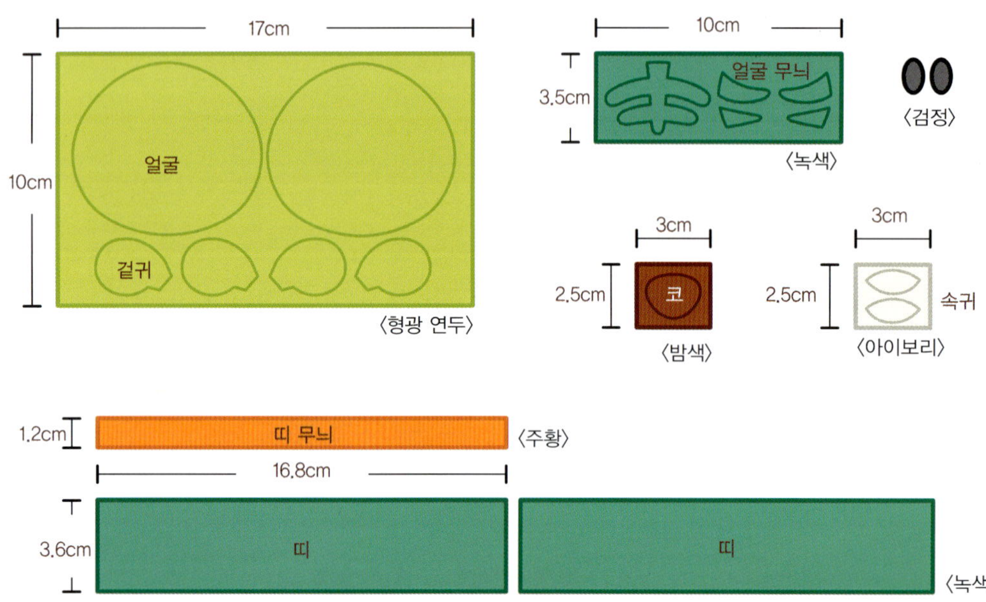

<소>
흰색 : 얼굴 2장, 귀 2장
빨강 : 입 2장, 뿔 2장
검정 : 눈 2장
진파랑 : 띠 2장, 얼굴 무늬 1장
도트 밤색 : 띠 무늬 1장

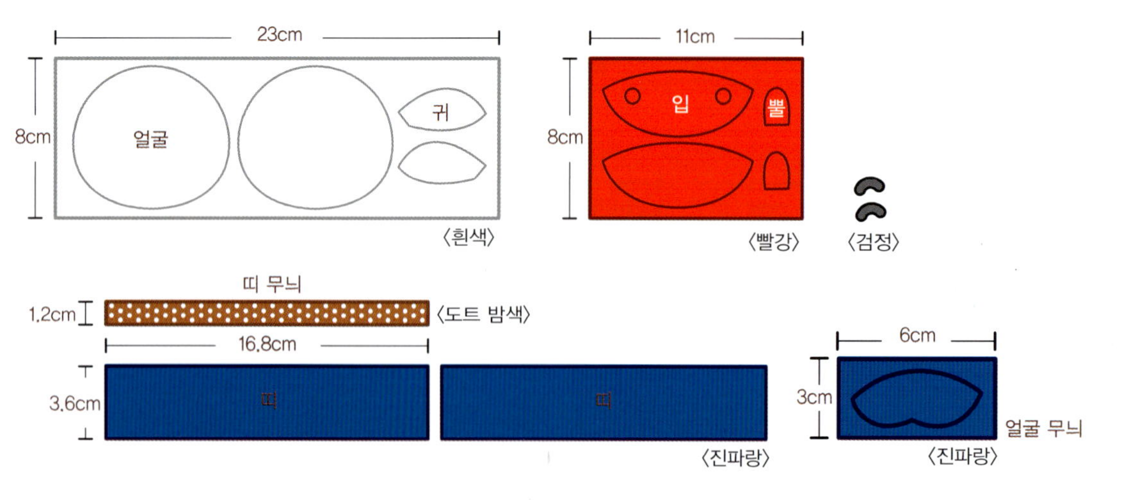

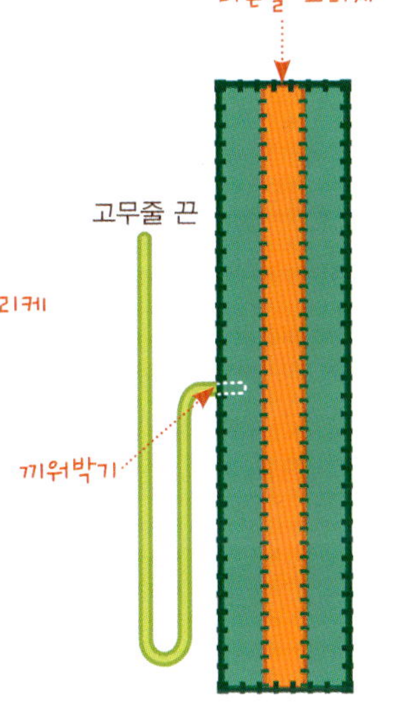

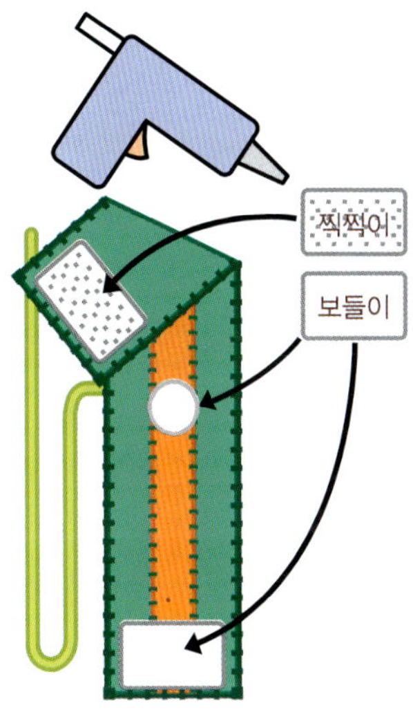

1 띠와 띠 무늬 천을 위와 같이 겹쳐서 아플리케 합니다. 실은 띠 무늬 천과 같거나 비슷한 색을 1겹으로 사용합니다.

2 띠 2장을 겹쳐서 가장자리를 버튼홀 스티치 합니다. 고무줄 끈은 세로 중앙에 한쪽을 넣어서 끼워박기로 고정합니다.

3 띠의 양쪽 끝과 중앙에 그림과 같이 보들이와 찍찍이를 글루건으로 붙입니다.

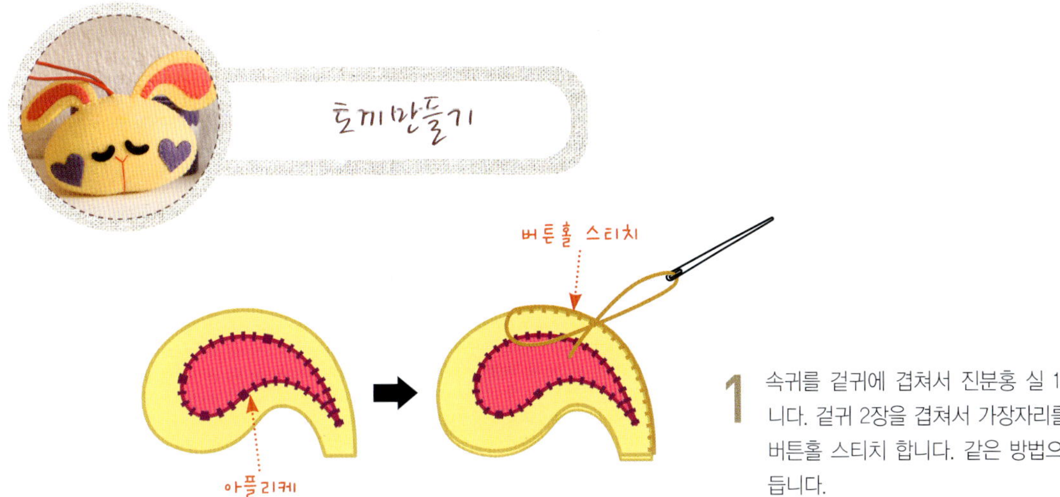

1 속귀를 겉귀에 겹쳐서 진분홍 실 1겹으로 아플리케 합니다. 겉귀 2장을 겹쳐서 가장자리를 연노랑 실 1겹으로 버튼홀 스티치 합니다. 같은 방법으로 다른 쪽 귀도 만듭니다.

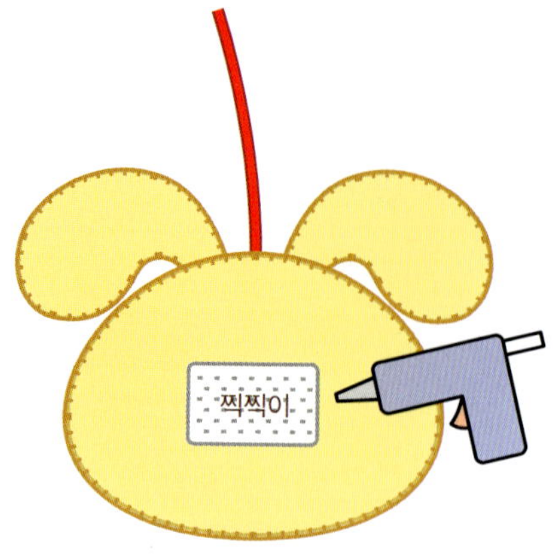

2 얼굴 위에 하트를 겹쳐서 연보라 실 2겹으로 아플리케 합니다. 눈은 접착제로 붙이고, 코과 입 모양은 빨강 실 2겹으로 한땀 홈질합니다.

3 얼굴 위에 하트를 겹쳐서 연보라 실 2겹으로 아플리케 합니다. 눈은 접착제로 붙이고, 코과 입 모양은 빨강 실 2겹으로 한땀 홈질합니다.

4 뒷면에 찍찍이를 글루건으로 붙이면 토끼 유모차 장식 인형 완성입니다.

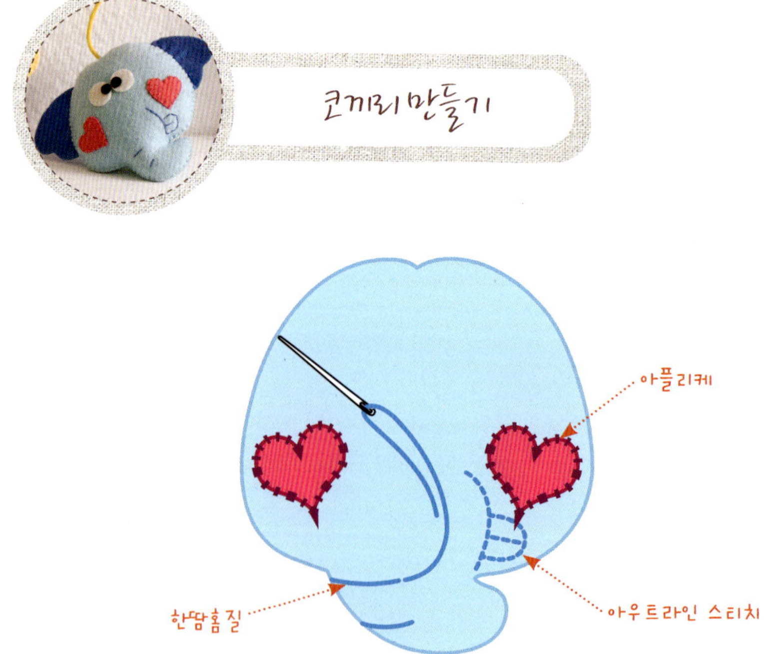

1 얼굴 위에 하트를 겹쳐서 진분홍 실 2겹으로 아플리케 합니다. 코와 입 모양은 빨강 실 2겹으로 각각 한땀홈질, 아웃라인 스티치 합니다.

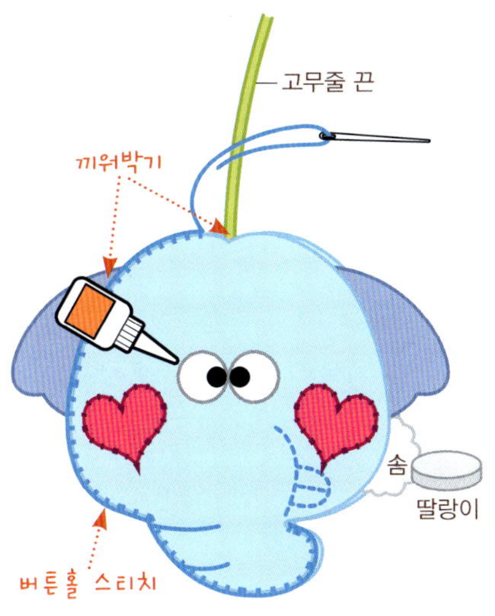

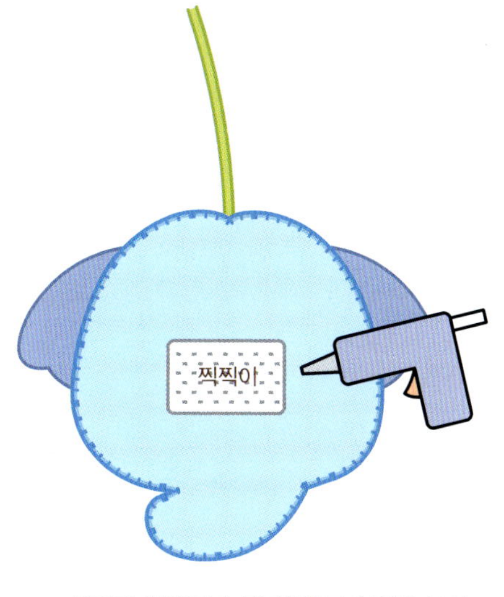

2 얼굴 위에 눈과 눈동자를 붙입니다. 얼굴 2
장을 겹쳐서 가장자리를 하늘 실 1겹으로 버
튼홀 스티치 합니다. 얼굴 윗부분에 귀와 고
무줄 끈 한쪽 끝을 끼워박기하고, 창구멍으
로 솜과 딸랑이를 넣어 마무리합니다.

3 뒷면에 찍찍이를 글루건으로 붙이면 코끼
리 유모차 장식 인형 완성입니다.

호랑이 만들기

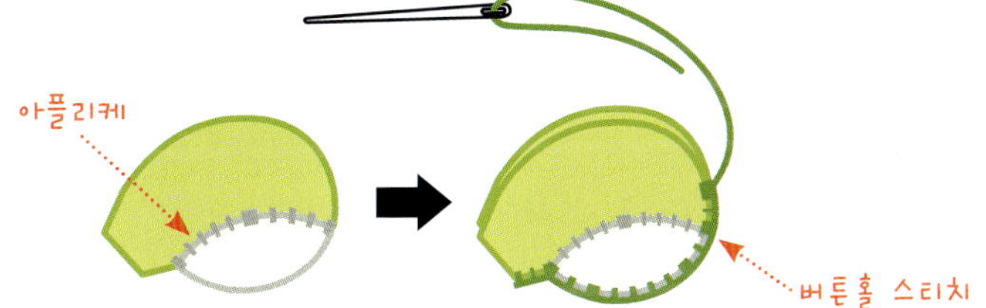

1 속귀를 겉귀에 겹쳐서 형광 연두 실 1겹으로 아플리케 합
니다. 겉귀 2장을 겹쳐서 가장자리를 형광 연두 실 1겹으
로 버튼홀 스티치 합니다. 같은 방법으로 다른 쪽 귀도
만듭니다.

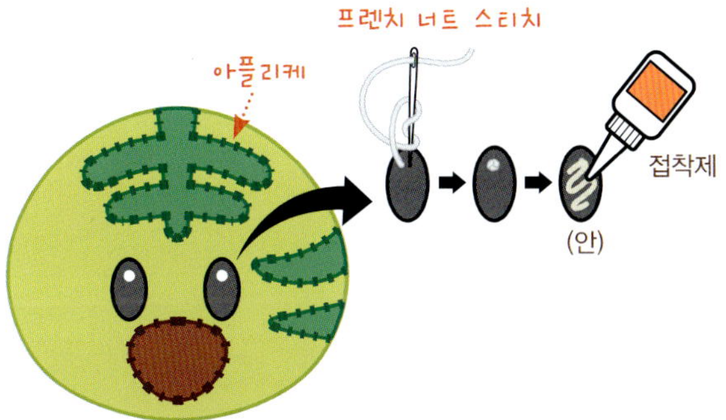

2 얼굴 위에 코와 얼굴 무늬를 겹쳐서 각각 밤색 실, 녹색
실 1겹으로 아플리케 합니다. 눈 위에 흰색 실 2겹으로 프
렌치 너트 스티치를 하여 눈동자를 표현하고, 눈은 접착
제로 붙입니다.

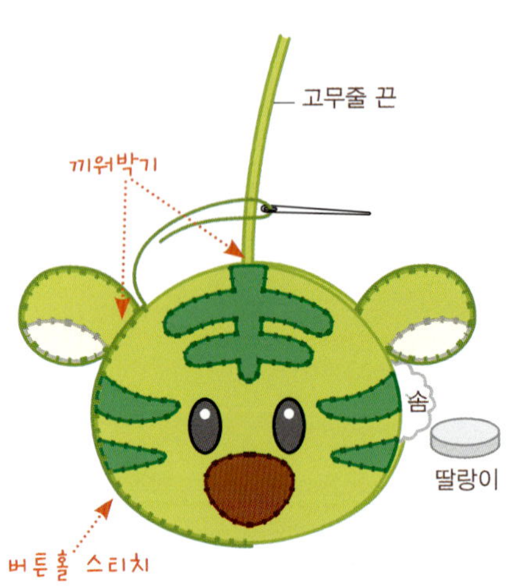

3 얼굴 2장을 겹쳐서 가장자리를 형광 연두 실 1겹으로 버튼홀 스티치 합니다. 얼굴 윗부분에 귀와 고무줄 끈 한쪽 끝을 끼워박기하고, 창구멍으로 솜과 딸랑이를 넣어 마무리합니다.

4 뒷면에 찍찍이를 글루건으로 붙이면 호랑이 유모차 장식 인형 완성입니다.

소 만들기

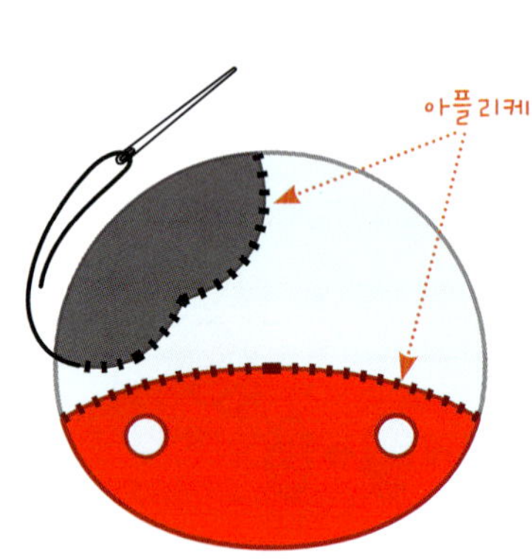

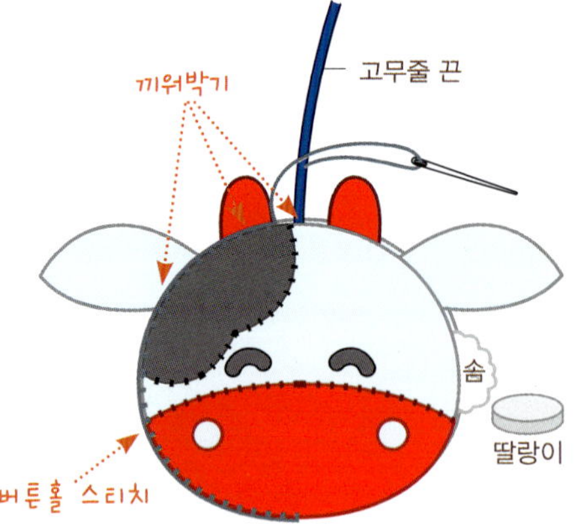

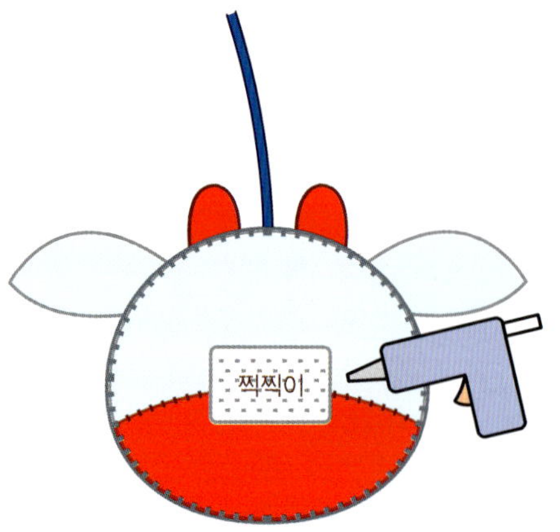

1 얼굴 위에 입과 얼굴 무늬를 각각 빨강 실, 검정 실 2겹으로 아플리케 합니다.

2 눈은 접착제로 붙입니다. 얼굴 2장을 겹쳐서 가장자리를 흰색 실 1겹으로 버튼홀 스티치 합니다. 얼굴 윗부분에 귀와 뿔, 고무줄 끈 한쪽 끝을 끼워박기하고, 창구멍으로 솜과 딸랑이를 넣어 마무리합니다.

3 뒷면에 찍찍이를 글루건으로 붙이면 소 유모차 장식 인형 완성입니다.

씽씽 달리고픈

토끼 보행기 신발

토끼 보행기 신발 만들기

펠트 천 재단하기

〈여아용〉

인디언 핑크 : 옆면 2장, 바닥 2장, 끈 4장, 속귀 4장

아이보리 : 얼굴 4장, 겉귀 4장

와인 : 볼 4장

도트 밤색 : 미끄럼 방지용 바닥 2장

준비물

〈여아용〉

펠트 : 인디언 핑크, 아이보리, 와인

미끄럼 방지 펠트 : 도트 밤색

실 : 1(흰색), 9(분홍), 12(빨강), 26(검정)

〈남아용〉

펠트 : 민트, 아이보리, 블루

미끄럼 방지 펠트 : 도트 밤색

실 : 1(흰색), 12(빨강), 15(하늘), 26(검정)

〈공통〉

바늘, 가위, 기화성펜, 시드비즈, 방울솜, 글루건, 퀼트솜, 단추, 솜방울(뿅뿅), 원형 벨크로

예상 재료비 : 12,000원   예상 제작 시간 : 4시간   완제품을 사려면 얼마나 하죠? : 35,000원

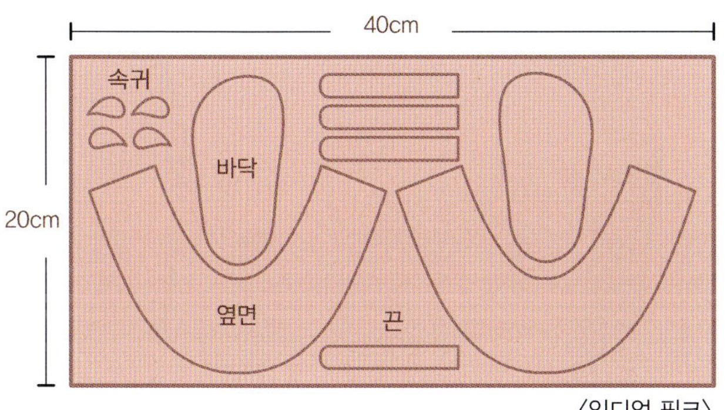

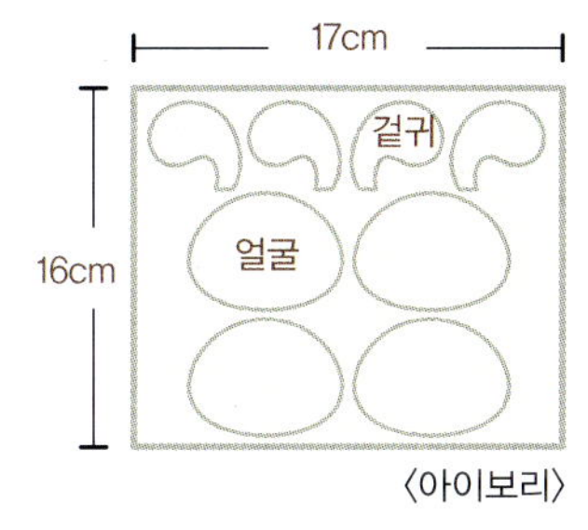

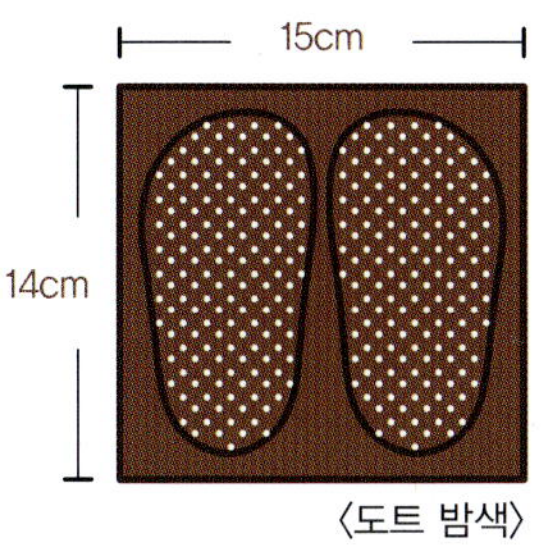

〈남아용〉

민트 : 옆면 2장, 바닥 2장, 끈 4장, 속귀 4장

블루 : 볼 4장

아이보리 : 얼굴 4장, 겉귀 4장

도트 밤색 : 미끄럼 방지용 바닥 2장

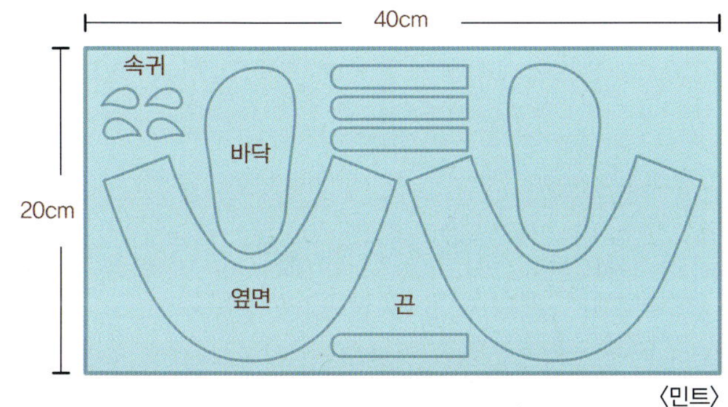

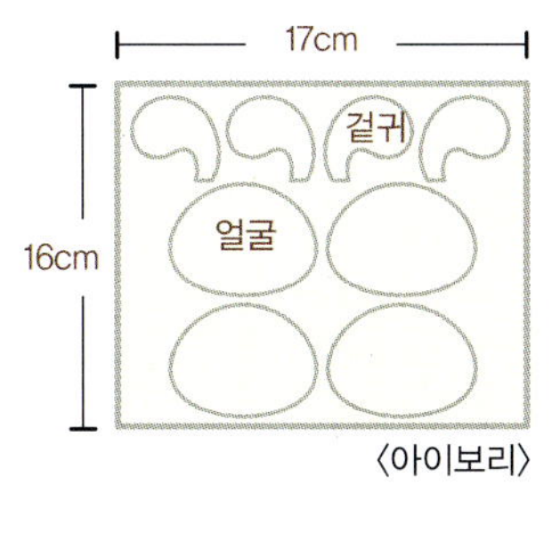

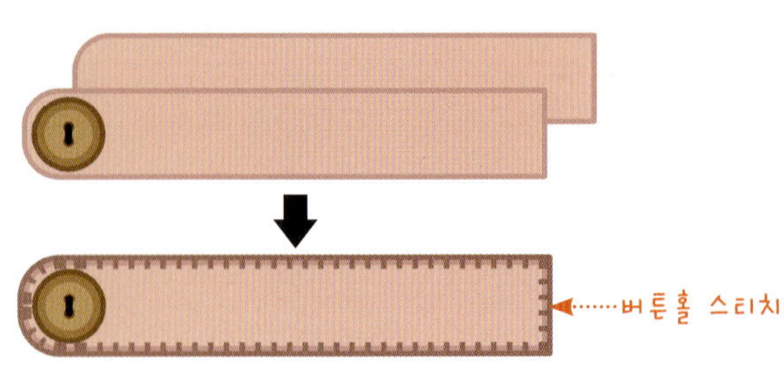

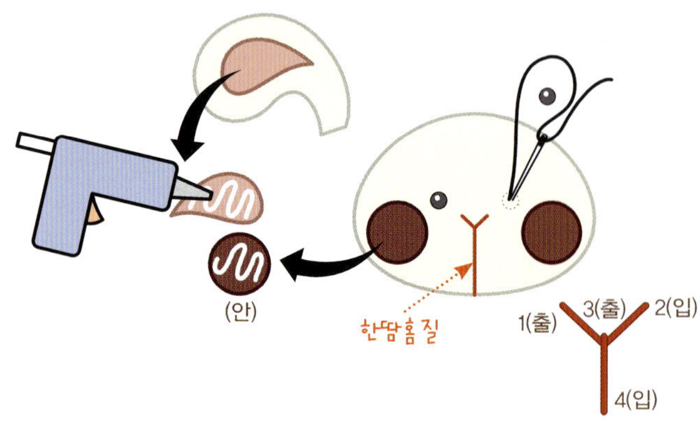

1 끈의 한쪽 끝에 단추를 달고, 끈 2장을 겹쳐서 버튼홀 스티치 합니다(여아용은 분홍 실. 남아용은 하늘 실 1겹).

2 글루건으로 겉귀 위에 속귀를 붙이고, 얼굴 위에 볼을 붙입니다. 검정 실 2겹으로 눈 위치에 시드비즈를 달고, 코와 입 모양은 빨강 실 2겹으로 한땀홈질합니다.

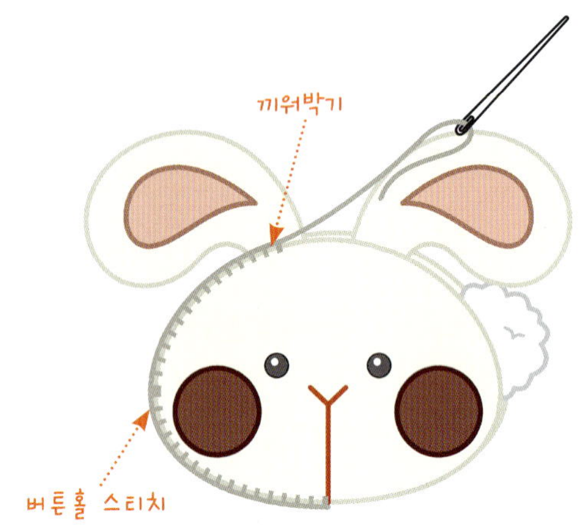

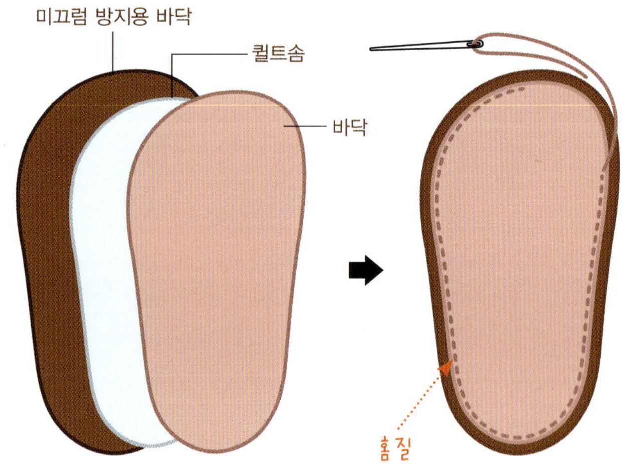

3 얼굴 2장을 겹쳐서 흰색 실 1겹으로 가장자리를 버튼홀 스티치 하다가. 귀는 끼워박기하고, 마지막에 창구멍으로 솜을 넣어 마무리 합니다.

4 미끄럼 방지용 바닥, 퀼트솜, 바닥 순서로 겹쳐서 가장자리를 홈질 합니다(여아용은 분홍 실. 남아용은 하늘 실 2겹).

> 바닥을 폭신하게 만들기 위해 퀼트솜을 사용합니다. 퀼트솜은 바닥보다 가장자리를 5mm 정도 작게 잘라 넣습니다.

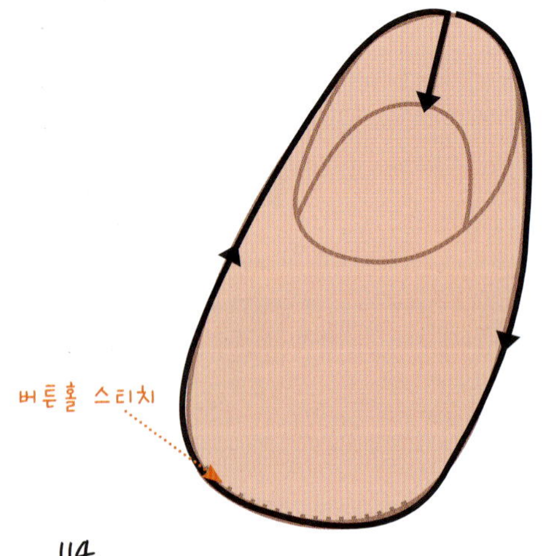

5 바닥 위에 옆면을 겹쳐서 가장자리를 화살표 방향을 따라 버튼홀 스티치 합니다(여아용은 분홍 실. 남아용은 하늘 실 2겹).

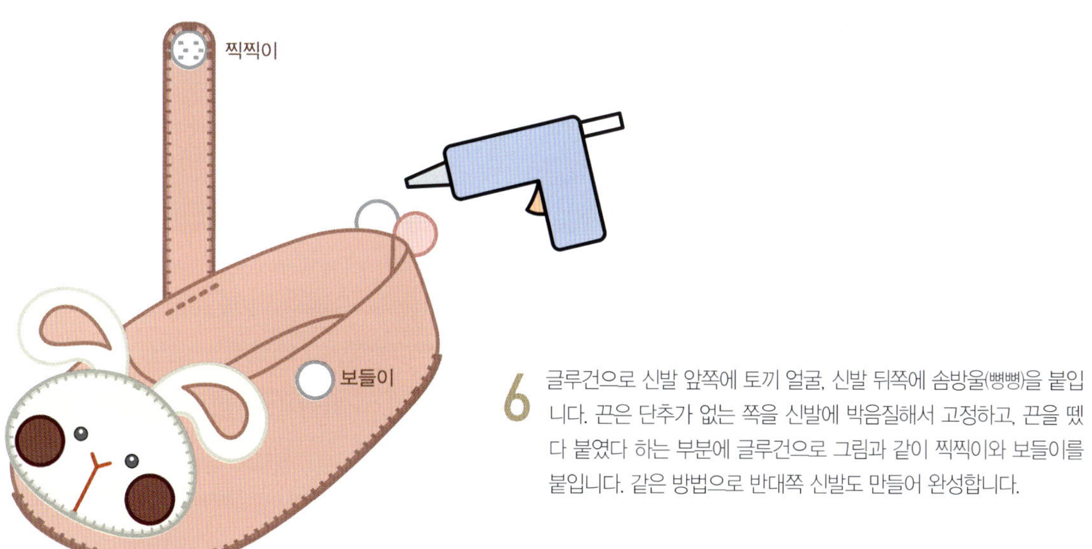

6 글루건으로 신발 앞쪽에 토끼 얼굴, 신발 뒤쪽에 솜방울(뿅뿅)을 붙입니다. 끈은 단추가 없는 쪽을 신발에 박음질해서 고정하고, 끈을 뗐다 붙였다 하는 부분에 글루건으로 그림과 같이 찍찍이와 보들이를 붙입니다. 같은 방법으로 반대쪽 신발도 만들어 완성합니다.

13
우리 아기 힘차게 내딛는
첫걸음 신발

첫걸음 신발 만들기

펠트 천 재단하기

민트 : 옆면 2장, 바닥 2장, 입 2장
딥 브라운 : 발등 2장, 바닥 2장, 코 2장, 얼굴 무늬
아이보리 : 얼굴 2장, 귀 4장
도트 밤색 : 미끄럼 방지용 바닥 2장

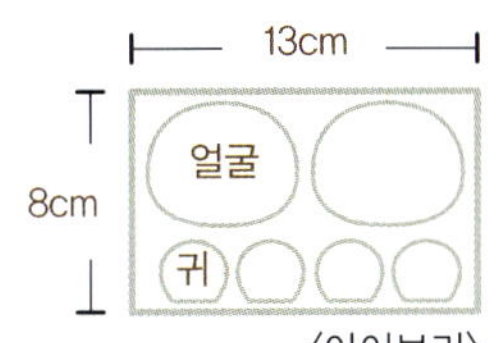

준비물

펠트 : 민트, 딥 브라운, 아이보리
미끄럼 방지 펠트 : 도트 밤색
실 : 2(아이보리), 15(하늘), 23(진밤)

예상 재료비 : 12,000원   예상 제작 시간 : 3시간   완제품을 사려면 얼마나 하죠? : 35,000원

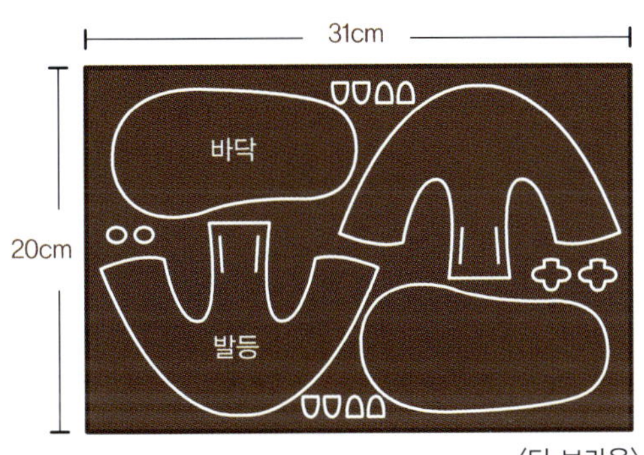

★ 발 길이 12.5cm, 14cm 두 종류의 도안이 실불본에 있습니다.

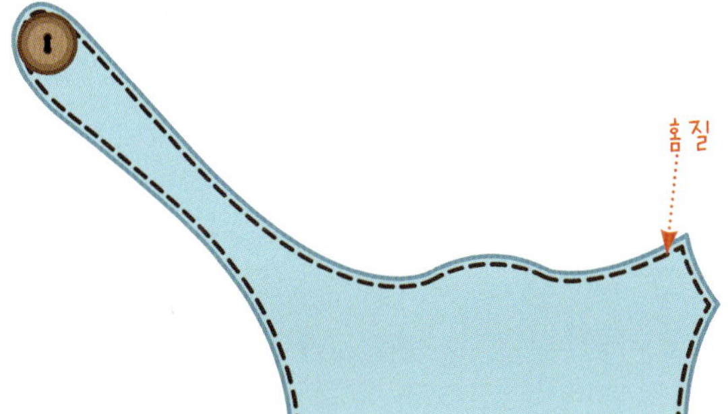

1 옆면 가장자리를 진밤 실 2겹으로 홈질합니다. 그림과 같이 천 끝에 단추를 답니다.

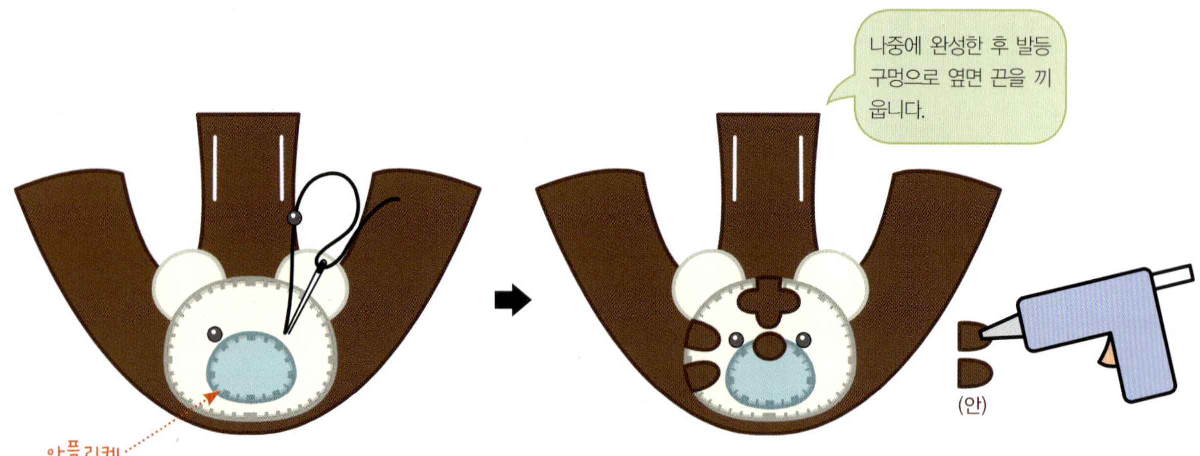

2 호랑이 얼굴과 입을 겹쳐서 발등 위에 올려놓고 아플리케 합니다 (얼굴은 흰색 실. 입은 하늘 실 1겹). 눈 위치에 진밤 실 2겹으로 시드비 즈를 달고, 코와 얼굴 무늬는 글루건으로 붙입니다.

3 위의 그림에서 동그라미(●)와 별(★) 표시한 곳을 겹쳐서 버튼홀 스티치로 연결합니다.

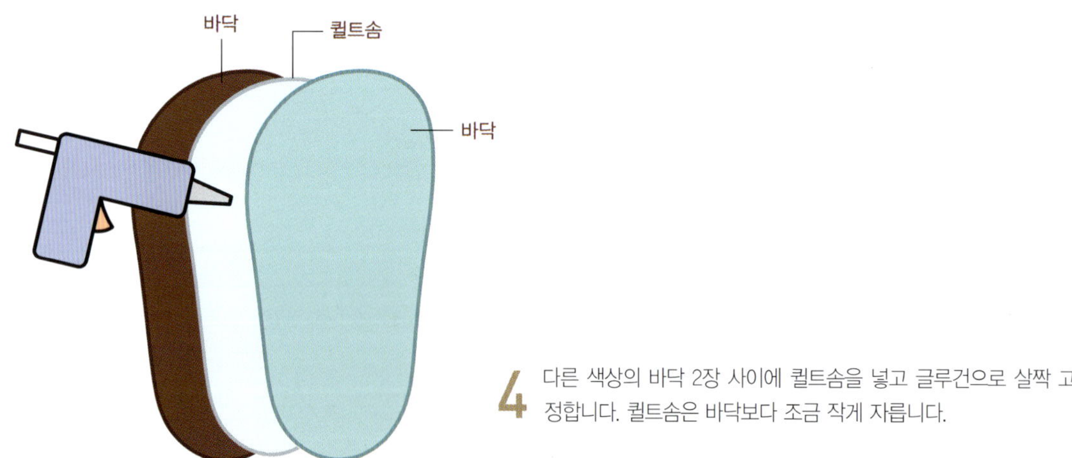

4 다른 색상의 바닥 2장 사이에 퀼트솜을 넣고 글루건으로 살짝 고 정합니다. 퀼트솜은 바닥보다 조금 작게 자릅니다.

118

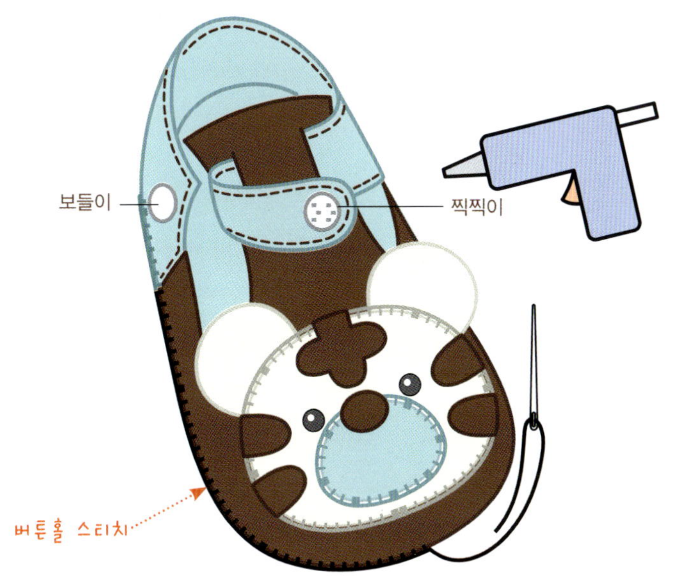

5 바닥 위에 옆면과 발등을 겹쳐서 가장자리를 버튼홀 스티치로 연결합니다(딥 브라운 부분은 진밤 실. 민트 부분은 하늘 실 2겹). 끈을 뗐다 붙였다 하는 부분에 글루건으로 그림과 같이 찍찍이와 보들이를 붙입니다.

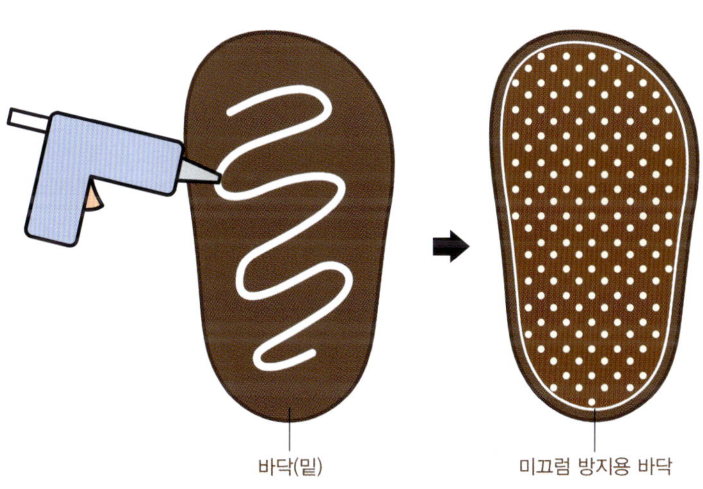

6 바닥 밑에 바닥보다 2mm 정도 작게 자른 미끄럼 방지용 바닥을 글루건으로 붙이면 완성입니다.

14
우리 아이 키에 딱 맞게!
키높이 의자

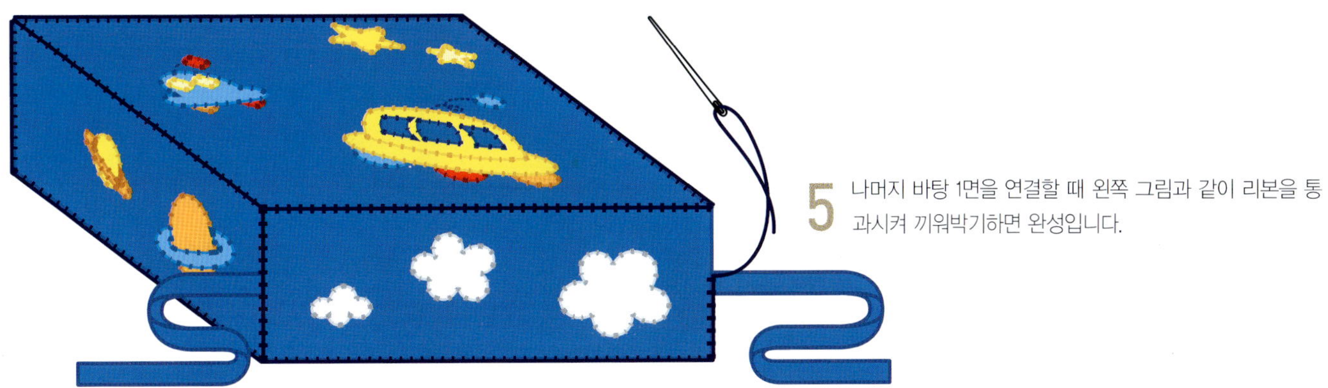

5 나머지 바탕 1면을 연결할 때 왼쪽 그림과 같이 리본을 통
과시켜 끼워박기하면 완성입니다.

15
건강하게 쑥쑥 자라주세요!
채소 키재기
140
130
120
110
100
90
80

140
130
120
110

1. 오이 키재기 만들기

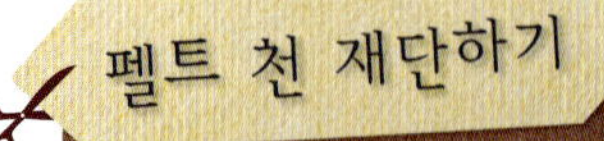

파스텔 연두 : 오이 2장
흰색 : 눈 2장, 눈동자 2장, 꼭지 무늬 1장
검정 : 눈동자 2장, 속눈썹 4장, 주근깨 17장
빨강 : 숫자 80, 90, 100, 120, 130, 140

준비물

펠트 : 파스텔 연두, 빨강, 흰색, 검정
실 : 1(흰색), 19(연두), 20(녹색)
부재료 : 가위, 기화성펜, 바늘, 퀼트솜, 고리용 리본, 글루건, 접착제

예상 재료비 : 15,000원   예상 제작 시간 : 3시간   완제품을 사려면 얼마나 하죠? : 45,000원

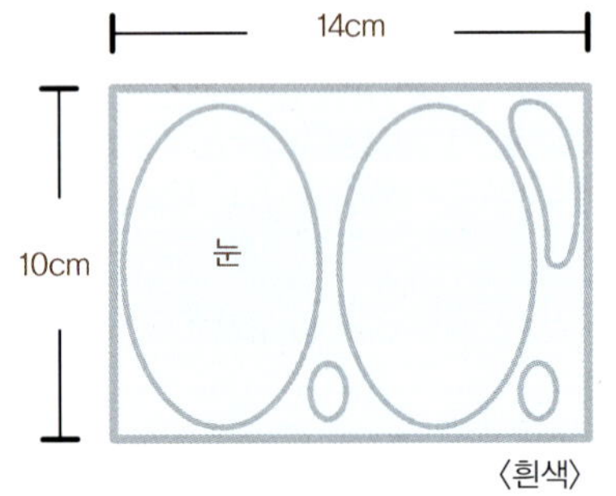

14cm

10cm

〈흰색〉

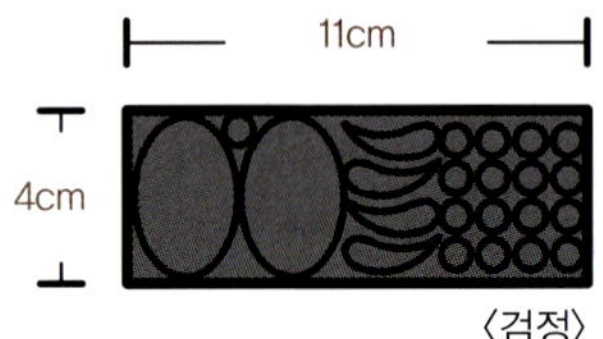

11cm

4cm

〈검정〉

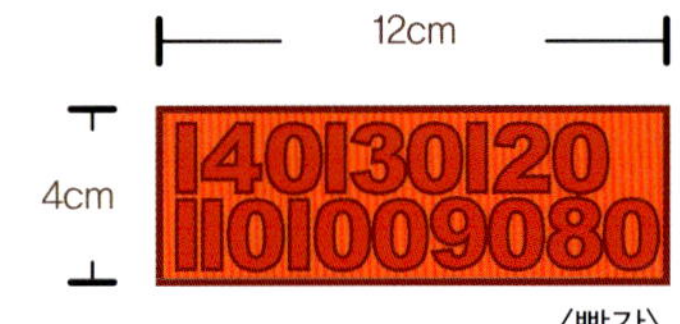

12cm

4cm

〈빨강〉

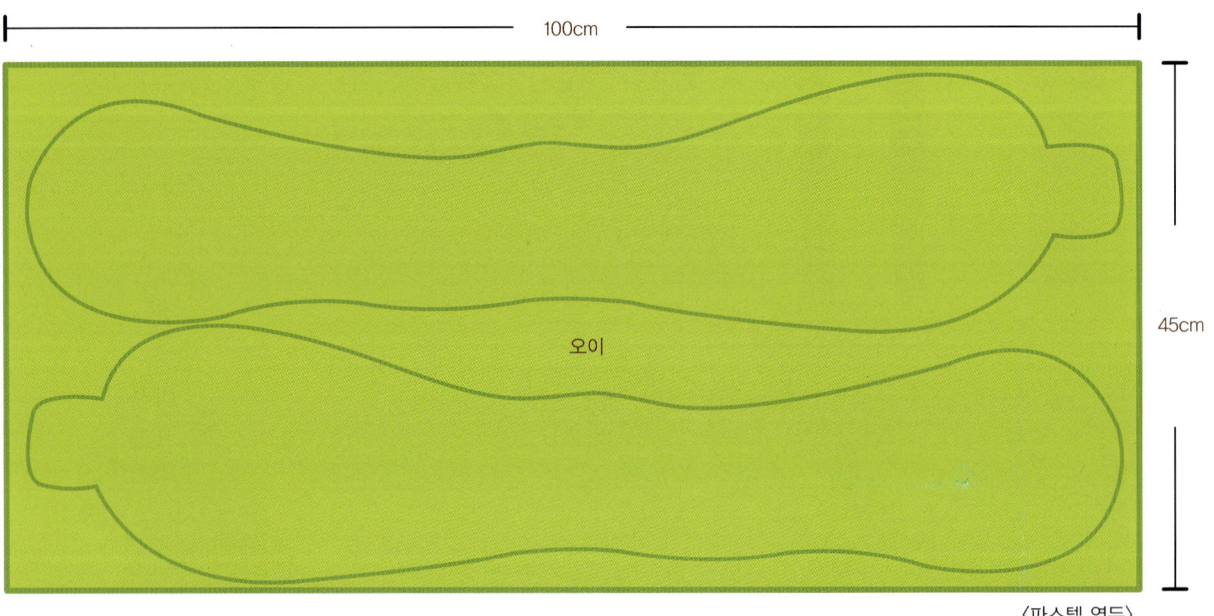

100cm

45cm

〈파스텔 연두〉

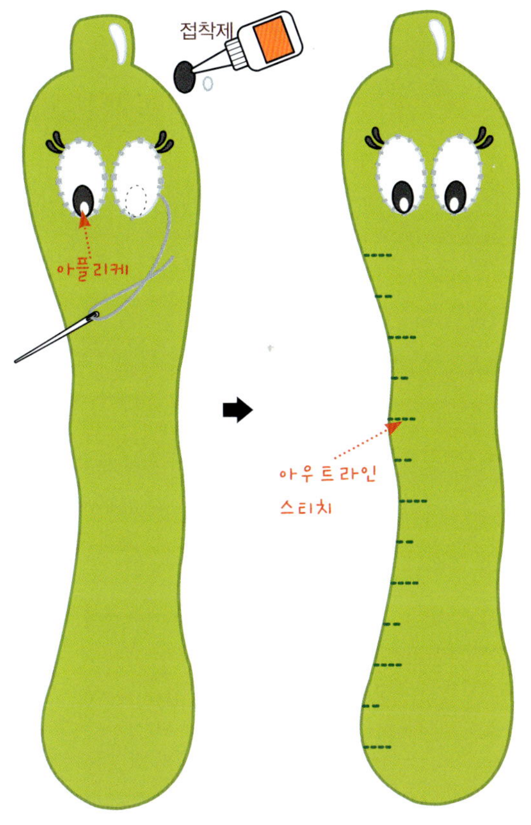

1 오이 1장에 흰색 실 1겹으로 눈을 아플리케 합니다. 검정 눈동자와 흰색 눈동자를 차례대로 접착제로 붙입니다. 속눈썹도 접착제로 붙입니다.

2 기화성펜으로 키재기 선을 그리고 녹색 실 2겹으로 아우트라인 스티치 합니다. 숫자는 아이의 키에 맞춰서 70이나 80부터 시작하면 됩니다.

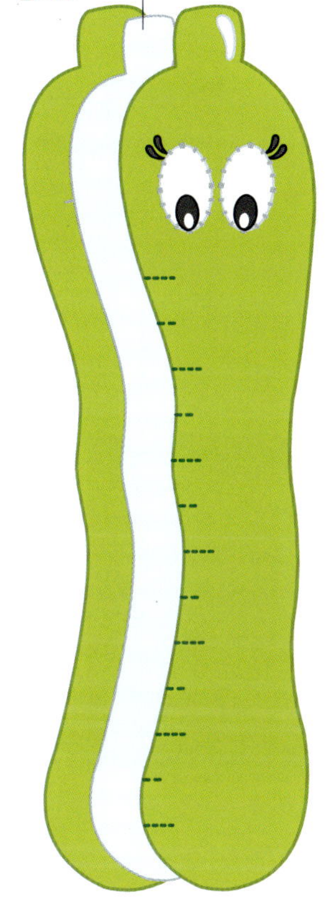

3 오이 2장 시이에 퀼트솜을 넣어서 가장자리를 버튼홀 스티치로 연결합니다. 퀼트솜은 오이보다 3mm 정도 작게 잘라서 넣습니다.

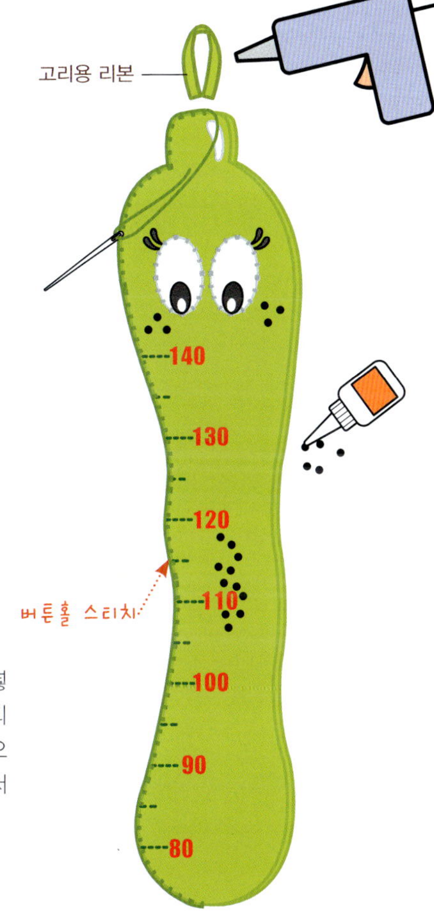

4 접착제로 숫자와 주근깨를 붙이고, 글루건으로 고리용 리본을 오이 꼭지 뒤에 붙이면 완성입니다.

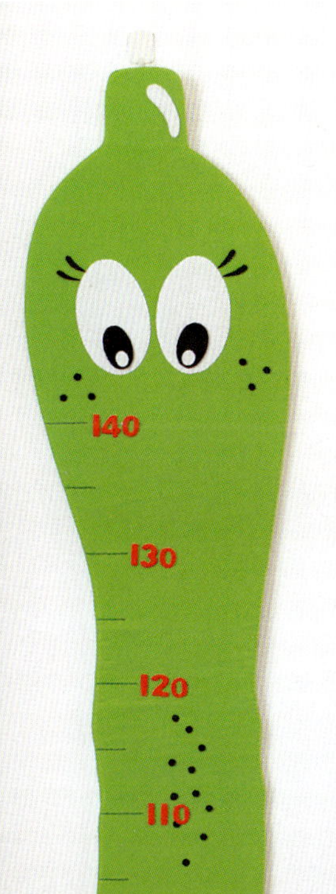

2. 당근 키재기 만들기

사용 연령
돌~만 5세

펠트 천 재단하기

주황 : 당근 2장
녹색 : 당근 잎 2장
흰색 : 눈 2장, 눈동자 2장, 하트 3장
검정 : 눈동자 2장, 속눈썹 4장, 숫자 80, 90, 100, 120, 130, 140

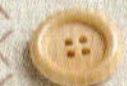

준비물

펠트 : 주황, 녹색, 흰색, 검정
실 : 1(흰색), 7(주황), 20(녹색)
부재료 : 가위, 기화성펜, 바늘, 퀼트솜, 고리용 리본, 글루건, 접착제

예상 재료비 : 15,000원 | 예상 제작 시간 : 3시간 | 완제품을 사려면 얼마나 하죠? : 45,000원

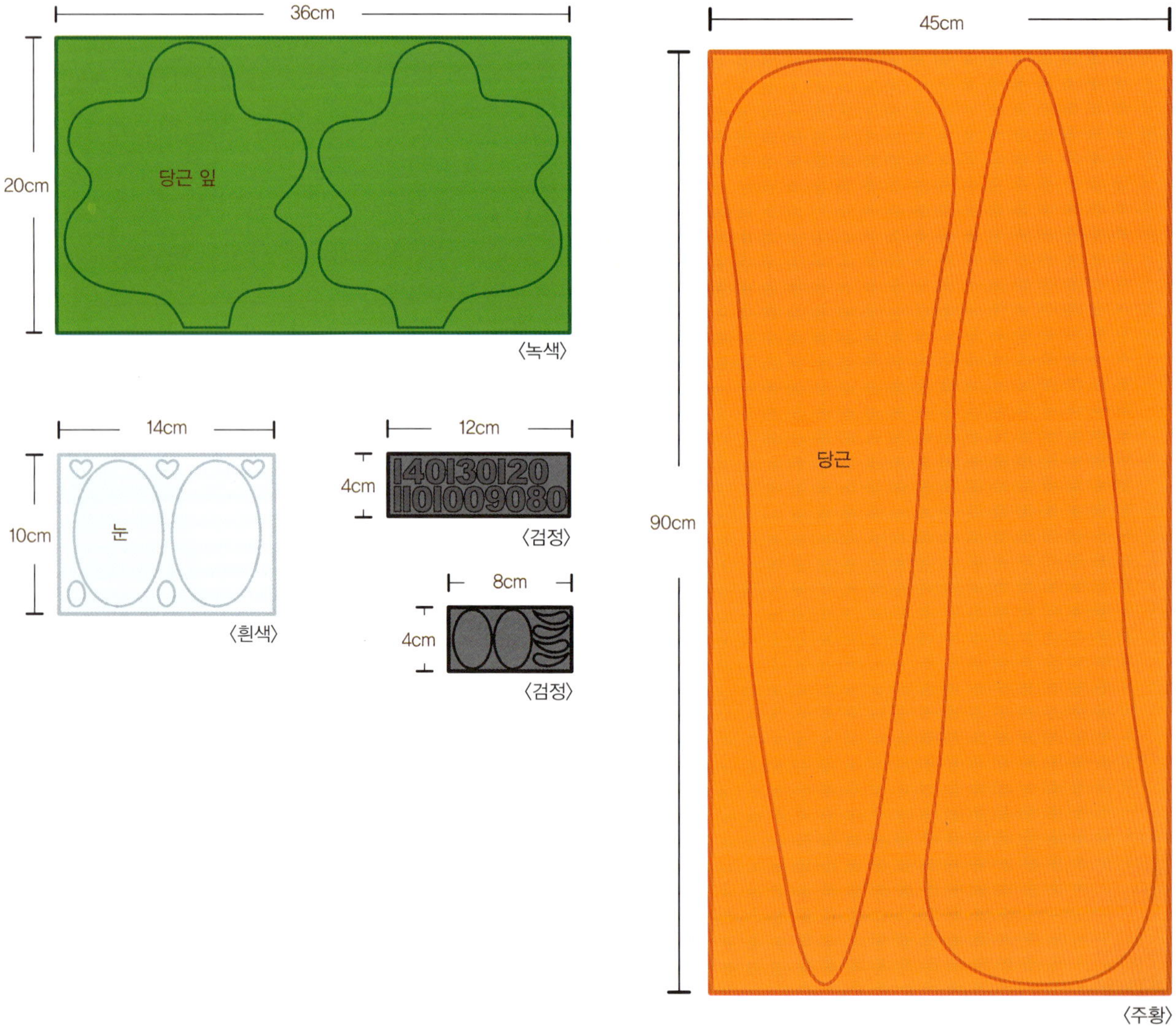

36cm
20cm
당근 잎
〈녹색〉
14cm
10cm
눈
〈흰색〉
12cm
4cm
140130120
110100 9080
〈검정〉
8cm
4cm
〈검정〉
45cm
90cm
당근
〈주황〉

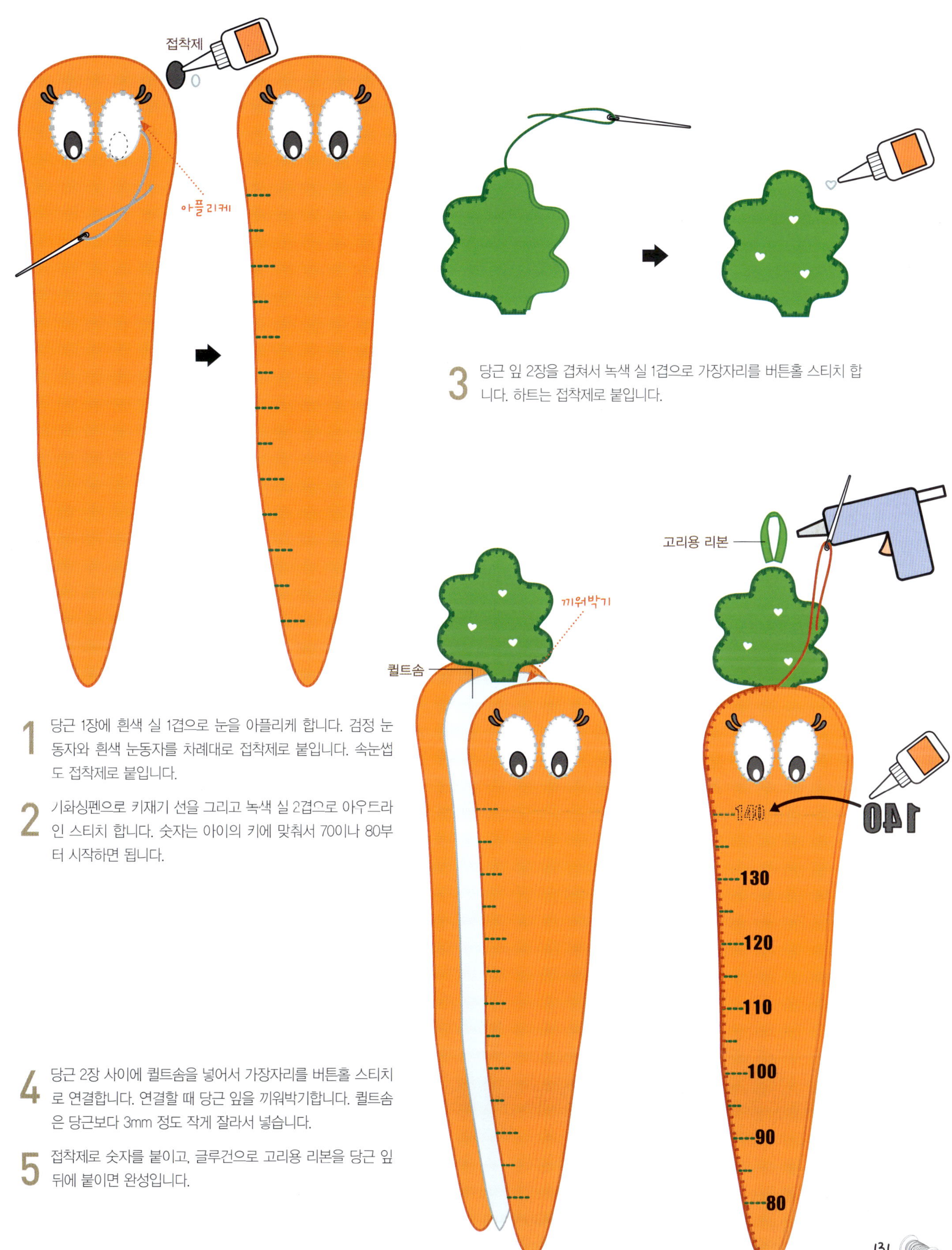

3 당근 잎 2장을 겹쳐서 녹색 실 1겹으로 가장자리를 버튼홀 스티치 합니다. 하트는 접착제로 붙입니다.

1 당근 1장에 흰색 실 1겹으로 눈을 아플리케 합니다. 검정 눈동자와 흰색 눈동자를 차례대로 접착제로 붙입니다. 속눈썹도 접착제로 붙입니다.

2 기화싱펜으로 키재기 선을 그리고 녹색 실 2겹으로 아웃라인 스티치 합니다. 숫자는 아이의 키에 맞춰서 70이나 80부터 시작하면 됩니다.

4 당근 2장 사이에 퀼트솜을 넣어서 가장자리를 버튼홀 스티치로 연결합니다. 연결할 때 당근 잎을 끼워박기합니다. 퀼트솜은 당근보다 3mm 정도 작게 잘라서 넣습니다.

5 접착제로 숫자를 붙이고, 글루건으로 고리용 리본을 당근 잎 뒤에 붙이면 완성입니다.

PART 5

활동성과 논리성을 키우는 장난감

16
숫자를 익히며 놀아요!
숫자 축구공

신나게 놀아요!

알록달록 호박공

숫자 축구공 만들기

펠트 천 재단하기

흰색 : 육각형 20장
파랑 : 오각형 12장
파스텔 연두 : 숫자 1 1장, 숫자 6 1장, 별 1장
바다하늘 : 숫자 3 1장, 숫자 8 1장, 꽃잎 1장
진분홍 : 숫자 5 1장, 숫자 0 1장, 별 1장
노랑 : 숫자 2 1장, 숫자 7 1장, 바나나 3장
주황 : 숫자 4 1장, 숫자 9 1장, 꽃잎 1장
빨강 : 딸기 2장
녹색 : 딸기 꼭지 2장
분홍 : 꽃잎 1장

준비물

펠트 : 흰색, 파랑, 파스텔 연두, 노랑, 주황, 바다하늘, 진분홍, 빨강, 녹색, 분홍
실 : 1(흰색)
부재료 : 바늘, 가위, 기화성펜, 구름솜 , 글루건, 딸랑이

예상 재료비 : 10,000원   예상 제작 시간 : 3시간   완제품을 사려면 얼마나 하죠? : 35,000원

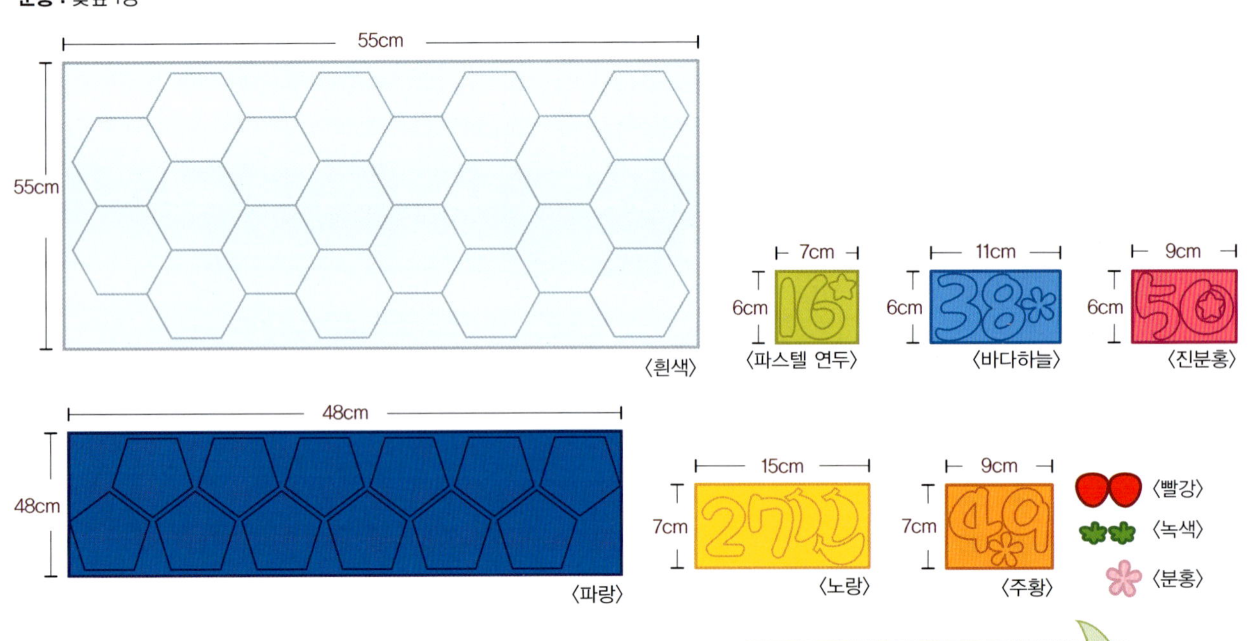

축구공에 붙이는 숫자나 모양들의 색상은 샘플 작품과 같을 필요는 없습니다. 샘플 작품에서 사용한 색상은 하나의 예이므로, 갖고 있는 펠트 천의 색상을 적절히 활용합니다. 알록달록 무지개 색상이 가장 좋으며, 자투리 펠트 천을 활용하는 것도 좋습니다.

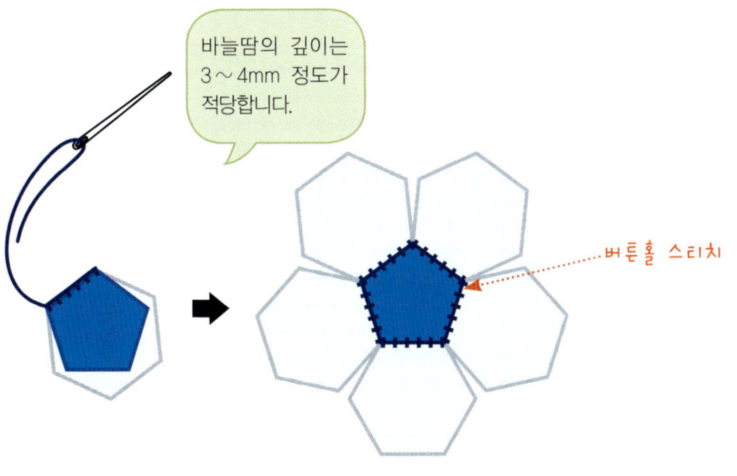

1 오각형 1장과 육각형 1장을 겹쳐서 한 변을 버튼홀 스티치 합니다. 그림과 같이 오각형 1장에 육각형 5장이 연결되도록 이어나 갑니다.

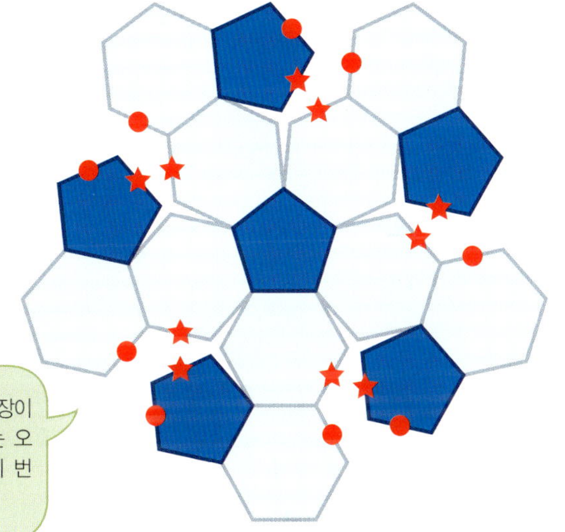

2 위의 그림과 같이 별(★)은 별(★)끼리, 동그라미(●)는 동그라미(●)끼리 버튼홀 스티치로 연결하면 반구가 완성됩니다. 같은 방법으로 반구를 하나 더 만들어 둘을 연결합니다. 솜과 딸랑이가 들어갈 창구멍을 남겨둡니다.

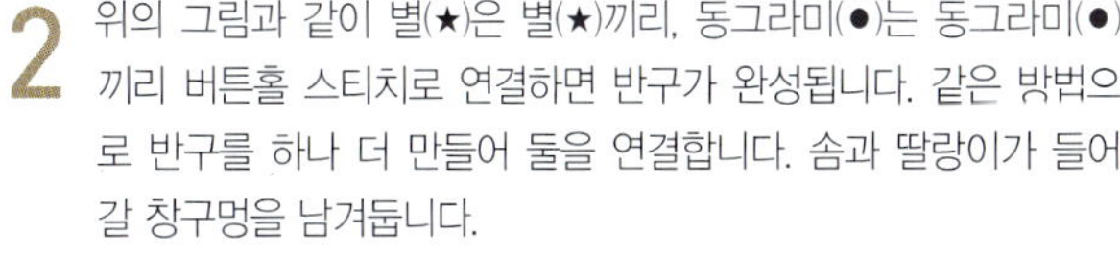

3 창구멍으로 솜과 딸랑이를 넣고 마무리합니다. 글루건으로 숫자와 꽃잎, 별, 딸기를 육각형 위에 붙이면 완성입니다.

알록달록 호박공 만들기

사용 연령
3개월 이상

펠트 천 재단하기

〈숫자 호박공〉

베이지 : 숫자 1 1장, 숫자 4 1장, 옆면 2장, 꼭지 2장

카키 : 숫자 2 1장, 숫자 5 1장, 옆면 2장

오렌지 : 숫자 3 1장, 숫자 6 1장, 옆면 2장

〈별무늬 호박공〉

노랑 : 별 2장, 옆면 2장, 꼭지 2장

파랑 : 별 2장, 옆면 2장

진분홍 : 별 2장, 옆면 2장

준비물

〈숫자 호박공〉

펠트 : 베이지, 카키, 오렌지

실 : 2(아이보리), 23(진밤)

〈공통〉

바늘, 가위, 기화성펜, 방울솜, 딸랑이, 글루건

〈별무늬 호박공〉

펠트 : 노랑, 파랑, 진분홍

실 : 21(연밤), 23(진밤)

예상 재료비 : 개당 6,500원   예상 제작 시간 : 1시간 30분   완제품을 사려면 얼마나 하죠? : 15,000원

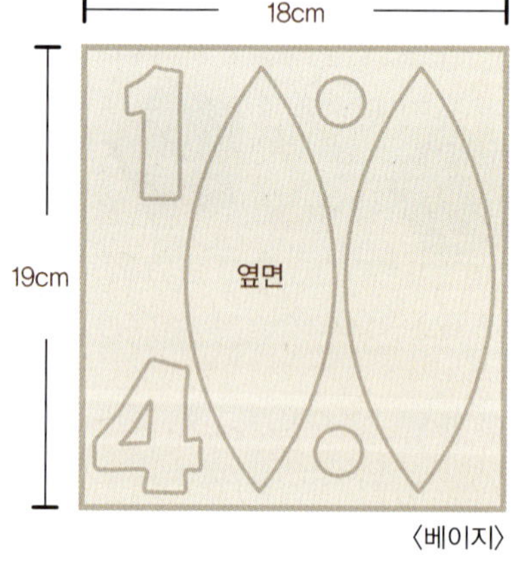

〈베이지〉

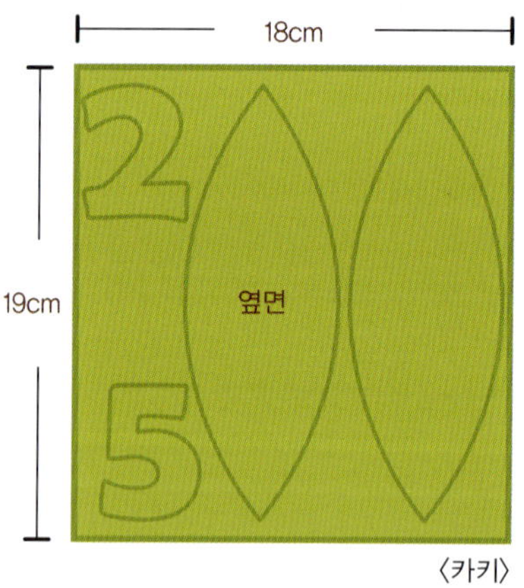

〈카키〉

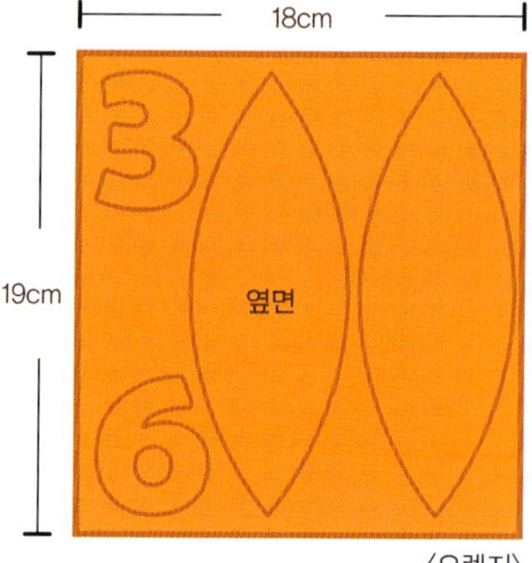

〈오렌지〉

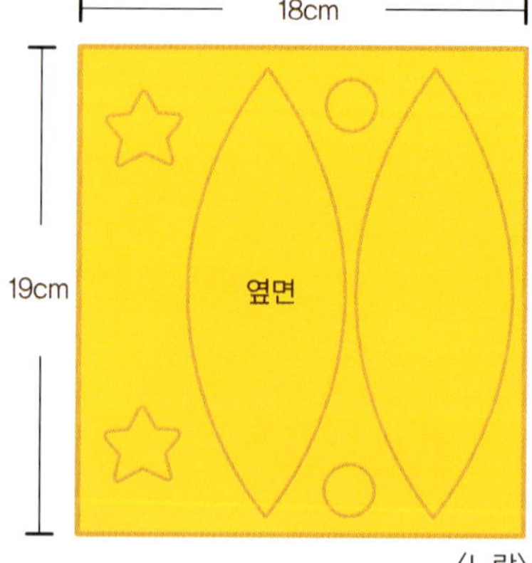

〈노랑〉

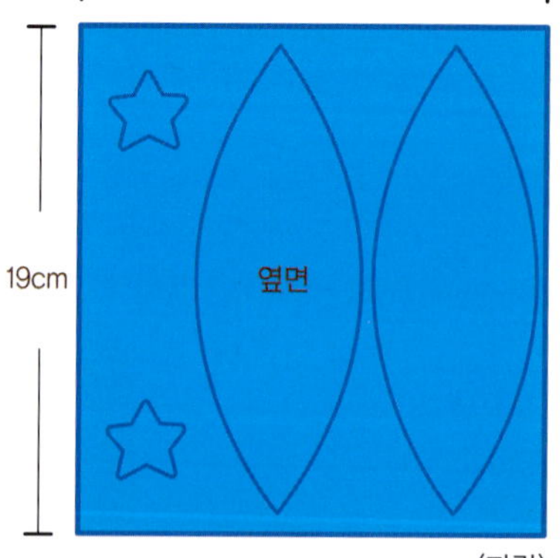

〈파랑〉

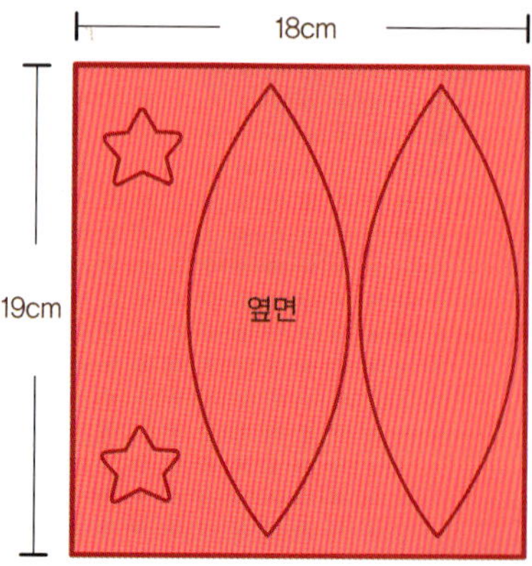

〈진분홍〉

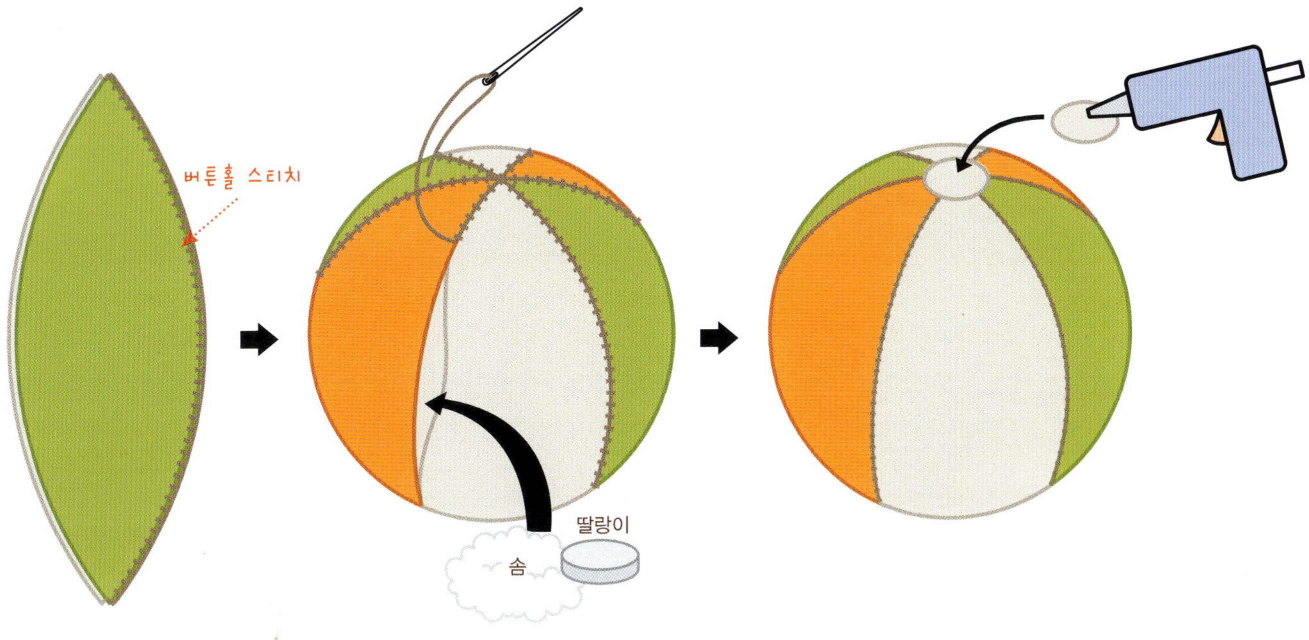

1 다른 색상의 옆면 2장을 겹쳐서 아이보리 실 2겹으로 한 변을 버튼홀 스티치 합니다(별무늬 호박공은 연밤 실).

2 색상을 번갈아가며 옆면을 모두 연결합니다. 마지막 변을 이을 때 솜과 딸랑이를 넣습니다.

3 공의 위아래에 글루건으로 꼭지를 1장씩 붙입니다.

4 진밤 실 2겹으로 숫자의 가장자리를 홈질합니다.

5 글루건으로 옆면에 숫자를 붙입니다. 아이가 입으로 공을 물거나 빠는 경우에는 4의 과정을 생략하고, 재단한 다음 옆면 위에 숫자를 겹쳐서 미리 홈질해둡니다.

18
아이들이 좋아하는
스포츠 장난감 공

2조각 바다생물 퍼즐 만들기

펠트 천 재단하기

파스텔 밝은 연두 : 꽃게 바탕 4장

진분홍 : 문어 바탕 4장, 불가사리 1장

흰색 : 조개 바탕 4장, 문어 몸통 1장, 문어 다리 1장, 꽃게 눈 2장, 붕어 몸통 1장, 붕어 눈 1장

파스텔 진하늘 : 메기 바탕 4장, 조개 1장

노랑 : 불가사리 바탕 4장, 꽃게 가슴 1장

주황 : 붕어 바탕 4장

빨강 : 꽃게 몸통 1장, 꽃게 다리 2장, 꽃게 집게다리 2장, 문어 리본 1장

검정 : 꽃게 눈동자 2장, 문어 눈 2장, 붕어 눈동자 1장

연분홍 : 메기 1장, 붕어 지느러미 1장

연두 : 메기 얼굴 1장, 메기 지느러미 2장, 문어 입 1장, 붕어 머리 1장, 붕어 꼬리 1장, 붕어 지느러미 2장

바탕과 바다생물 몸체는 우선 통으로 자른 다음, 겹쳐서 2조각으로 자릅니다. 접착제를 살짝 발라서 해당 위치에 고정한 다음, 바탕 펠트 천 경계선을 따라 가위로 자르면 정확하게 2등분됩니다. 접착제를 바를 때는 바느질을 할 부분은 피합니다.

준비물

펠트 : 파스텔 밝은 연두, 진분홍, 흰색, 파스텔 진하늘, 노랑, 주황, 빨강, 검정, 연분홍, 연두

실 : 1(흰색), 6(노랑), 7(주황), 9(분홍), 11(꽃분홍), 12(빨강), 16(바다하늘), 19(연두), 26(검정)

부재료 : 바늘, 가위, 기화성펜, 퀼트솜, 접착제

예상 재료비 : 9,500원　|　예상 제작 시간 : 4시간　|　완제품을 사려면 얼마나 하죠? : 40,000원

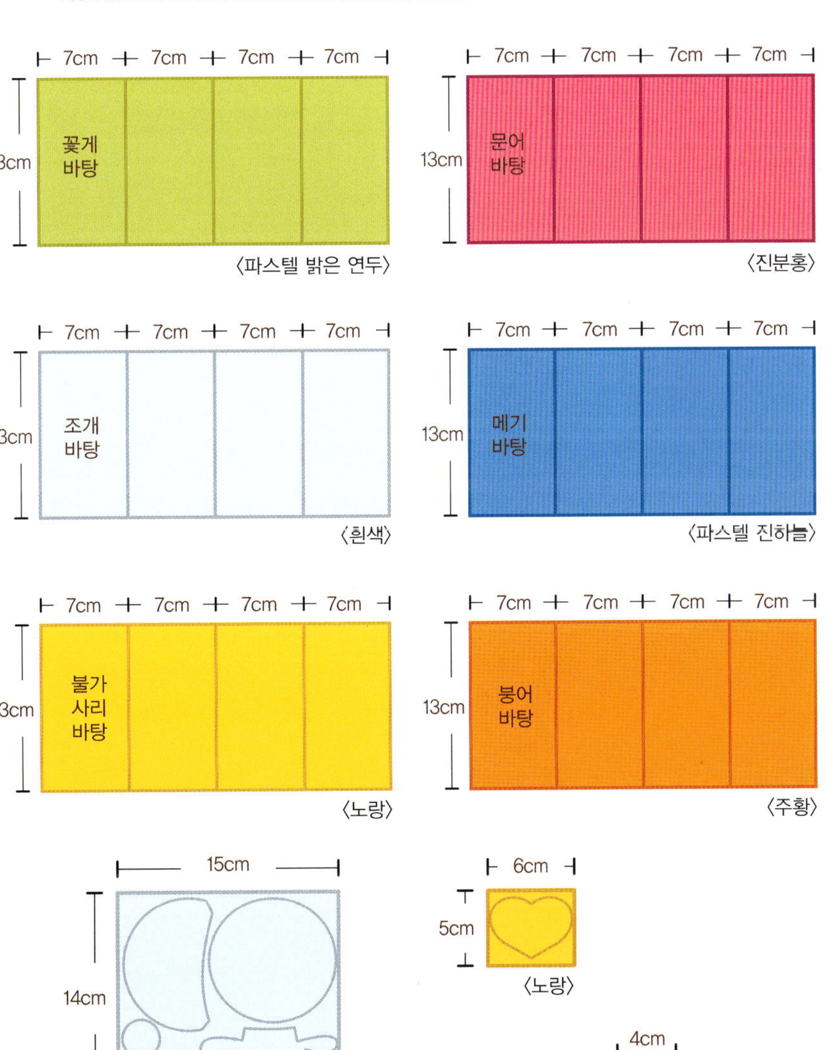

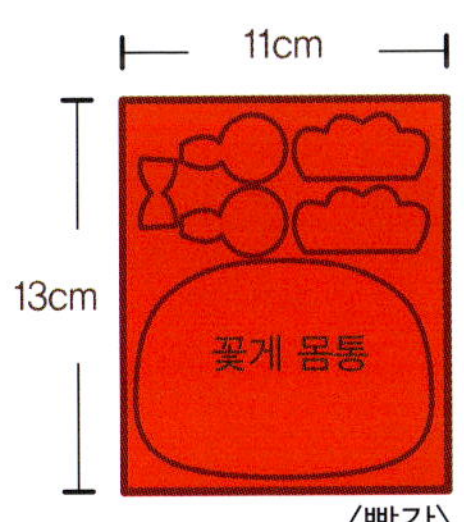

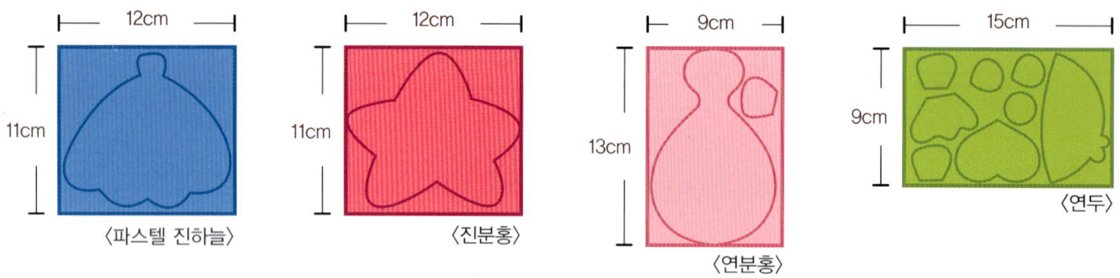

불가사리 만들기

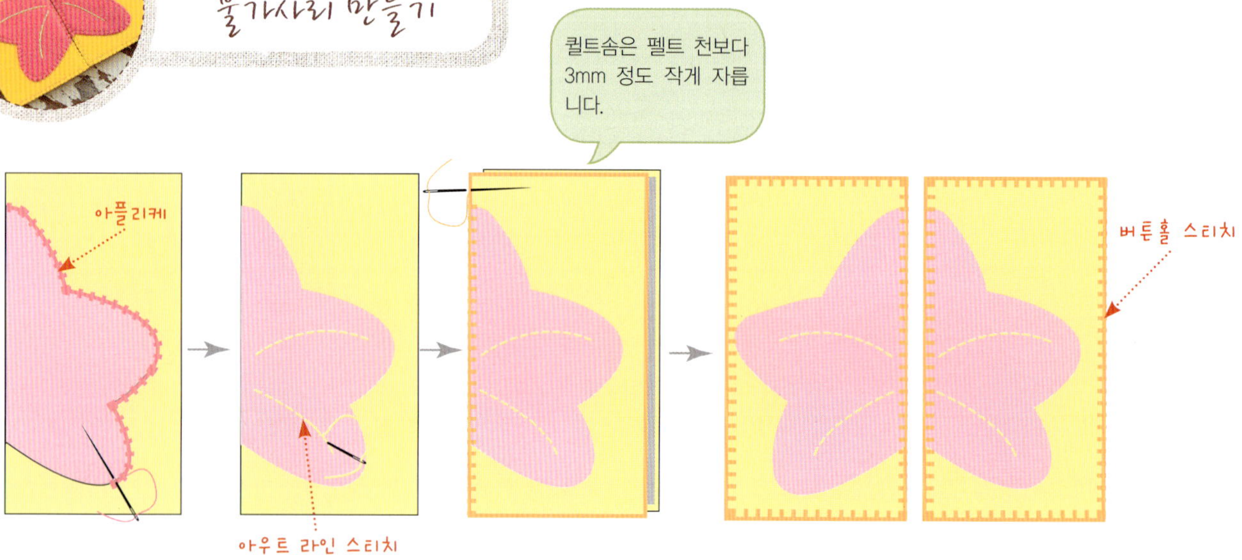

1 바탕 1장 위에 불가사리 반쪽을 겹쳐서 꽃분홍 실 1겹으로 아플리케 합니다.

2 무늬 선은 노랑 실 2겹으로 아우트라인 스티치 합니다.

3 바탕 2장 사이에 퀼트솜을 넣고 노랑 실 1겹으로 가장자리를 버튼홀 스티치 합니다.

4 같은 방법으로 나머지 반쪽도 완성합니다.

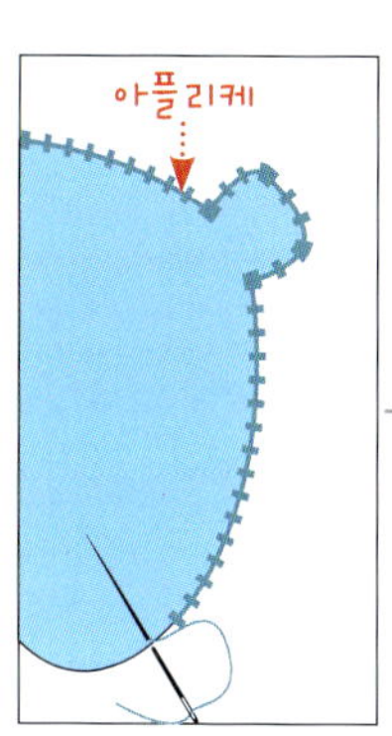

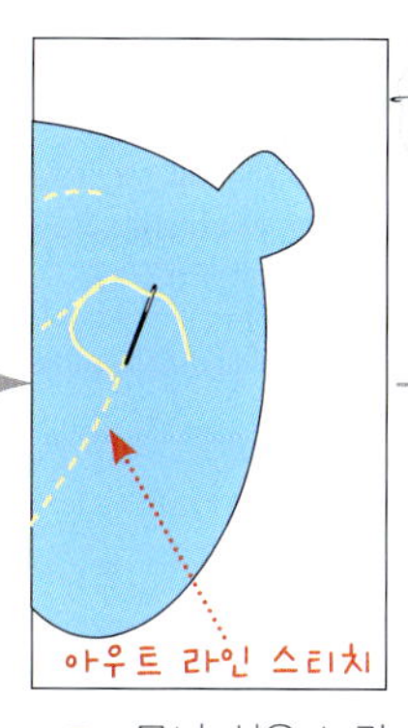

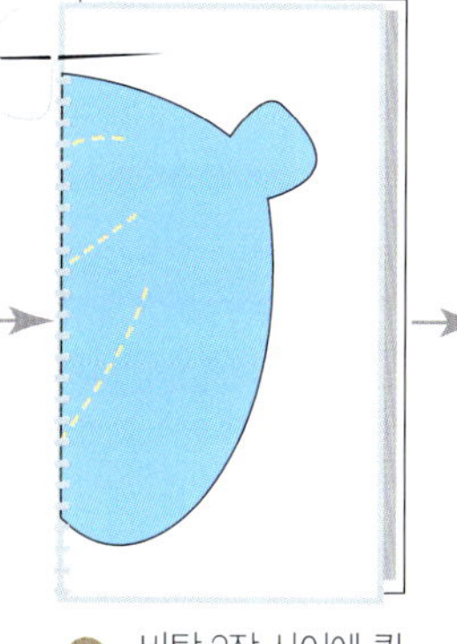

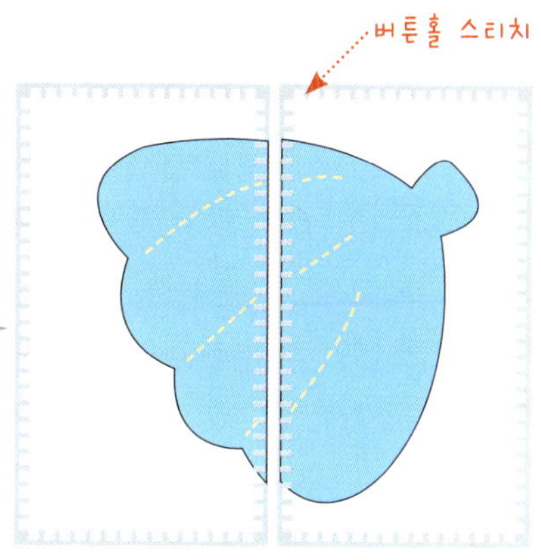

1 바탕 1장 위에 조개 반쪽을 겹쳐서 바다하늘 실 1겹으로 아플리케 합니다.

2 무늬 선은 노랑실 2겹으로 아우트라인 스티치 합니다.

3 바탕 2장 사이에 퀼트솜을 넣고 흰색 실 1겹으로 가장자리를 버튼홀 스티치 합니다.

4 같은 방법으로 나머지 반쪽도 완성합니다.

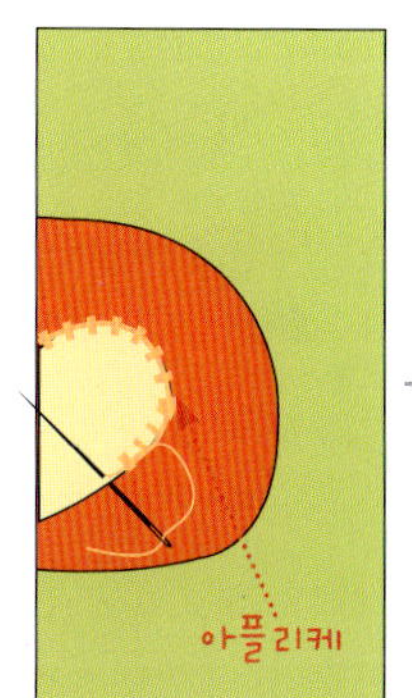

1 바탕 1장 위에 몸통과 가슴 반쪽을 올려놓고 가슴 가장자리를 노랑 실 1겹으로 아플리케 합니다.

2 다리를 몸통 뒤로 넣어 빨강 실 1겹으로 몸통과 함께 아플리케 합니다. 눈은 흰색 실 1겹으로 아플리케 합니다.

3 집게 선은 흰색 실 1겹으로 홈질합니다. 바탕 2장 사이에 퀼트솜을 넣고 연두 실 1겹으로 가장자리를 버튼홀 스티치 합니다.

4 같은 방법으로 나머지 반쪽도 완성합니다.

메기 만들기

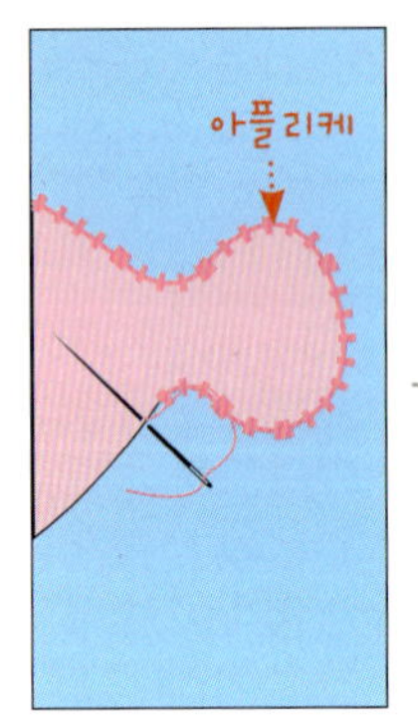

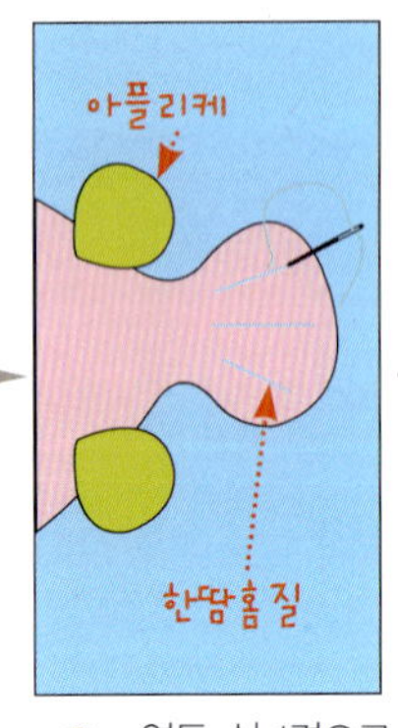

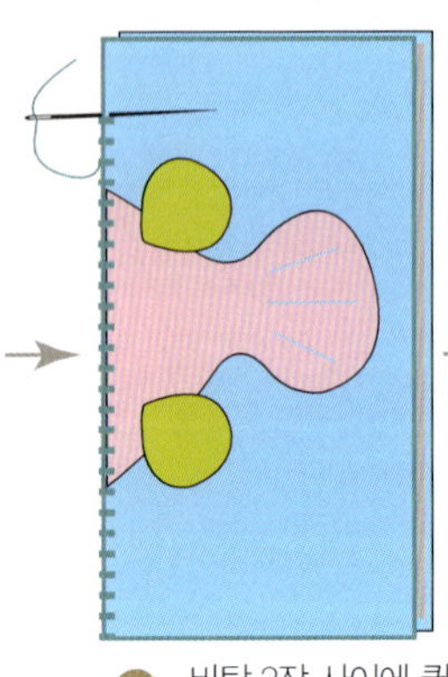

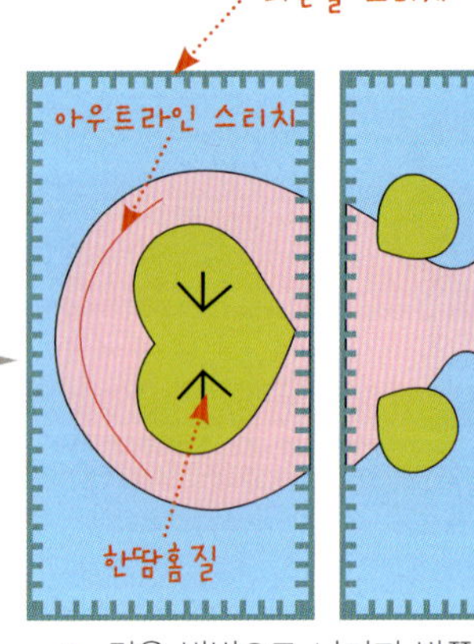

1 바탕 1장 위에 몸통 반쪽을 겹쳐서 분홍 실 1겹으로 아플리케 합니다.

2 연두 실 1겹으로 지느러미를 아플리케 합니다. 무늬 선은 바다하늘 실 2겹으로 한땀홈질합니다.

3 바탕 2장 사이에 퀼트솜을 넣고 바다하늘 실 1겹으로 가장자리를 버튼홀 스티치 합니다.

4 같은 방법으로 나머지 반쪽도 완성합니다(입은 빨강 실, 눈은 검정 실 2겹).

문어 만들기

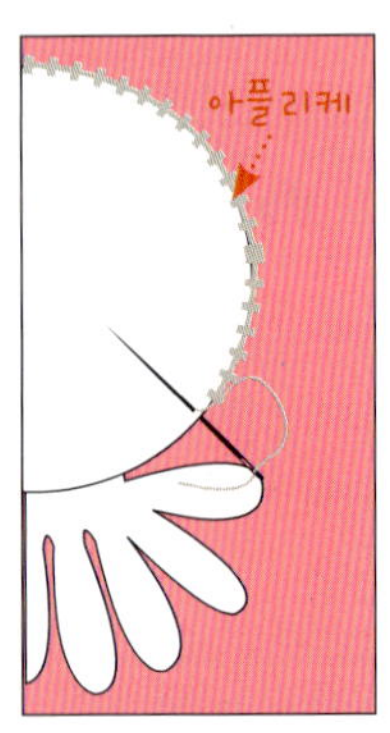

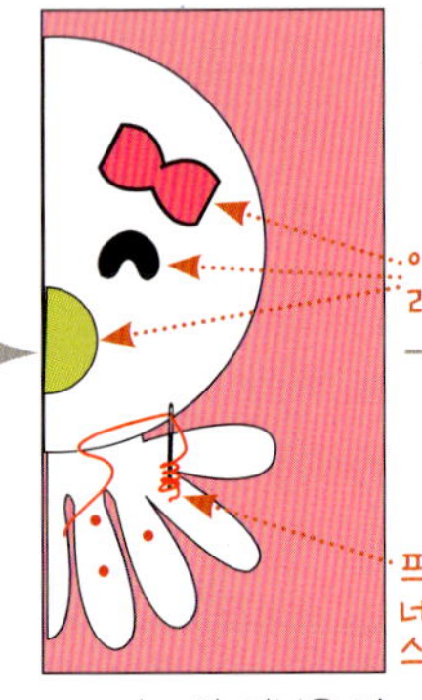

1 바탕 1장 위에 몸통과 다리 반쪽을 겹쳐서 흰색 실 1겹으로 아플리케 합니다.

2 눈, 입, 리본을 아플리케 하고(검정, 연두, 빨강 실 1겹), 빨판 모양은 빨강 실 2겹으로 프렌치 너트 스티치 합니다.

3 바탕 2장 사이에 퀼트솜을 넣고 꽃분홍 실 1겹으로 가장자리를 버튼홀 스티치 합니다.

4 같은 방법으로 나머지 반쪽도 완성합니다.

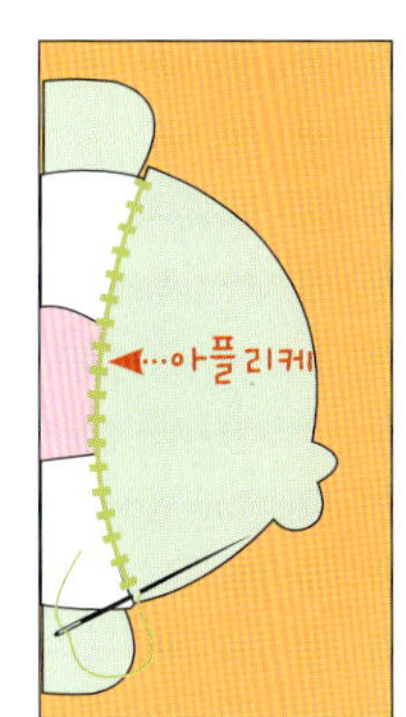

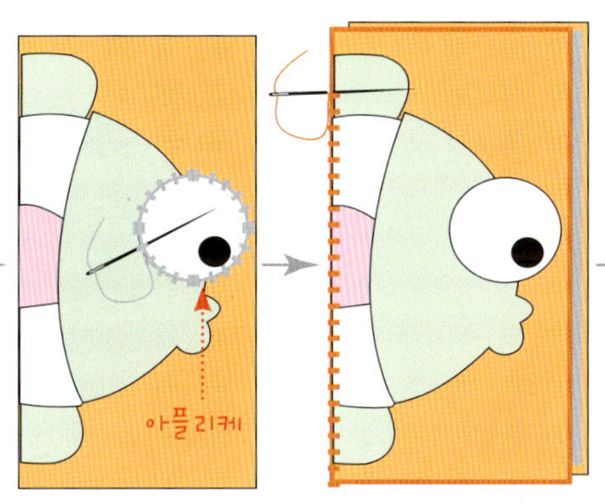

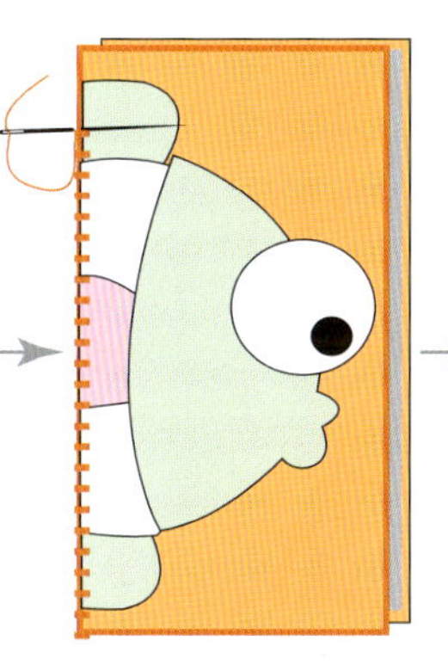

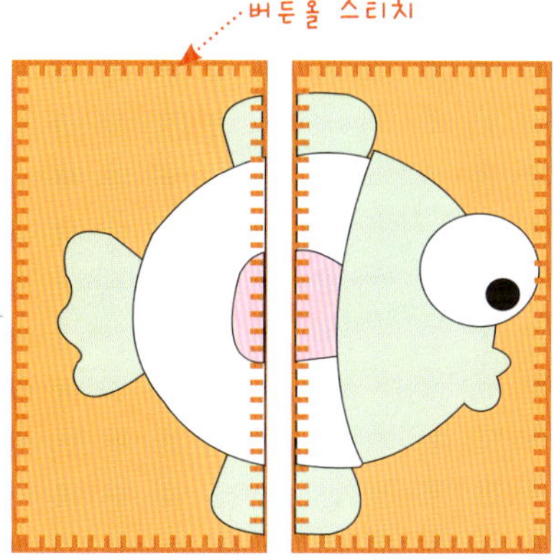

1 바탕 1장 위에 머리, 지느러미, 몸통의 순서로 겹쳐서 가장자 리를 모두 아플 리케 합니다(연 두, 흰색 실 1겹).

2 눈과 눈동자를 겹쳐서 아플리케 합니다(흰색, 검정 실 1겹).

3 바탕 2장 사이에 퀼 트솜을 넣고 주황 실 1겹으로 가장자 리를 버튼홀 스티 치 합니다.

4 같은 방법으로 나머지 반쪽도 완성합니다.

문제 해결 능력을 키워주는

3조각 탈것 퍼즐

3조각 탈것 퍼즐 만들기

펠트 천 재단하기

흰색 : 잠수함 바탕 3장, 지하철 1장, 비행기 상단 1장, 자동차 창 2장, 자동차 바퀴 중심 2장, 트럭 창 1장, 트럭 바퀴 중심 3장, 잠수함 창 3장, 로켓 큰 창 1장

파랑 : 트럭 1장, 잠수함 1장, 비행기 창 3장, 지하철 띠 1장

파스텔 진하늘 : 로켓 바탕 3장, 비행기 하단 1장, 비행기 창 1장, 지하철 창 3장, 잠수함 입구 1장, 잠수함 프로펠러 2장, 자동차 라이트 2장

빨강 : 자동차 1장, 로켓 큰 불꽃 1장, 로켓 작은 창 1장

주황 : 로켓 1장, 로켓 작은 불꽃 1장, 잠수함 라이트 1장, 잠수함 프로펠러 중심 1장, 트럭 라이트 1장

녹색 : 자동차 바탕 3장, 트럭 화물 1장, 비행기 큰 날개 1장, 비행기 꼬리 날개 1장

진밤 : 트럭 바퀴 3장, 자동차 바퀴 2장, 자동차 범퍼 1장

노랑 : 트럭 바탕 3장, 로켓 머리 1장, 로켓 날개 2장, 로켓 꼬리 1장, 잠수함 입구 문 1장

파스텔 밝은 연두 : 지하철 바탕 3장

형광 분홍 : 비행기 바탕 3장

> 바탕과 탈것 몸체는 우선 통으로 자른 다음, 겹쳐서 3조각으로 자릅니다. 접착제를 살짝 발라서 해당 위치에 고정한 다음, 바탕 펠트 천 경계선을 따라 가위로 자르면 정확하게 3등분됩니다. 접착제를 바를 때는 바느질을 할 부분은 피합니다.

준비물

펠트 : 흰색, 파랑, 파스텔 진하늘, 빨강, 주황, 녹색, 진밤, 노랑, 파스텔 밝은 연두, 형광 분홍

실 : 1(흰색), 6(노랑), 7(주황), 12(빨강), 16(바다하늘), 17(파랑), 20(녹색), 23(진밤)

부재료 : 바늘, 가위, 기화성펜, 7cm 정육면체 스펀지 3개, 방울 딸랑이 3개, 접착제

예상 재료비 : 15,000원   예상 제작 시간 : 5시간   완제품을 사려면 얼마나 하죠? : 40,000원

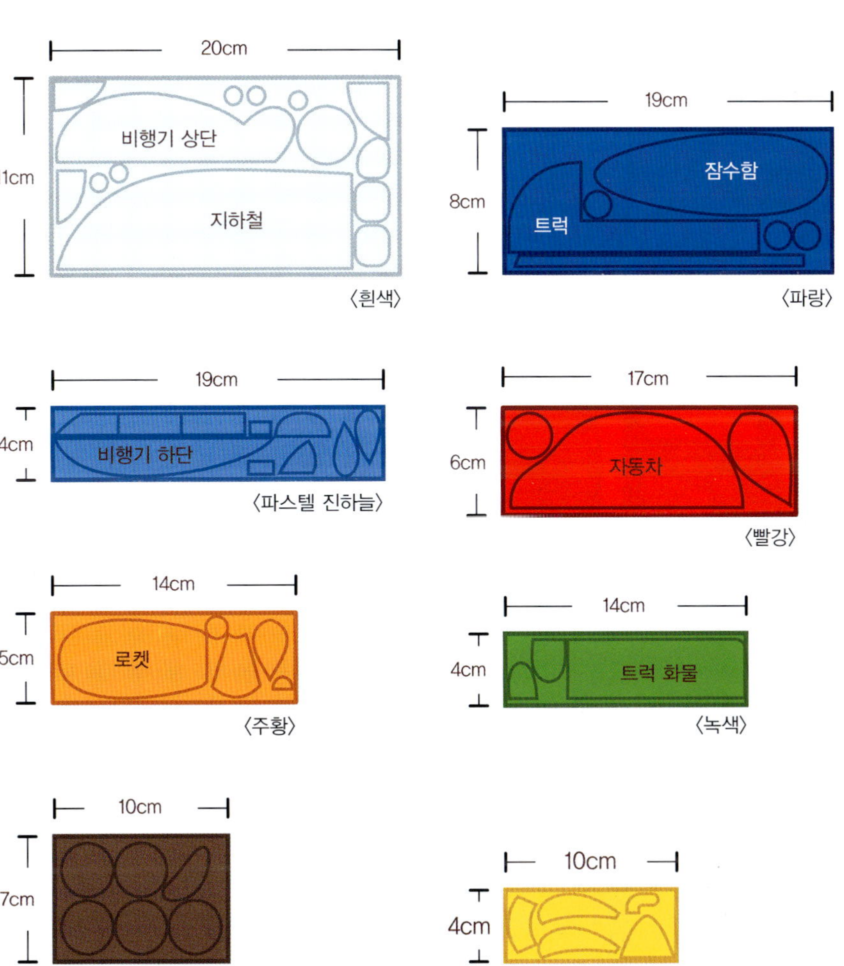

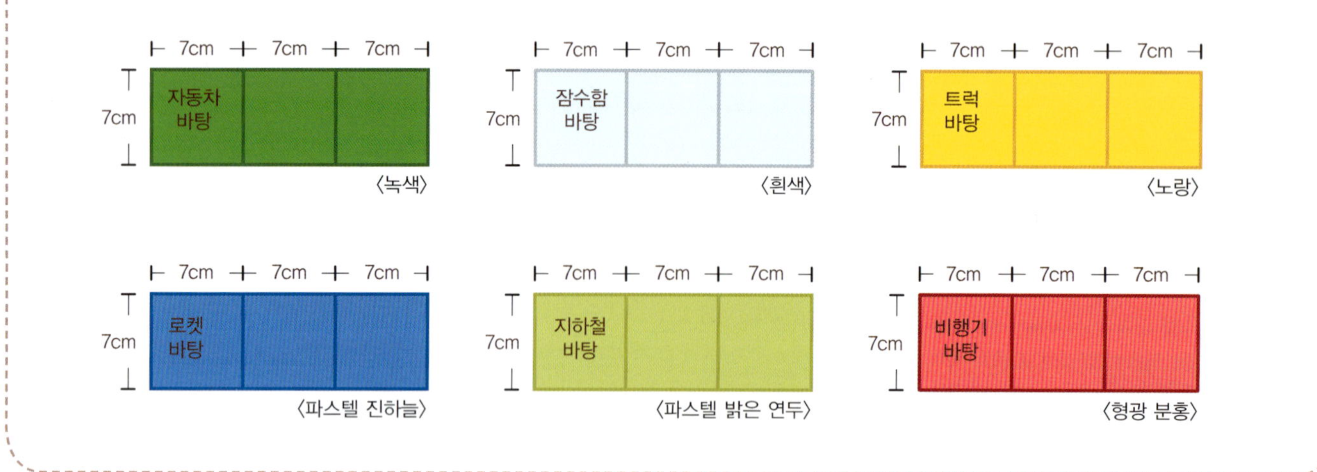

3등분으로 재단한 트럭 조각들을 바탕 위에 겹쳐서 모두 아플리케 합니다(펠트 천과 같은 색상의 실 1겹). 화물의 끈 모양은 진밤 실 2겹으로 홈질합니다. 바탕 펠트 천의 가장자리는 바느질하지 않습니다.

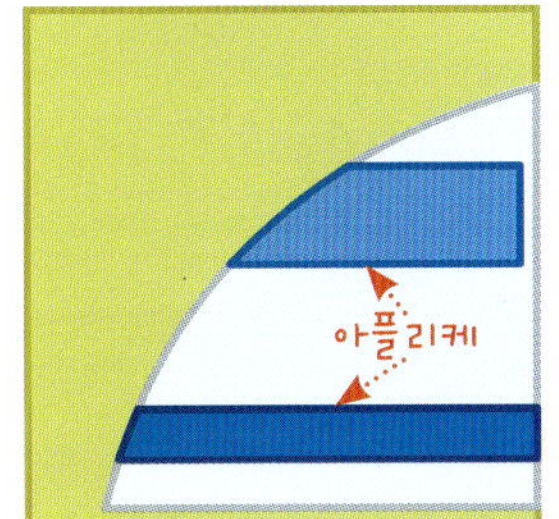

3등분으로 재단한 지하철 조각들을 바탕 위에 겹쳐서 모두 아플리케 합니다(펠트 천과 같은 색상의 실 1겹).

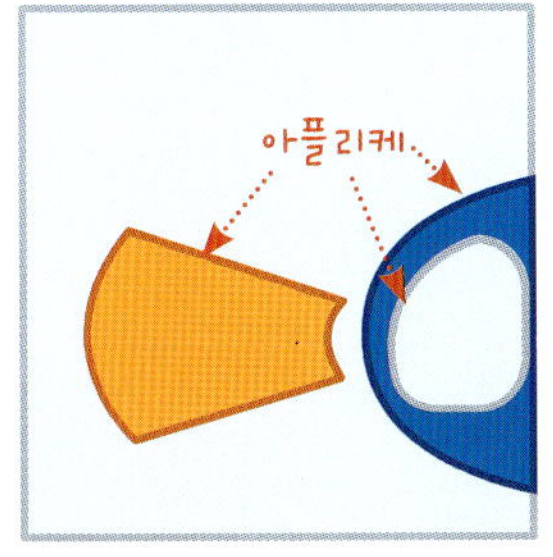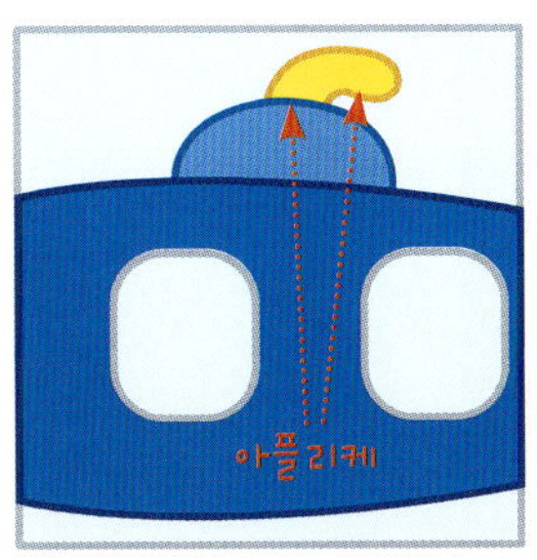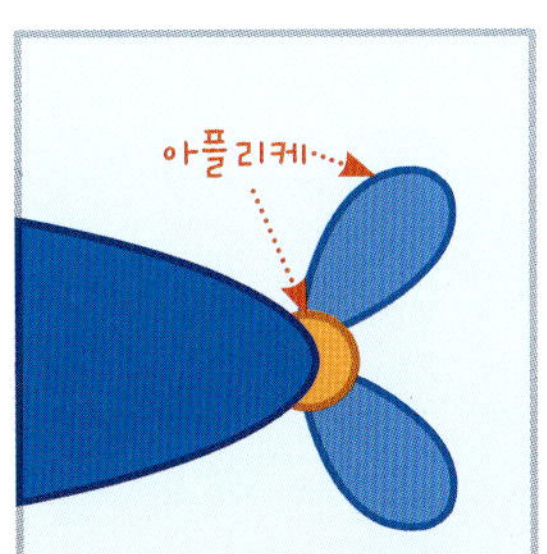

3등분으로 재단한 잠수함 조각들을 바탕 위에 겹쳐서 모두 아플리케 합니다(펠트 천과 같은 색상의 실 1겹).

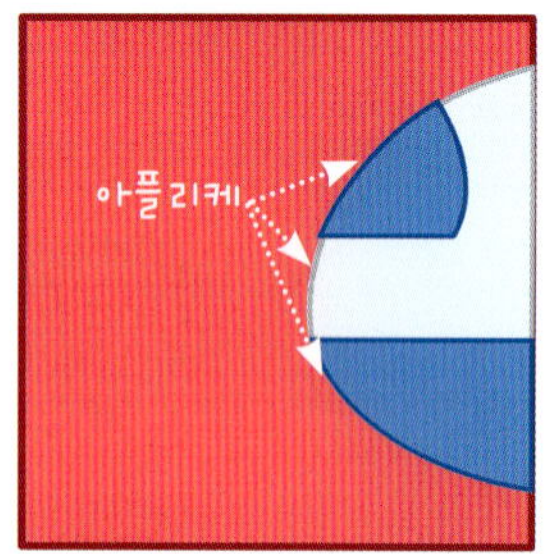
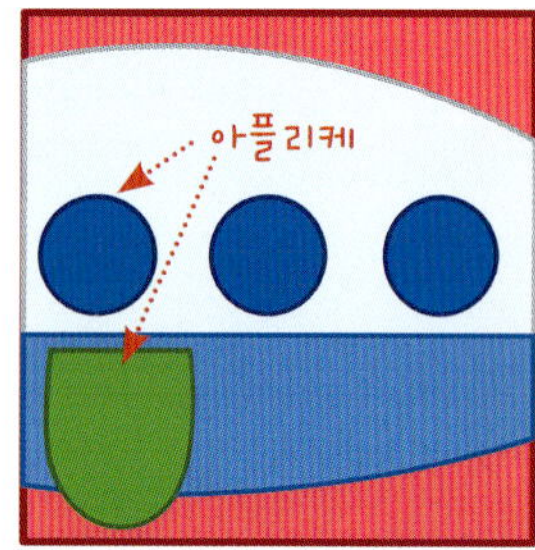

3등분으로 재단한 비행기 조각들을 바탕 위에 겹쳐서 모두 아플리케 합니다(펠트 천과 같은 색상의 실 1겹).

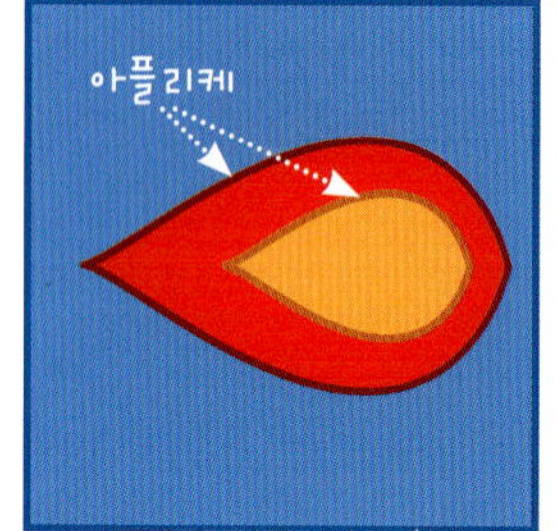

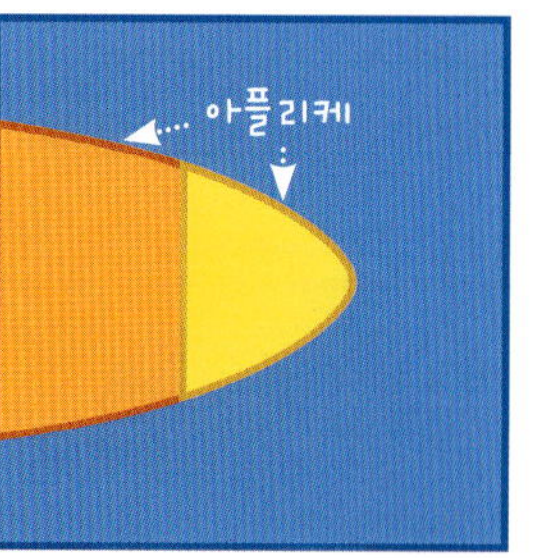

3등분으로 재단한 로켓 조각들을 바탕 위에 겹쳐서 모두 아플리케 합니다(펠트 천과 같은 색상의 실 1겹).

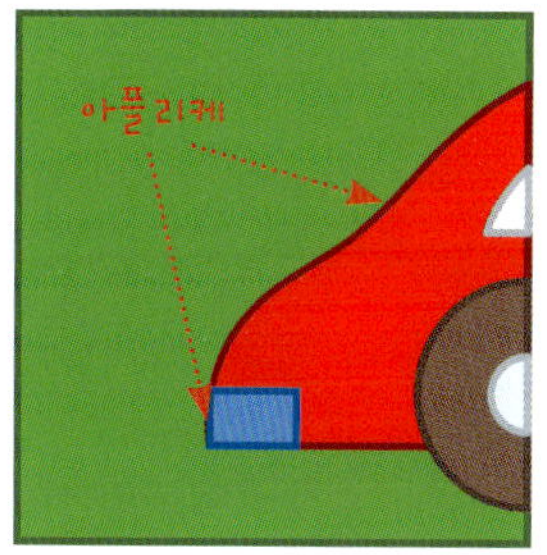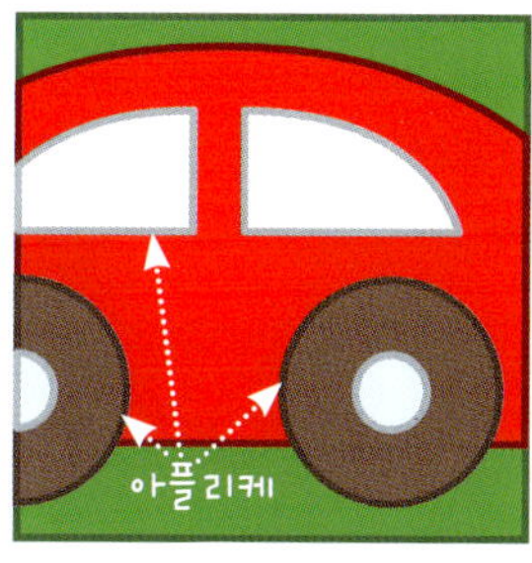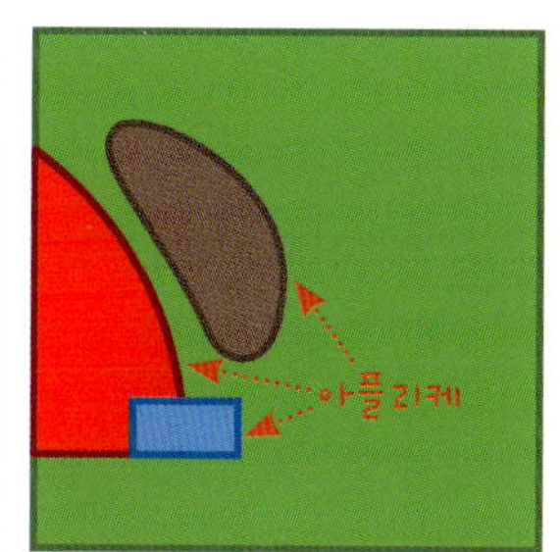

3등분으로 재단한 자동차 조각들을 바탕 위에 겹쳐서 모두 아플리케 합니다(펠트 천과 같은 색상의 실 1겹).

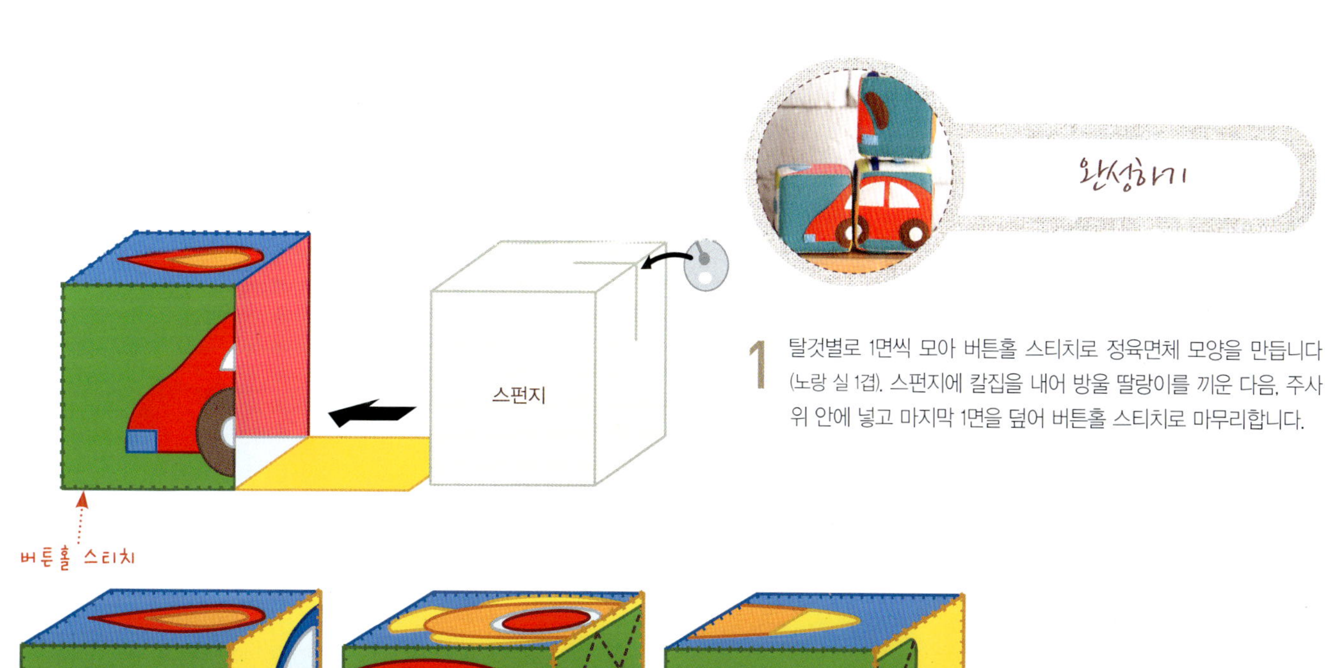

1 탈것별로 1면씩 모아 버튼홀 스티치로 정육면체 모양을 만듭니다(노랑 실 1겹). 스펀지에 칼집을 내어 방울 딸랑이를 끼운 다음, 주사위 안에 넣고 마지막 1면을 덮어 버튼홀 스티치로 마무리합니다.

2 같은 방법으로 나머지 2개의 정육면체도 만들면 3조각 탈것 퍼즐이 완성됩니다.

사물 인지 능력을 키워주는
4조각 채소 퍼즐

4조각 채소 퍼즐 만들기

사용 연령
만 5세 이상

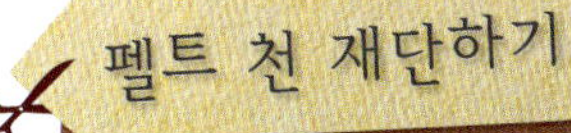

펠트 천 재단하기

연두 : 오이 바탕 4장, 당근 줄기 1장
진황토 : 무 바탕 4장
살구 : 가지 바탕 4장
바다하늘 : 당근 바탕 4장
노랑 : 고추 바탕 4장
분홍 : 토마토 바탕 4장
녹색 : 오이 1장, 토마토 꼭지 1장, 고추 1장, 무 줄기 1장
흰색 : 무 1장, 토마토 빛 1장, 가지 빛 1장
주황 : 당근 1장
빨강 : 토마토 1장, 고추 1장
연보라 : 가지 1장
보라 : 가지 꼭지 1장
진녹색 : 고추 꼭지 2장

바탕과 채소는 우선 통으로 자른 다음, 겹쳐서 4조각으로 자릅니다. 접착제를 살짝 발라서 해당 위치에 고정한 다음, 바탕 펠트 천 경계선을 따라 가위로 자르면 정확하게 4등분됩니다. 접착제를 바를 때는 바느질을 할 부분은 피합니다.

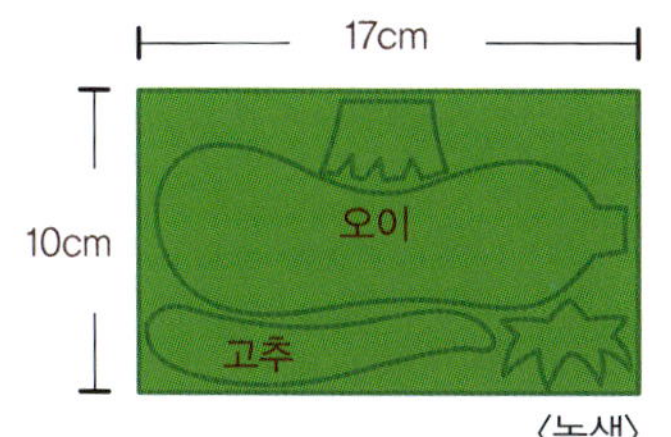

준비물

펠트 : 연두, 진황토, 살구, 바다하늘, 노랑, 분홍, 녹색, 흰색, 주황, 빨강, 연보라, 보라, 진녹색

실 : 1(흰색), 6(노랑), 7(주황), 12(빨강), 13(연보라), 14(보라), 19(연두), 20(녹색), 26(검정)

부재료 : 바늘, 가위, 기화성펜, 7cm 정육면체 스펀지 4개, 방울 딸랑이 4개, 접착제

예상 재료비 : 15,000원 | 예상 제작 시간 : 6시간 | 완제품을 사려면 얼마나 하죠? : 50,000원

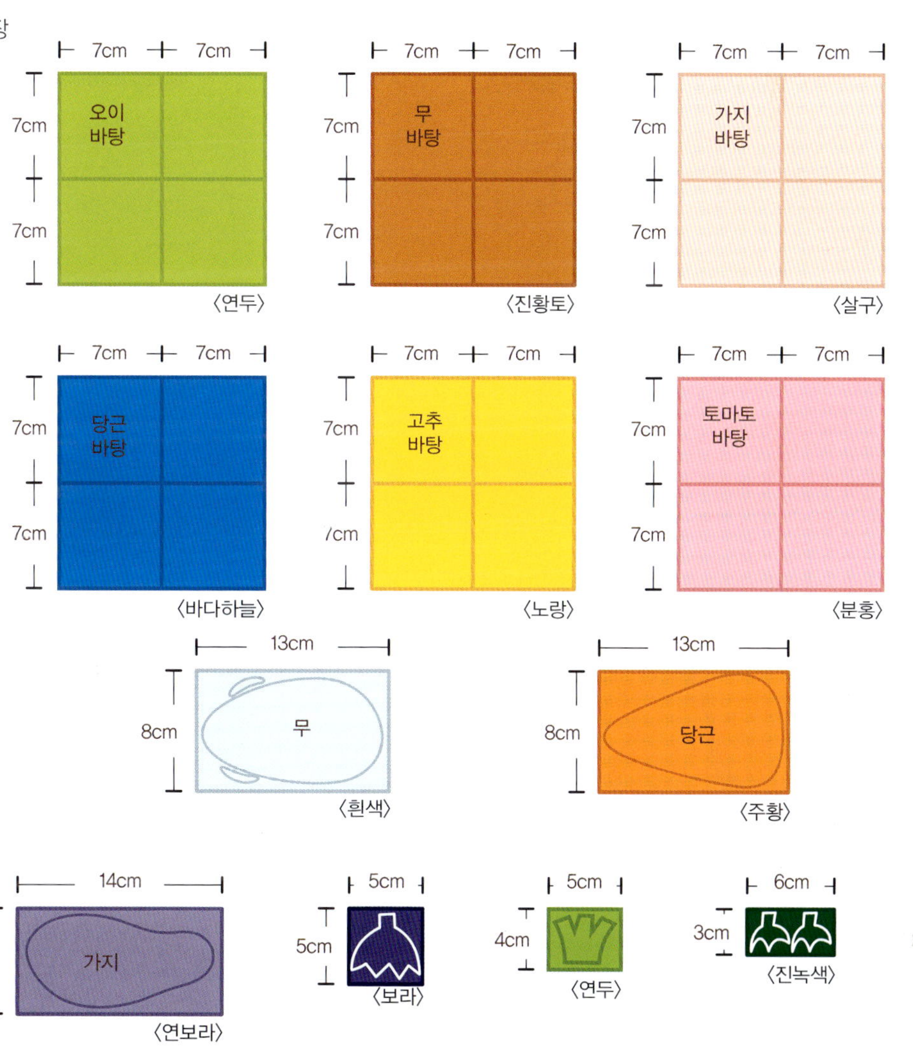

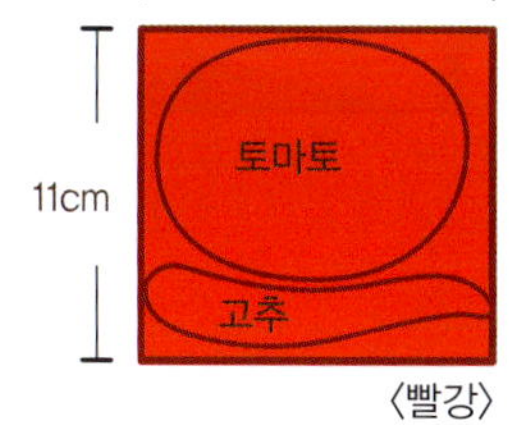

4등분으로 재단한 오이 조각들을 바탕 위에 겹쳐서 아플리케 합니다(녹색 실 1겹). 오이 씨는 검정 실 2겹으로 프렌치 너트 스티치 합니다. 바탕 펠트 천의 가장자리는 바느질하지 않습니다.

4등분으로 재단한 당근 조각들을 바탕 위에 겹쳐서 아플리케 합니다(주황. 연두 실 1겹). 무늬는 빨강 실 2겹으로 아우트라인 스티치 합니다.

4등분으로 재단한 토마토 조각들을 바탕 위에 겹쳐서 아플리케 합니다(빨강. 녹색 실 1겹). 토마토 빛은 접착제로 붙입니다.

4등분으로 재단한 고추 조각들을 바탕 위에 겹쳐서 아플리케 합니다(빨강. 녹색 실 1겹).

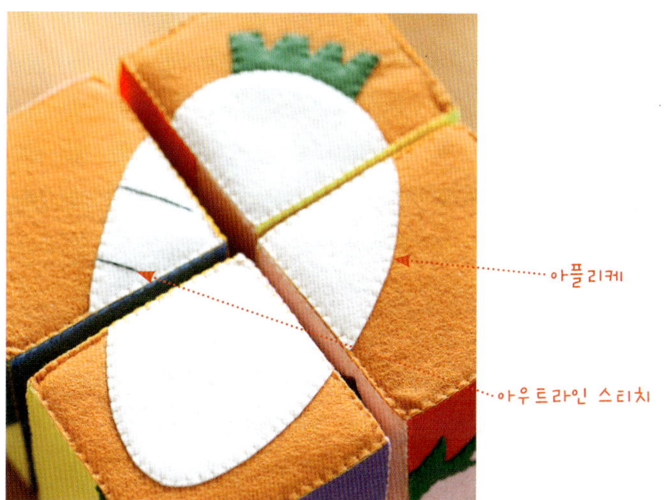

4등분으로 재단한 무 조각들을 바탕 위에 겹쳐서 아플리케 합니다(흰색, 녹색 실 1겹). 무늬는 녹색 실 2겹으로 아우트라인 스티치 합니다.

4등분으로 재단한 가지 조각들을 바탕 위에 겹쳐서 아플리케 합니다(연보라, 보라 실 1겹). 가지 빛은 접착제로 붙입니다.

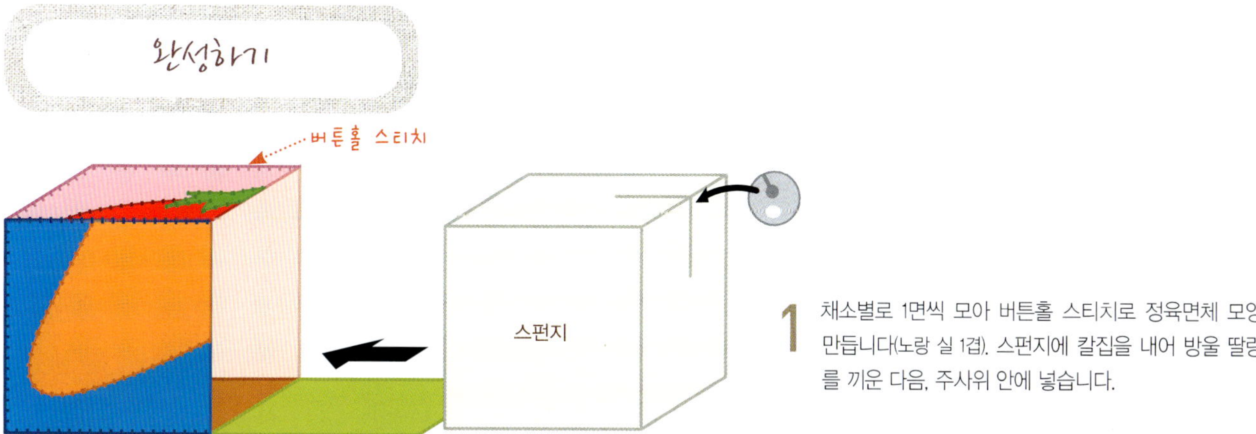

1 채소별로 1면씩 모아 버튼홀 스티치로 정육면체 모양을 만듭니다(노랑 실 1겹). 스펀지에 칼집을 내어 방울 딸랑이를 끼운 다음, 주사위 안에 넣습니다.

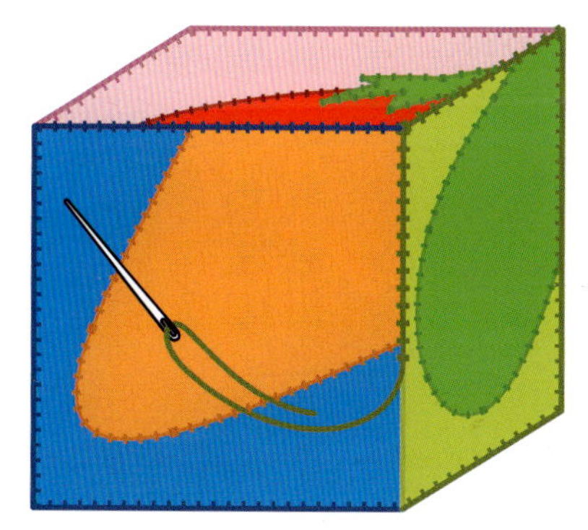

2 마지막 1면을 덮어 버튼홀 스티치로 마무리합니다. 같은 방법으로 나머지 3개의 정육면체도 만들면 4조각 채소 퍼즐이 완성됩니다.

과일은 몇 개일까요?

과일 숫자 주사위

23
느껴 보아요!
동물 촉감 주사위

과일 숫자 주사위 만들기

펠트 천 재단하기

주황 : 오렌지 겉껍질 1장, 오렌지 알맹이 6장

노랑 : 바나나 6장, 숫자 2 1장

황토 : 배 5장

빨강 : 토마토 4장, 딸기 2장

진분홍 : 복숭아 3장, 숫자 3 1장

녹색 : 딸기 꼭지 2장, 토마토 꼭지 4장

흰색 : 오렌지 속껍질 1장, 숫자 4 1장

연두 : 복숭아 잎 3장

밤색 : 배 꼭지 5장

파스텔 진하늘 : 숫자 1 1장, 숫자 3면 바탕 1장

파랑 : 숫자 5 1장

파스텔 녹색 : 숫자 1면 바탕 1장, 숫자 6 1장

인디언 핑크 : 숫자 2면 바탕 1장

파스텔 노랑 : 숫자 4면 바탕 1장

파스텔 연두 : 숫자 5면 바탕 1장

파스텔 하늘 : 숫자 6면 바탕 1장

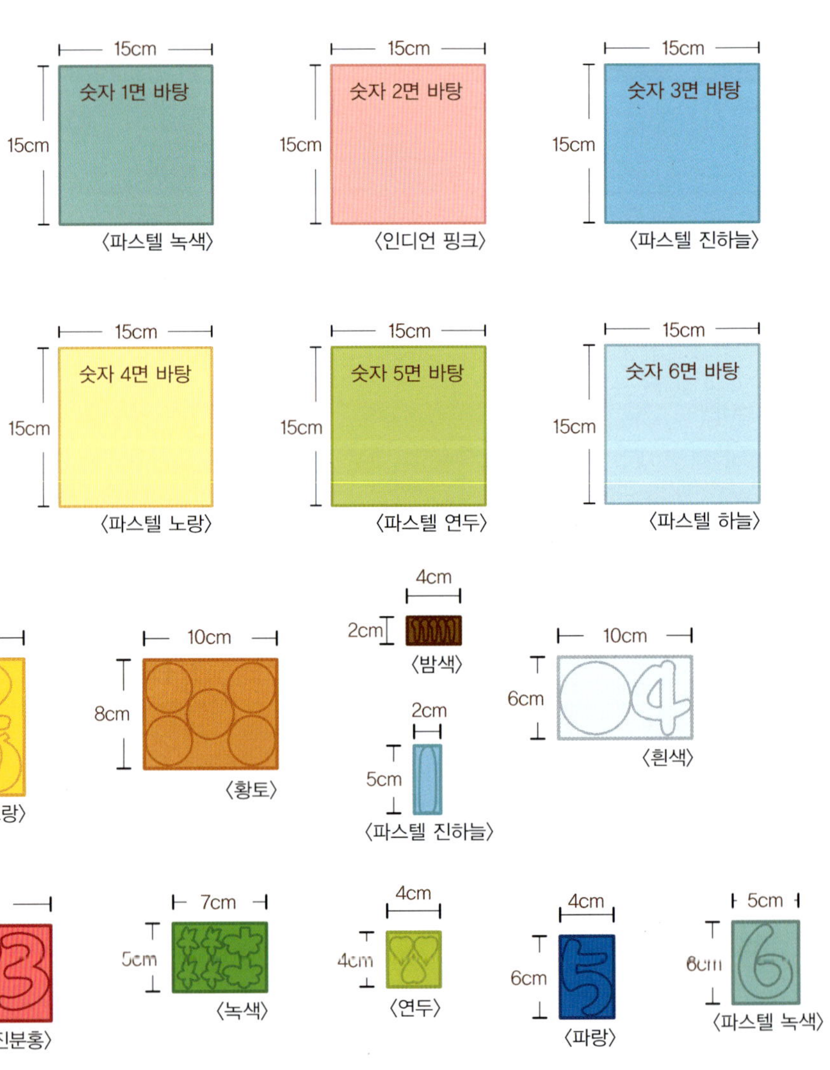

준비물

펠트 : 주황, 노랑, 황토, 빨강, 진분홍, 녹색, 흰색, 연두, 밤색, 파스텔 진하늘, 파랑, 파스텔 녹색, 인디언 핑크, 파스텔 노랑, 파스텔 연두, 파스텔 하늘

실 : 1(흰색), 6(노랑), 7(주황), 11(꽃분홍), 12(빨강), 20(녹색), 22(밤색), 26(검정)

부재료 : 바늘, 가위, 기화성펜, 15cm 정육면체 하드 스펀지, 접착제

예상 재료비 : 15,000원   예상 제작 시간 : 4시간   완제품을 사려면 얼마나 하죠? : 40,000원

오렌지 속껍질 위에 오렌지 알맹이 6장을 아플리케 합니다(주황 실 1겹). 오렌지 속껍질을 겉껍질 위에 아플리케 합니다(흰색 실 1겹). 완성한 오렌지를 숫자 1면 바탕 위에 아플리케 합니다(주황 실 1겹). 숫자 1은 홈질합니다.

딸기를 숫자 2면 바탕 위에 아플리케 합니다(빨강 실 1겹). 딸기 꼭지를 딸기 위에 겹쳐서 아플리케 합니다(녹색 실 1겹). 딸기 씨는 검정 실 2겹으로 한땀홈질합니다. 숫자 2는 홈질합니다.

> 숫자를 홈질할 때 눈에 확 티는 보색 계열 색상의 실을 사용하면 작품이 훨씬 귀엽고 예쁘게 완성됩니다.

복숭아를 숫자 3면 바탕 위에 아플리케 합니다(꽃분홍 실 1겹). 복숭아 잎을 복숭아 위에 겹쳐서 아플리케 합니다(녹색 실 1겹). 복숭아와 잎 위의 선은 녹색 실 1겹으로 아웃트라인 스티치 합니다. 숫자 3은 홈질합니다.

토마토를 숫자 4면 바탕 위에 아플리케 합니다(빨강 실 1겹). 토마토 꼭지를 토마토 위에 겹쳐서 아플리케 합니다(녹색 실 1겹). 숫자 4는 홈질합니다.

배 꼭지와 배를 숫자 5면 바탕 위에 아플리케 합니다(밤색 실 1겹). 배의 점무늬는 밤색 실 2겹으로 프렌치 너트 스티치 합니다. 숫자 5는 홈질합니다.

바나나를 숫자 6면 바탕 위에 아플리케 합니다(노랑 실 1겹). 바나나 가운데 선은 아웃라인 스티치 합니다(노랑 실 1겹). 숫자 6은 홈질합니다.

1 마주보는 면의 합이 7이 되도록 배치합니다.

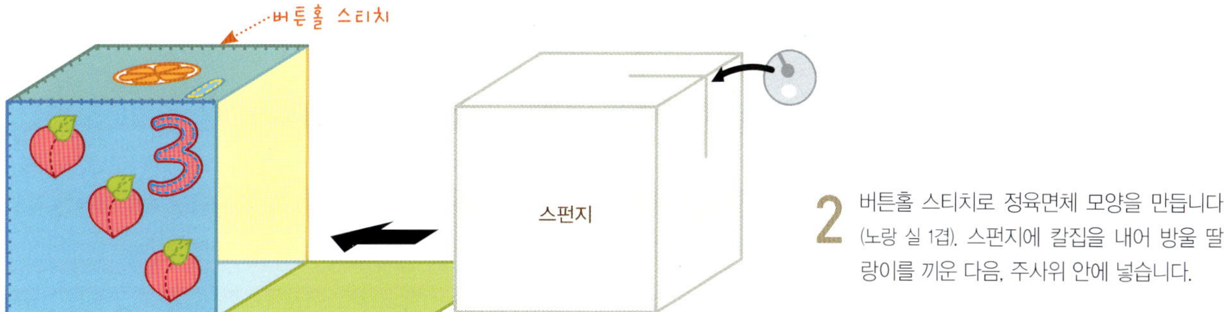

2 버튼홀 스티치로 정육면체 모양을 만듭니다 (노랑 실 1겹). 스펀지에 칼집을 내어 방울 딸 랑이를 끼운 다음, 주사위 안에 넣습니다.

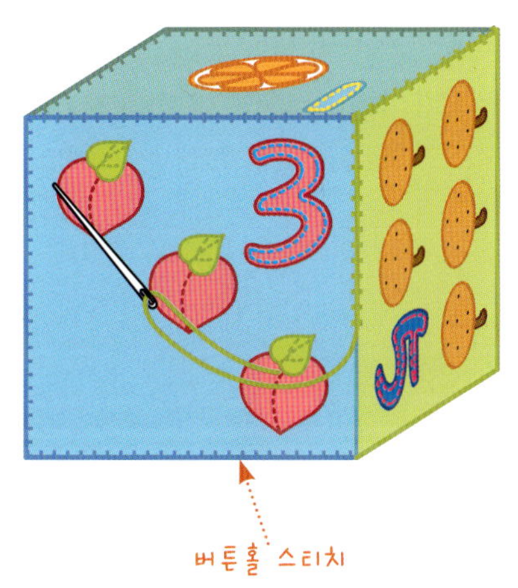

3 마지막 1면을 덮어 버튼홀 스티치로 마무리하면 과일 숫자 주사위 가 완성됩니다.

동물 촉감 주사위 만들기

펠트 천 재단하기

노랑 : 개구리 바탕 1장, 호랑이 얼굴 1장, 호랑이 겉귀 2장, 병아리 날개 1장

파스텔 진하늘 : 병아리 바탕 1장

파스텔 밝은 연두 : 거북이 바탕 1장

흰색 : 호랑이 바탕 1장, 토끼 얼굴 1장, 토끼 겉귀 2장, 양 몸통 1장, 양 얼굴 1장, 양 귀 2장, 개구리 눈 2장

파스텔 녹색 : 양 바탕 1장, 개구리 연잎 1장

형광 분홍 : 토끼 바탕 1장

연두 : 개구리 얼굴 1장

살구 : 거북이 얼굴 1장, 거북이 앞다리 2장, 거북이 뒷다리 2장, 거북이 꼬리 1장, 양 얼굴 1장, 양 다리 4장

진밤 : 거북이 등껍질 1장, 호랑이 속귀 2장, 호랑이 코 1장

진분홍 : 토끼 속귀 2장, 개구리 하트 2장

주황 : 병아리 입 1장, 병아리 다리 2장

검정 : 개구리 눈동자 2장, 개구리 콧구멍 2장, 병아리 눈 1장, 거북이 눈 2장, 호랑이 눈 2장, 양 눈 2장, 토끼 눈 2장

준비물

펠트 : 노랑, 파스텔 진하늘, 파스텔 밝은 연두, 흰색, 파스텔 녹색, 형광 분홍, 연두, 살구, 진밤, 진분홍, 주황, 검정

실 : 1(흰색), 4(살구색), 6(노랑), 7(주황), 12(빨강), 16(바다하늘), 19(연두), 23(진밤)

부재료 : 바늘, 가위, 기화성펜, 20cm 정육면체 스펀지, 딸랑이, 글루건, 거울지, 노랑 하트 타월지, 가죽, 벨크로(찍찍이), 양털지, 레이스 끈, 리본, 뽁뽁이

예상 재료비 : 28,000원 | 예상 제작 시간 : 5시간 | 완제품을 사려면 얼마나 하죠? : 80,000원

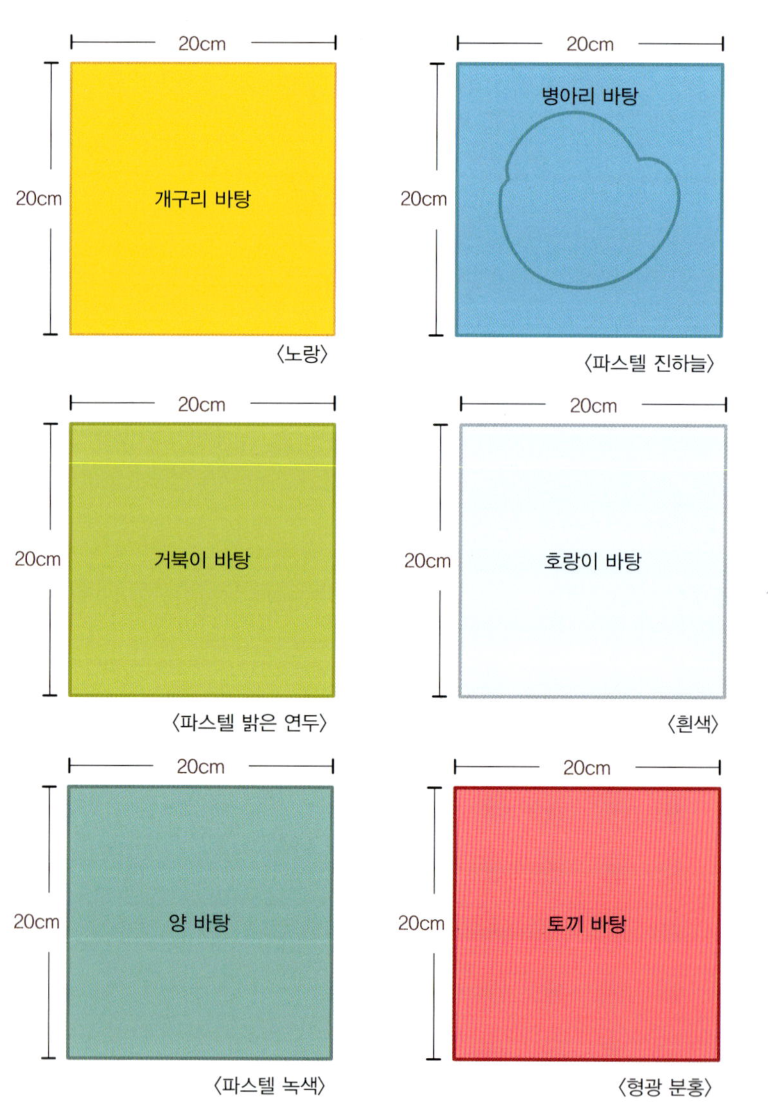

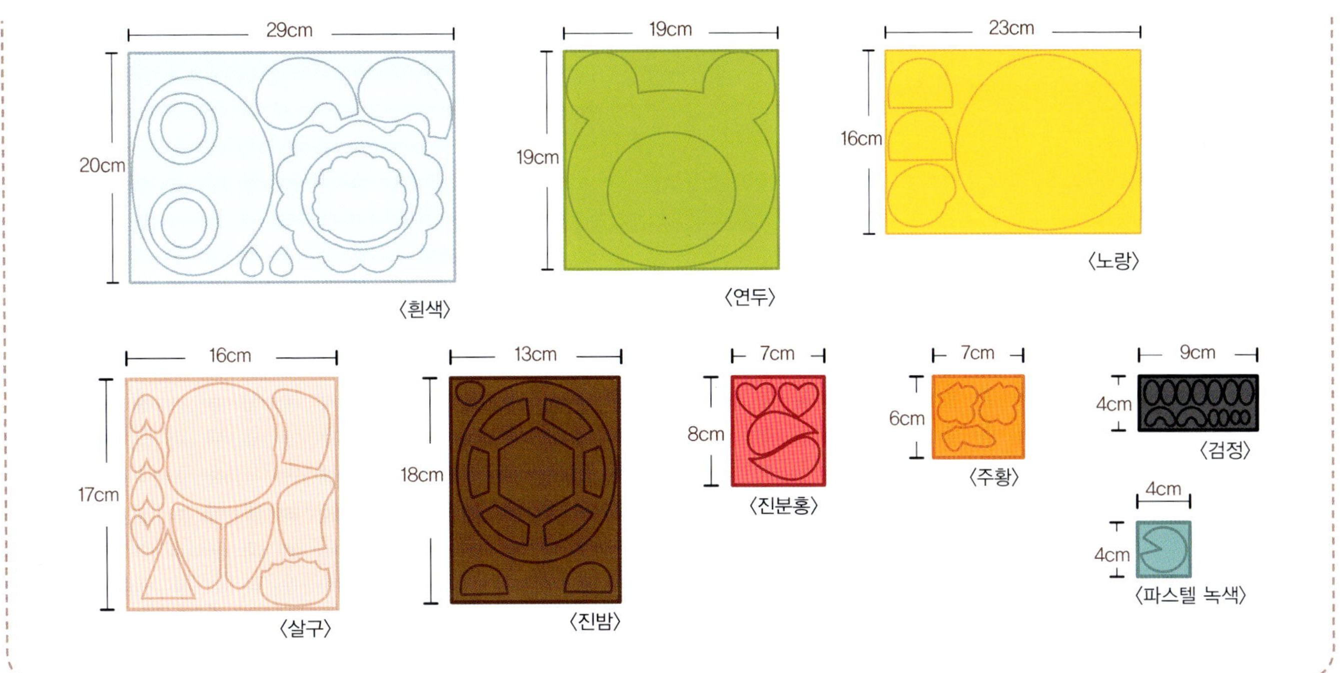

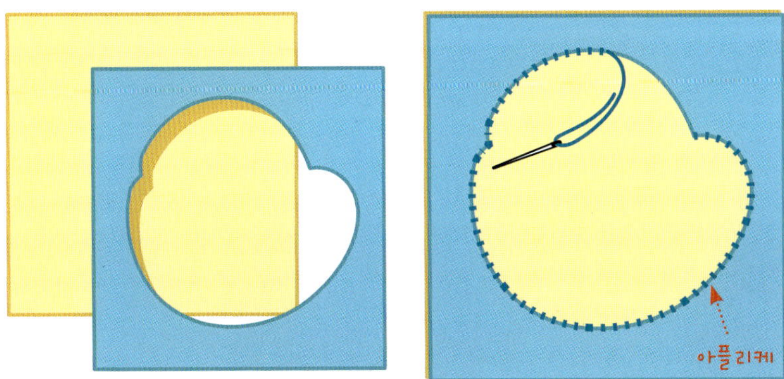

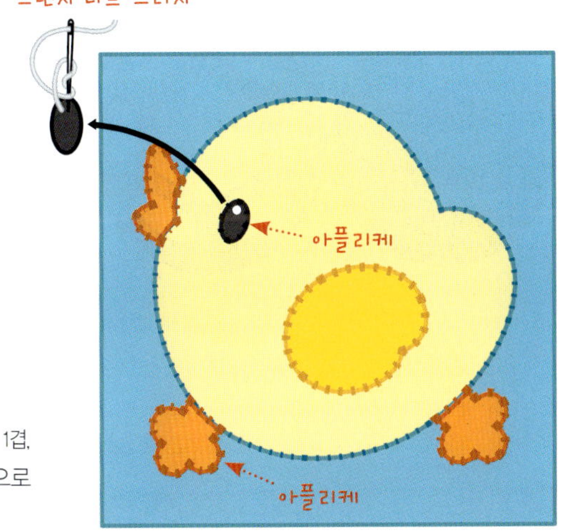

1 병아리 바탕에서 병아리 몸통 부분을 잘라낸 다음, 뒷면에 노랑 하트 타월지를 겹쳐서 가장자리를 아플리케 합니다(바다하늘 실 1겹).

2 입과 다리, 날개, 눈을 아플리케 합니다(입과 다리는 주황 실 1겹, 날개는 노랑 실 1겹, 눈은 진밤 실 1겹). 눈동자는 흰색 실 1겹으로 프렌치 너트 스티치 합니다.

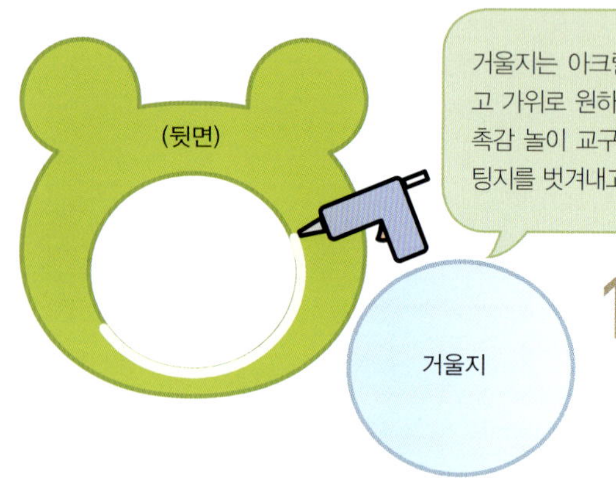

1 거울지를 개구리 입보다 크게 잘라서 준비합니다. 개구리 얼굴 뒷면에서 입 주변으로 글루건을 쏘아 그 위에 거울지를 붙입니다.

2 개구리 얼굴 앞면에 눈과 하트를 홈질하고(진밤 실. 흰색 실 2겹), 눈동자와 콧구멍. 연잎은 글루건으로 붙입니다. 연잎은 미리 가장자리를 홈질해둡니다(연두 실 2겹). 입 가장자리에 글루건으로 레이스 끈을 붙입니다.

3 개구리를 바탕 위에 겹쳐서 연두 실 1겹으로 가장자리를 모두 아플리케 합니다.

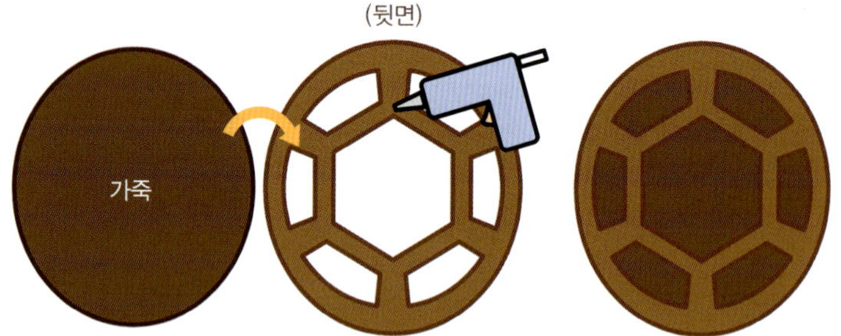

1 가죽은 거북이 등껍질보다 조금 작게 잘라서 준비합니다. 등껍질 뒷면에 글루건을 쏘고 그 위에 가죽을 겹쳐서 붙입니다. 바느질을 할 가장자리는 피합니다.

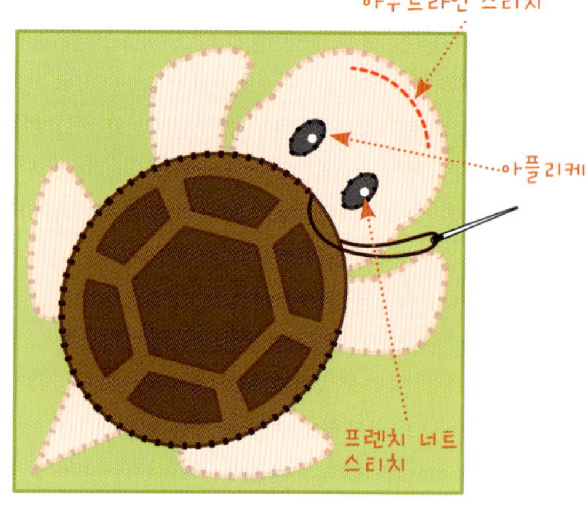

2 거북이 얼굴, 다리, 꼬리, 등껍질을 오른쪽 그림과 같이 배치하여 가장자리를 모두 아플리케 합니다 (등껍질은 진밤 실 1겹. 나머지는 살구 실 1겹). 눈은 진밤 실 1겹으로 아플리케 하고, 눈동자는 흰색 실 1겹으로 프렌치 너트 스티치 합니다. 입 모양은 빨강 실 2겹으로 아우트라인 스티치 합니다.

2 겉귀 위에 속귀를 겹쳐서 아플리케 합니다(진밤 실 1겹).

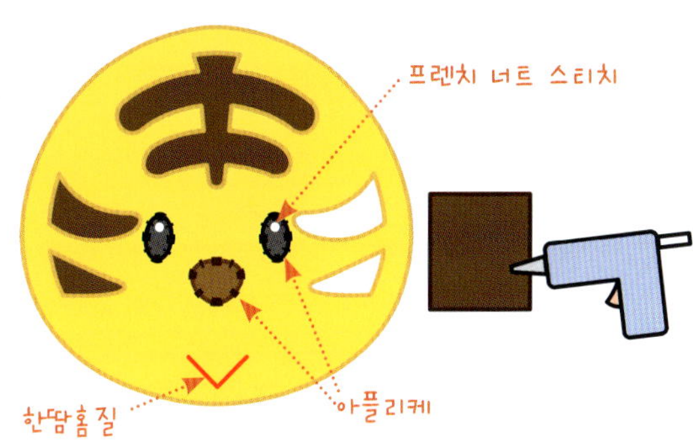

1 눈과 코를 아플리케 하고(진밤 실 1겹), 입 모양은 빨강 실 2겹으로 한땀홈질합니다. 눈동자는 흰색 실 1겹으로 프렌치 너트 스티치 합니다. 찍찍이를 호랑이 얼굴 무늬보다 조금 크게 잘라서 준비합니다. 얼굴 뒷면에서 구멍 주변으로 글루건을 쏘아 그 위에 찍찍이를 붙입니다. 얼굴 바깥으로 튀어나오는 찍찍이는 잘라서 정리합니다.

3 귀와 얼굴을 바탕 위에 겹쳐서 노랑 실 1겹으로 가장자리를 모두 아플리케 합니다.

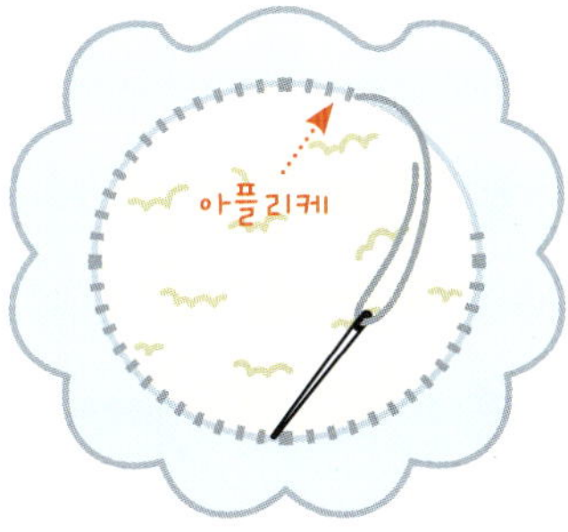

1 양털지를 양 몸통의 구멍보다 조금 크게 잘라서 준비합니다. 구멍 뒤에 양털지를 겹쳐서 가장자리를 아플리케 합니다(흰색 실 1겹).

2 양 머리 위에 얼굴과 눈을 아플리케 하고(살구 실, 진밤 실 1겹), 눈동자는 흰색 실 1겹으로 프렌치 너트 스티치 합니다. 입 모양은 빨강 실 2겹으로 한땀홈질하고, 글루건으로 리본을 붙입니다.

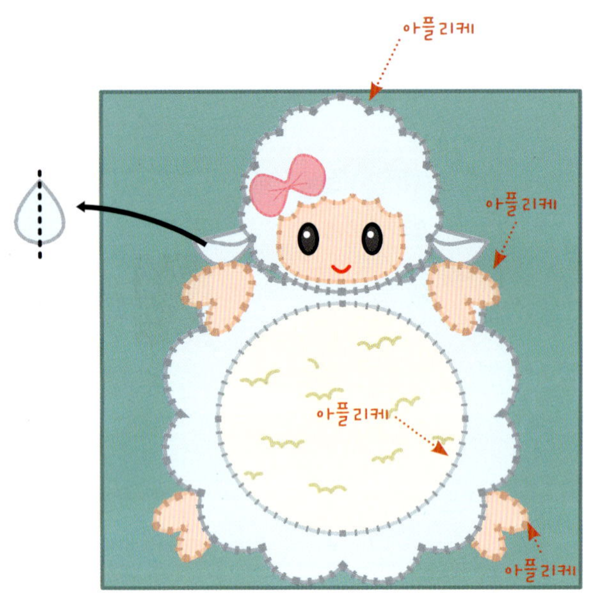

3 바탕 위에 양 몸통과 머리, 다리를 오른쪽 그림과 같이 배치
하여 가장자리를 모두 아플리케 합니다(흰색 실. 살구 실 1겹).
머리를 아플리케 하면서 귀를 반으로 접어 끼워박기합니다.

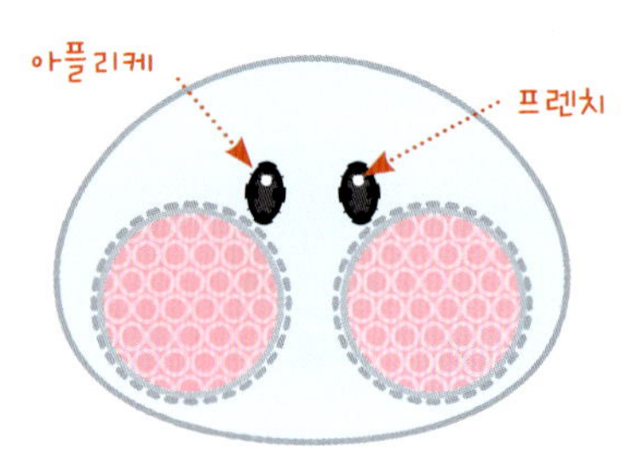

1 뽕뽕이는 토끼 볼보다 조금 크게 잘
라서 준비합니다. 구멍 뒤에 뽕뽕이
를 겹쳐서 가장자리를 홈질합니다
(흰색 실 2겹). 뽕뽕이는 터져도 괜찮
습니다. 눈은 진밤 실 1겹으로 아플
리케 하고, 눈동자는 흰색 실 1겹으
로 프렌치 너트 스티치 합니다.

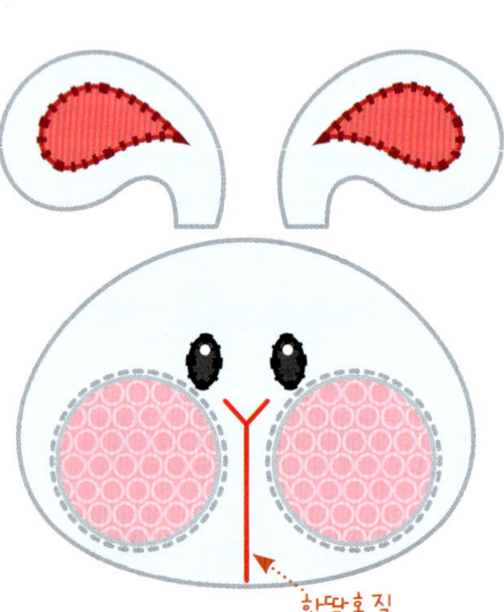

2 코와 입 모양은 빨강 실 2겹으로 한땀홈
질합니다. 겉귀 위에 속귀를 겹쳐서 빨강
실 1겹으로 아플리케 합니다.

3 얼굴과 귀를 바탕 위에 겹쳐서 흰색 실 1겹으로
가장자리를 아플리케 합니다.

1 호랑이를 제외한 나머지 5면의 가장자리를 버튼홀 스티치 하여 주사위 모양을 만듭니다(노랑 실 2겹).

2 스펀지에 칼집을 내어 딸랑이를 끼워 넣고 주사위에 넣습니다.

3 호랑이 1면을 덮고 가장자리를 버튼홀 스티치하면 동물 촉감 주사위가 완성됩니다.

모양
나라

PART 6

상상력과 창의력을 키우는 장난감

나도 잡을 수 있어요!
24
갈치 낚시 놀이
fishing

갈치 낚시 놀이 만들기

펠트 천 재단하기

흰색 : 오징어 머리 2장, 오징어 몸통 2장, 오징어 다리 1장, 조개 물방울 2장, 넙치 눈 2장, 해마 눈 1장, 아귀 눈 1장, 아귀 촉수 1장

녹색 : 조개 2장, 갈치 등지느러미 1장, 갈치 배지느러미 1장, 갈치 낚싯대 등지느러미 1장, 갈치 낚싯대 배지느러미 1장

진분홍 : 아귀 몸통 2장, 갈치 낚싯대 등지느러미 1장, 갈치 낚싯대 배지느러미 1장

빨강 : 문어 몸통 4장, 문어 다리 1장, 아귀 가슴지느러미 2장, 아귀 꼬리지느러미 2장

연두 : 조개 무늬 2장

회색 : 갈치 몸통 2장, 갈치 낚싯대 몸통 2장

진회색 : 갈치 낚싯대 몸통 2장

주황 : 가재 몸통 2장, 가재 다리 2장, 가재 집게다리 2장, 해마 지느러미 2장, 문어 입 1장

노랑 : 해마 2장, 꽃게 다리 2장, 꽃게 집게다리 2장

연노랑 : 꽃게 몸통 2장

하늘 : 불가사리 2장, 넙치 지느러미 2장

바다하늘 : 넙치 몸통 2장

밤색 : 가오리 몸통 2장, 가오리 꼬리 1장

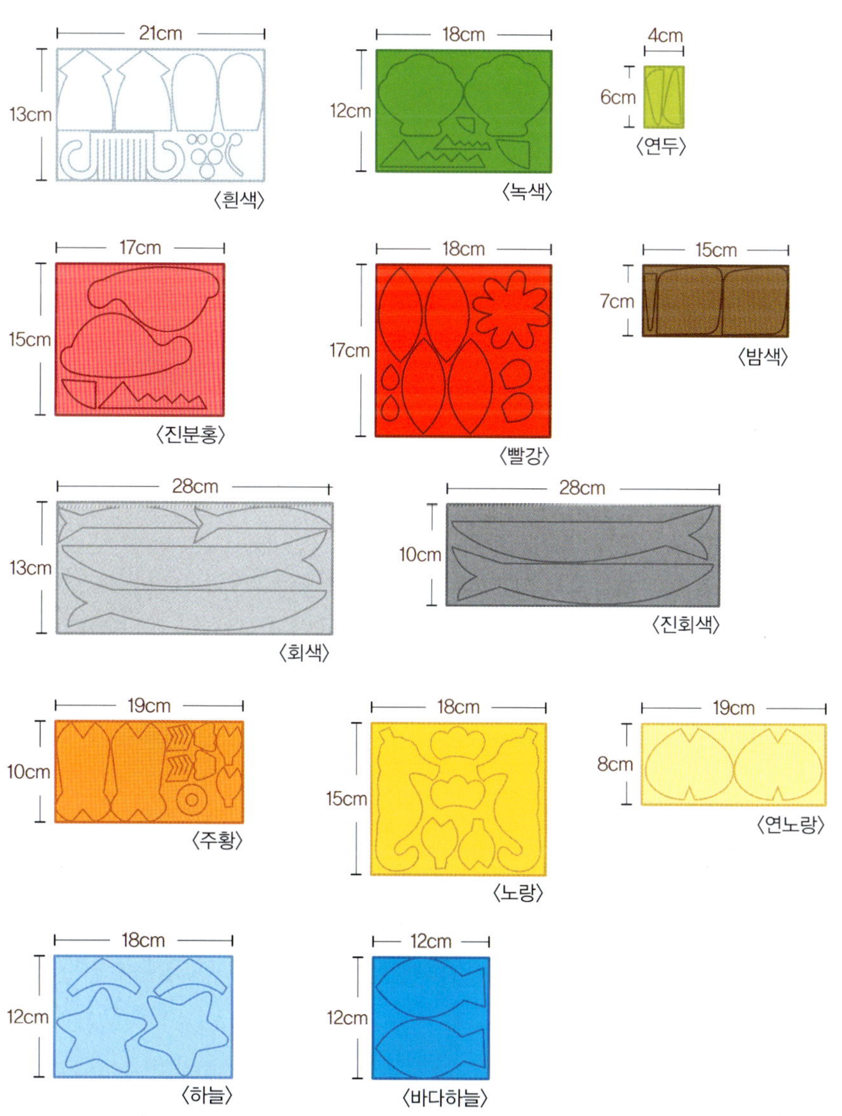

준비물

펠트 : 흰색, 녹색, 진분홍, 빨강, 연두, 회색, 진회색, 주황, 노랑, 연노랑, 하늘, 바다하늘, 밤색

실 : 1(흰색), 5(연노랑), 7(주황), 10(진분홍), 12(빨강), 15(하늘), 16(바다하늘), 17(파랑), 19(연두), 20(녹색), 22(밤색), 24(연회색), 25(진회색), 26(검정)

부재료 : 바늘, 가위, 기화성펜, 접착제, 글루건, 자석, 가죽 끈, 클립, 방울솜, 스팽글, 시드비즈, 장식비즈, 솜방울(뿅뿅)

예상 재료비 : 22,000원 │ 예상 제작 시간 : 8시간 │ 완제품을 사려면 얼마나 하죠? : 75,000원

〈흰색〉 〈녹색〉 〈연두〉 〈진분홍〉 〈빨강〉 〈밤색〉 〈회색〉 〈진회색〉 〈주황〉 〈노랑〉 〈연노랑〉 〈하늘〉 〈바다하늘〉

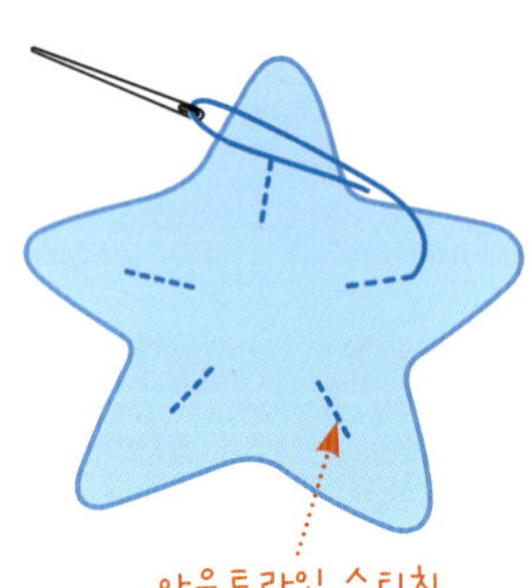

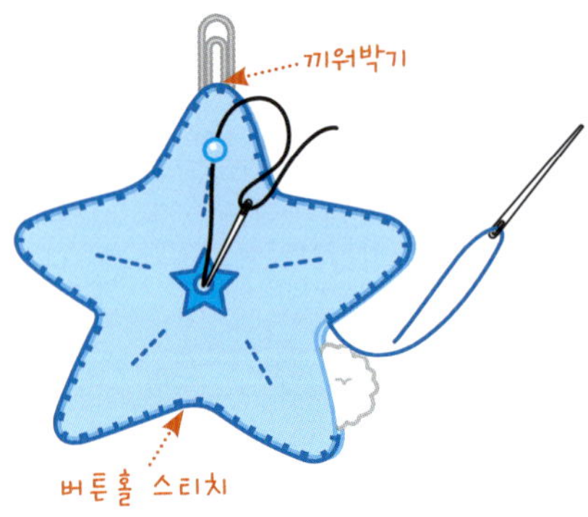

1 불가사리 1장 위에 아웃트라인 스티치로 무늬 선을 만듭니다(파랑 실 2겹).

2 불가사리 2장을 겹쳐서 가장자리를 버튼홀 스티치 합니다(하늘 실 1겹). 클립을 끼워박기하고, 마무리하기 전에 창구멍으로 솜을 넣습니다. 가운데에 스팽글과 장식비즈를 달아줍니다.

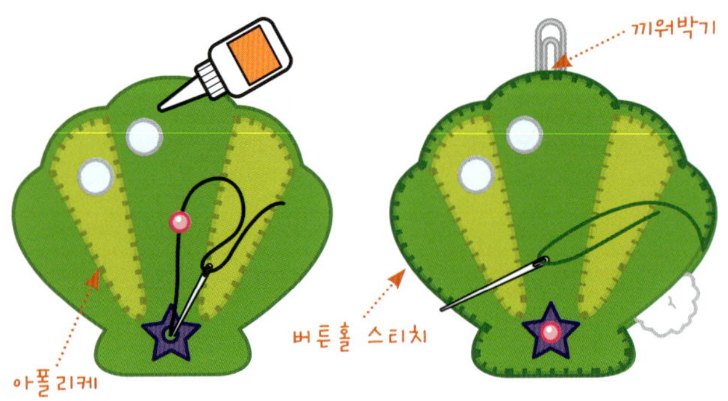

1 조개 1장 위에 조개 무늬 2장을 겹쳐서 아플리케 합니다(연두 실 1겹). 스팽글과 장식비즈를 달고, 물방울 2장은 접착제로 붙입니다.

2 조개 2장을 겹쳐서 가장자리를 버튼홀 스티치 합니다(녹색 실 1겹). 클립을 끼워박기하고, 마무리하기 전에 창구멍으로 솜을 넣습니다.

낚시 가방 만들기

사용 연령
만 3세 이상

펠트 천 재단하기

바다하늘 : 가방 바탕 2장, 손잡이 4장
하늘 : 구름 2장, 글자(fishing), 물방울 12장
녹색 : 수초 7장
연두 : 수초 6장
밝은 연두 : 수초 4장
진분홍 : 불가사리 8장
투톤 회색 : 바위 8장
회색 : 바위 6장
흰색 : 가방 주머니 1장

준비물

펠트 : 바다하늘, 하늘, 녹색, 연두, 밝은 연두, 진분홍, 투톤 회색, 회색, 흰색
실 : 1(흰색), 10(진분홍), 12(빨강), 15(하늘), 17(파랑), 18(진하늘), 19(연두), 20(녹색), 26(검정)
부재료 : 바늘, 가위, 기화성펜, 글루건, 컬러단추, 시드비즈, 지퍼, 군번줄, 방울솜, 고리용 리본

예상 재료비 : 22,000원　예상 제작 시간 : 5시간　완제품을 사려면 얼마나 하죠? : 60,000원

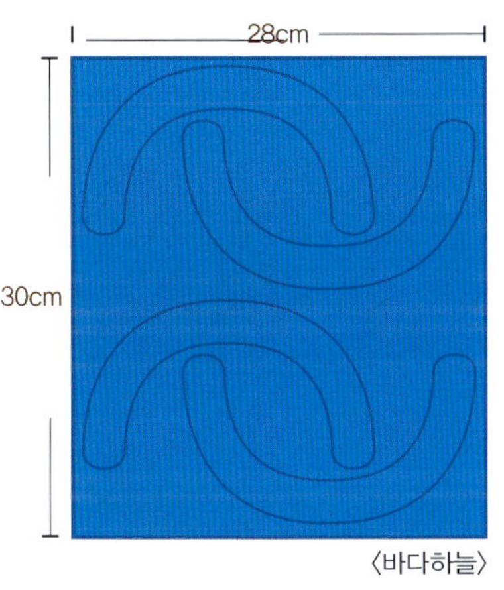

〈바다하늘〉

28cm / 30cm

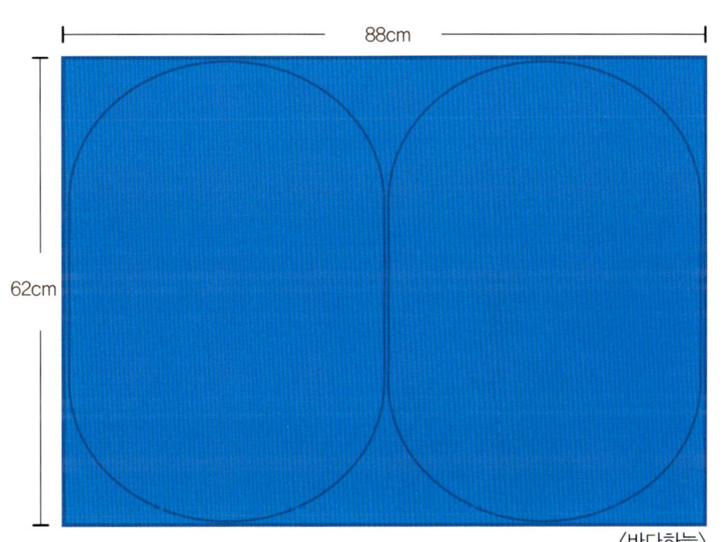

〈바다하늘〉

88cm / 62cm

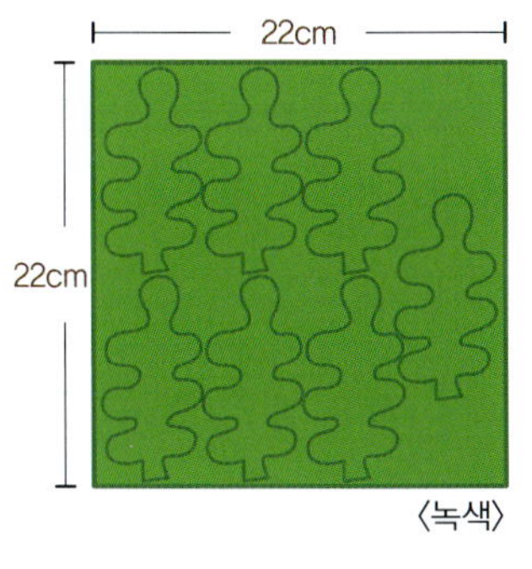

〈녹색〉

22cm / 22cm

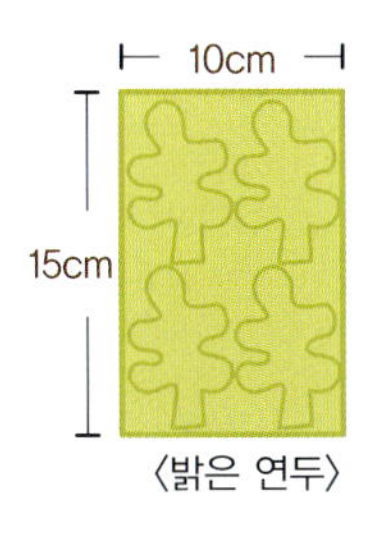

〈밝은 연두〉

10cm / 15cm

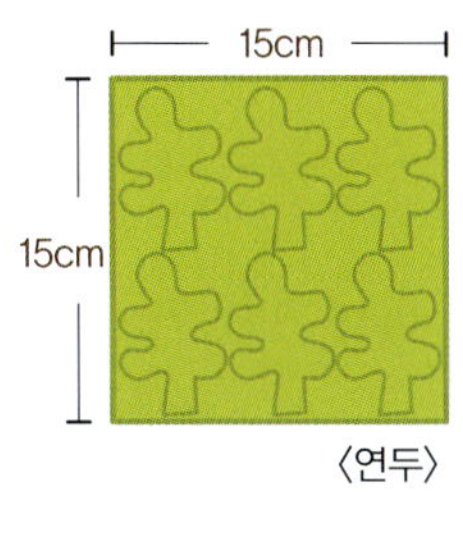

〈연두〉

15cm / 15cm

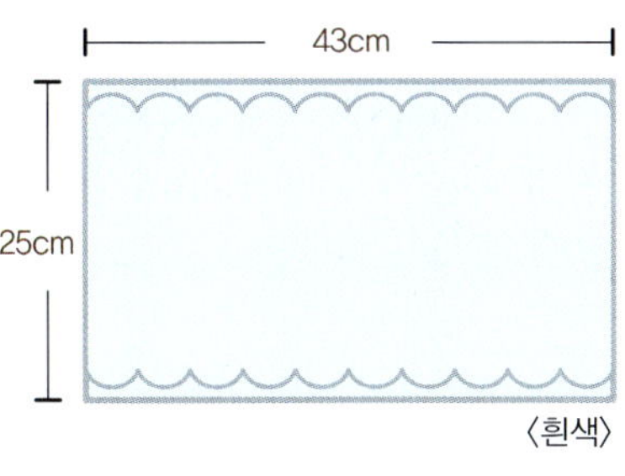

〈흰색〉

43cm / 25cm

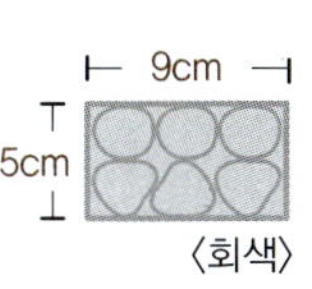

〈투톤 회색〉

16cm / 7cm

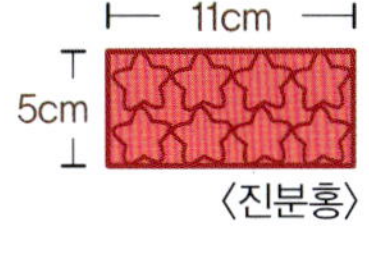

〈회색〉

9cm / 5cm

진분홍

11cm / 5cm
〈진분홍〉

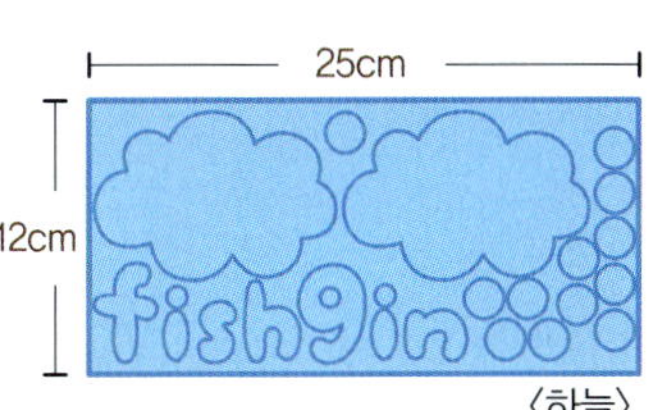

〈하늘〉

25cm / 12cm

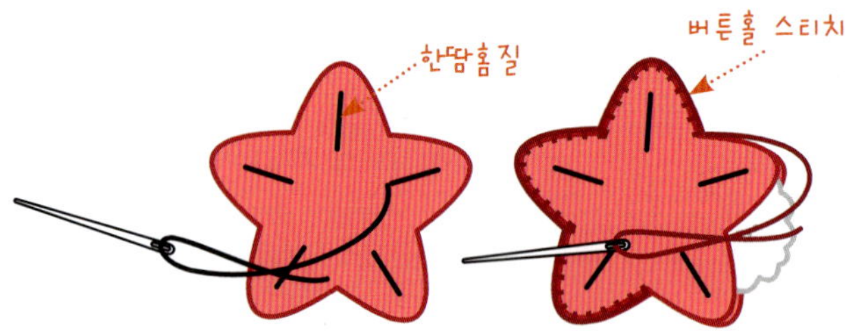

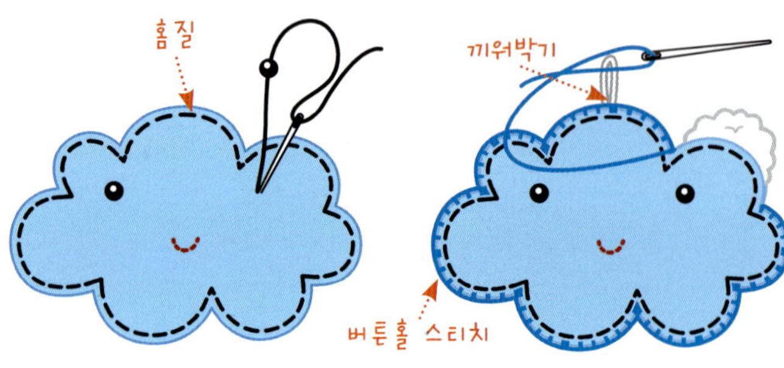

1 불가사리 1장 위에 한땀홈질하여 무늬 선을 표현합니다(검정 실 2겹). 불가사리 2장을 겹쳐서 가장자리를 버튼홀 스티치 합니다(진분홍 실 1겹). 같은 방법으로 나머지 6장도 만듭니다.

2 구름 1장 가장자리를 홈질하고 눈 위치에 시드비즈를 답니다(검정 실 2겹). 구름 2장을 겹쳐서 버튼홀 스티치 합니다(하늘 실 1겹). 고리용 리본을 끼워박기하고 마무리하기 전에 창구멍으로 솜을 넣습니다.

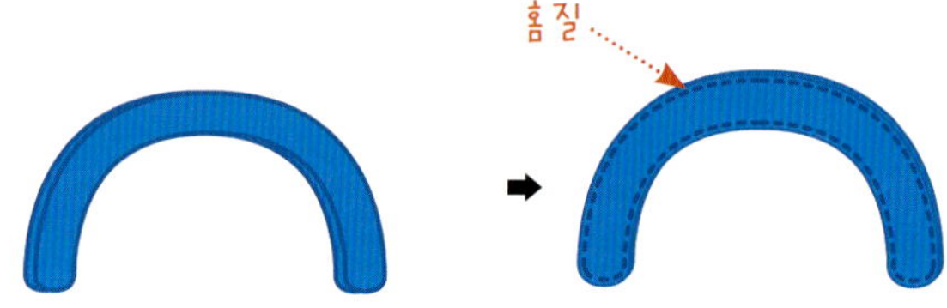

3 가방 손잡이 2장을 겹쳐서 가장자리를 홈질합니다(파랑 실 2겹). 같은 방법으로 나머지 2장도 만듭니다.

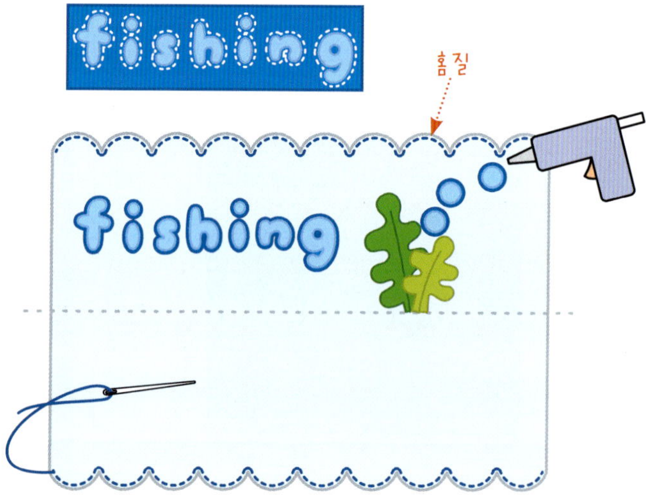

4 진하늘 자투리 펠트 천에 글자(fishing)를 글루건으로 붙여서 가장자리를 2mm 정도 남기고 자릅니다. 완성된 글자(fishing)와 수초, 물방울을 가방 주머니 위에 글루건으로 붙입니다. 물결무늬에 홈질을 하여 예쁘게 꾸며줍니다(파랑 실 1겹).

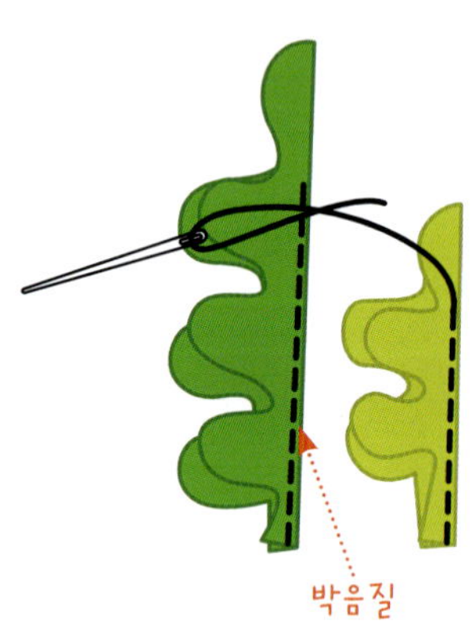

5 수초를 모두 반으로 접어서 가운데 부분을 박음질합니다(펠트 천과 비슷한 색상의 실 사용).

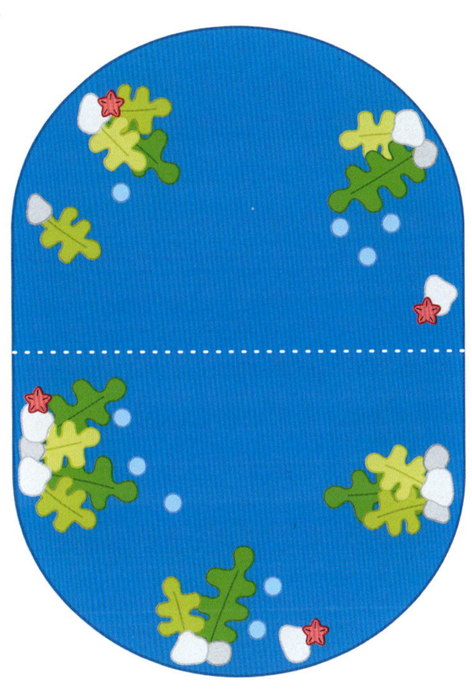

6 가방 바탕 1장 위에 수초, 바위, 불가사리, 물방울의 순
서로 글루건으로 위의 그림과 같이 붙입니다. 물방울
가장자리는 미리 홈질해둡니다(파랑 실 2겹).

7 가방 바탕 2장 사이에 지퍼를 끼우고 가장자리를 돌아가
며 박음질합니다(진하늘 실 2겹). 시침핀이나 스테이플러로
중간중간 고정해놓으면 박음질이 좀 더 편합니다.

8 가방 바탕을 완성한 다음 손잡이를 단추로 고정합니다(진하늘
실 4겹). 구름에 군번줄을 끼워 손잡이에 걸어주면 낚시 가방
완성입니다.

가방의 완성도 높이기

① 가방 바탕 가장자리를 반 정도 박음질하고
나머지 반을 박음질할 때, 가방을 반으로
접은 상태에서 하면 가방의 형태가 좀 더
에쁘게 잡힙니다.

② 박음질하고 남은 지퍼는 잘라내고 지퍼의
시작과 끝을 여러 번 박음질하여 단단히
고정합니다.

③ 완성하고 나면 자연스럽게 가운데 부분이
뜨면서 오목한 웅덩이 느낌이 나므로, 일부
러 가방 바탕 사이에 접착제를 발라 고정
하지 마세요.

④ 지퍼 대신 똑딱단추를 5~6군데 달아주면
탈부착 형태의 낚시 가방을 만들 수 있습
니다.

26
눈으로 먹어요!
세상의 모든 쿠키

세상의 모든 쿠키 만들기

펠트 천 재단하기

연밤 : 하트 쿠키 4장, 조개 쿠키 2장, 와플 쿠키 2장, 원형 쿠키 2장, 스프링클 쿠키 2장, 사각 쿠키 2장, 사각 쿠키 조각 2장, 원형 쿠키 옆면 1장, 스프링클 쿠키 옆면 1장, 사각 쿠키 옆면 1장

진밤 : 조개 쿠키 2장, 스프링클 쿠키 2장, 원형 쿠키 조각 2장, 사각 쿠키 조각 2장, 하트 쿠키 장식 1장, 스프링클 쿠키 옆면 1장

분홍 : 하트 쿠키 장식 1장, 사각 쿠키 2장, 사각 쿠키 옆면 1장

준비물

펠트 : 연밤, 진밤, 분홍
실 : 9(분홍), 21(연밤), 23(진밤)
부재료 : 바늘, 가위, 기화성펜, 방울솜, 막대비즈

예상 재료비 : 9,000원   예상 제작 시간 : 4시간   완제품을 사려면 얼마나 하죠? : 25,000원

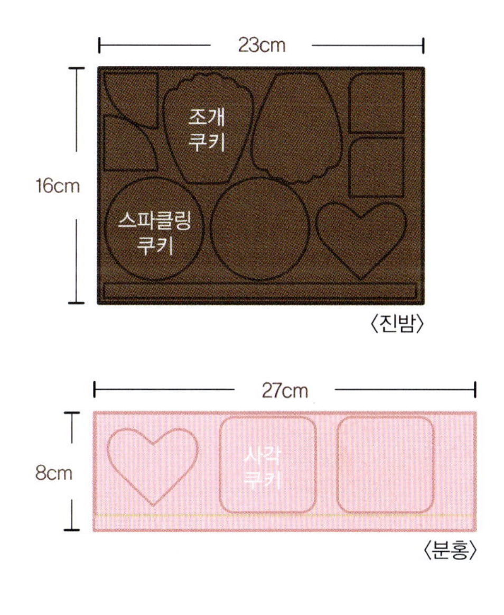

옆면은 바느질을 하다 보면 모자랄 수도 있으니, 도안보다 조금 길게 자르는 것이 좋습니다. 바느질하고 남는 부분은 잘라냅니다.

사각 쿠키 만들기

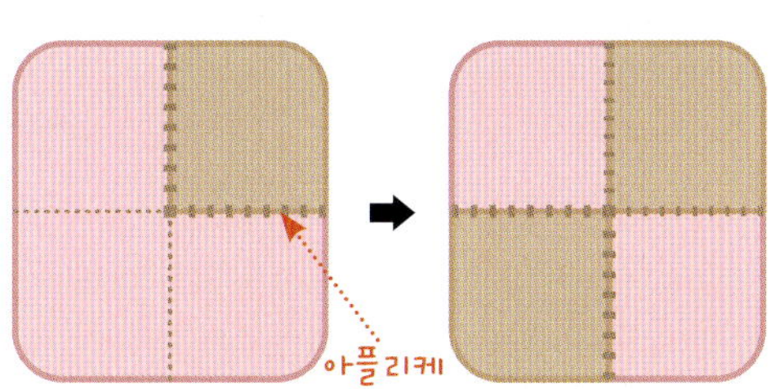

1 분홍 사각 쿠키 1장 위에 연밤 사각 쿠키 조각 2장을 그림과 같이 마주보도록 아플리케 합니다(연밤 실 1겹).

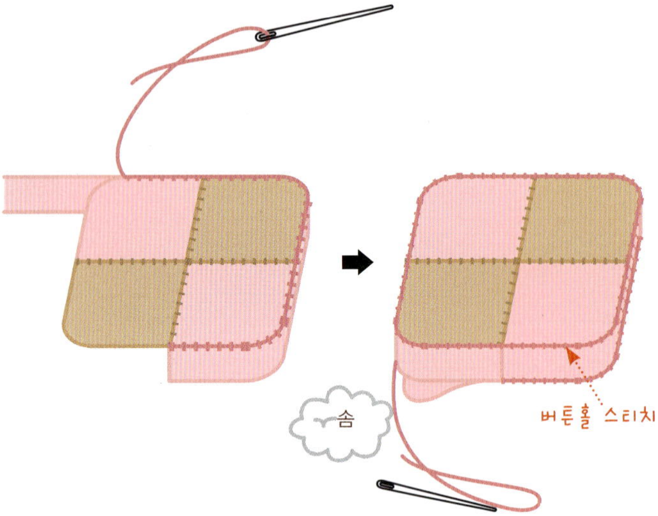

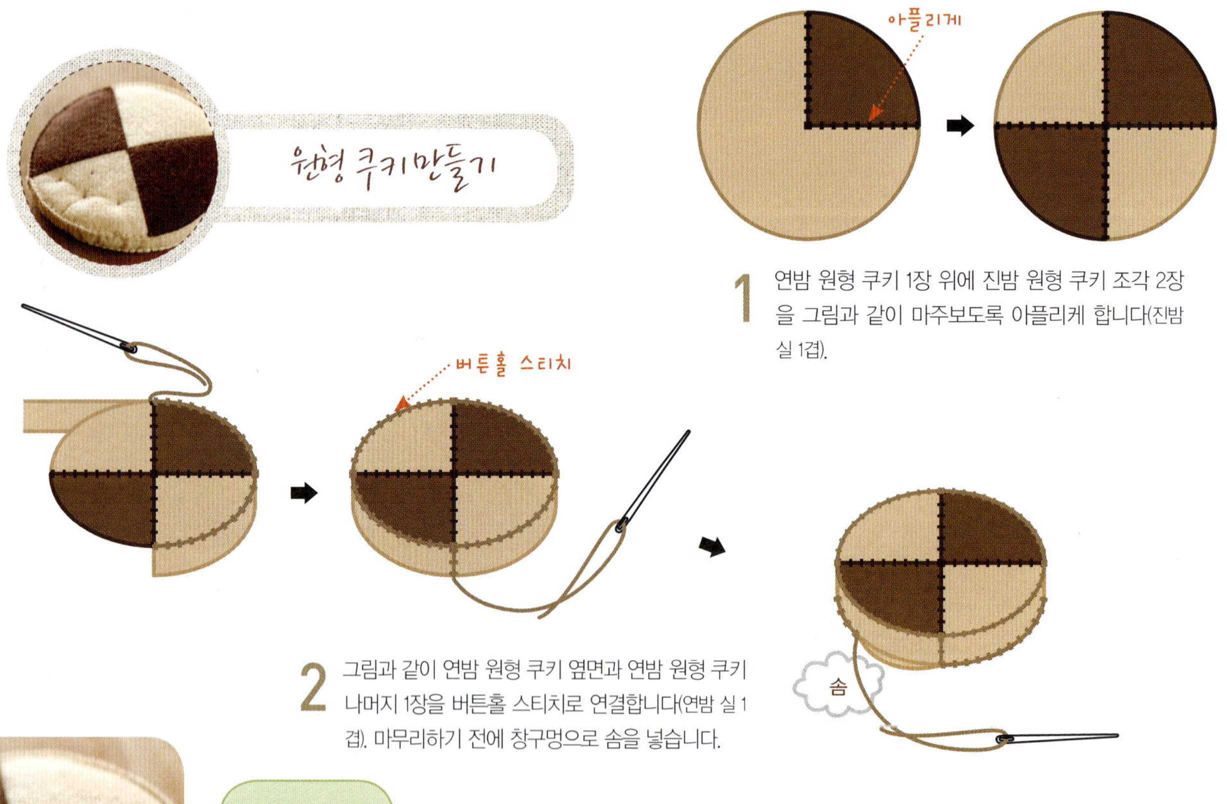

2 왼쪽 그림과 같이 분홍 사각 쿠키 옆면과 분홍 사각 쿠키 나머지 1장을 버튼홀 스티치로 연결합니다(분홍 실 1겹). 마무리하기 전에 창구멍으로 솜을 넣습니다.

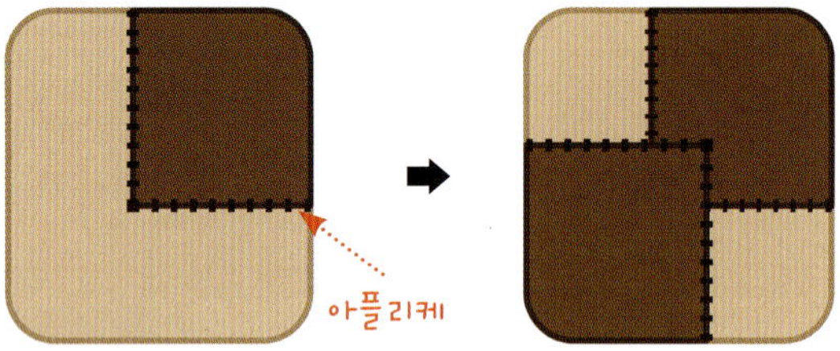

연밤 사각 쿠키 만들기
연밤 사각 쿠키 2장과 진밤 사각 쿠키 조각 2장으로 왼쪽 그림과 같이 조금 다른 디자인으로 만들어봅니다(연밤 실 1겹). 만드는 방법은 분홍 사각 쿠키와 같습니다.

원형 쿠키 만들기

1 연밤 원형 쿠키 1장 위에 진밤 원형 쿠키 조각 2장을 그림과 같이 마주보도록 아플리케 합니다(진밤 실 1겹).

2 그림과 같이 연밤 원형 쿠키 옆면과 연밤 원형 쿠키 나머지 1장을 버튼홀 스티치로 연결합니다(연밤 실 1겹). 마무리하기 전에 창구멍으로 솜을 넣습니다.

한 땀씩 짧게 홈질 하여 구멍을 표현 할 수 있습니다.

조개 쿠키 만들기

연밤 조개 쿠키 1장 위에 기화성펜으로 줄무늬를 그린 다음 아우
트라인 스티치 합니다(진밤 실 1겹). 연밤 조개 쿠키 2장을 겹쳐서
가장자리를 버튼홀 스티치 합니다(연밤 실 1겹). 마무리하기 전에 창
구멍으로 솜을 넣습니다.

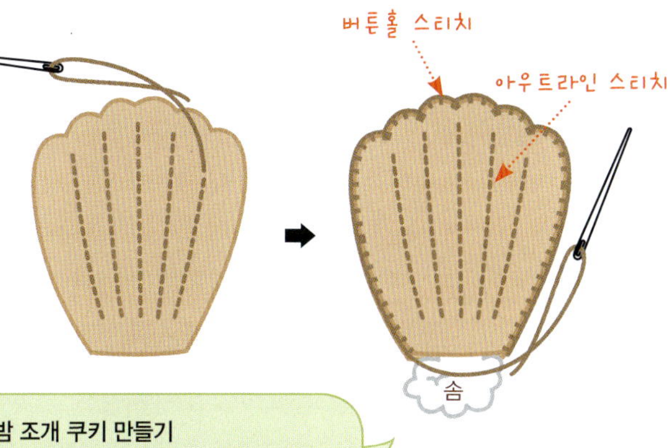

진밤 조개 쿠키 만들기
진밤 조개 쿠키 2장으로 다른 색상의 쿠키
를 만들어봅니다(아우트라인 스티치는 연밤
실 1겹, 버튼홀 스티치는 진밤 실 1겹). 만드
는 방법은 연밤 조개 쿠키와 같습니다.

스프링클 쿠키 만들기

  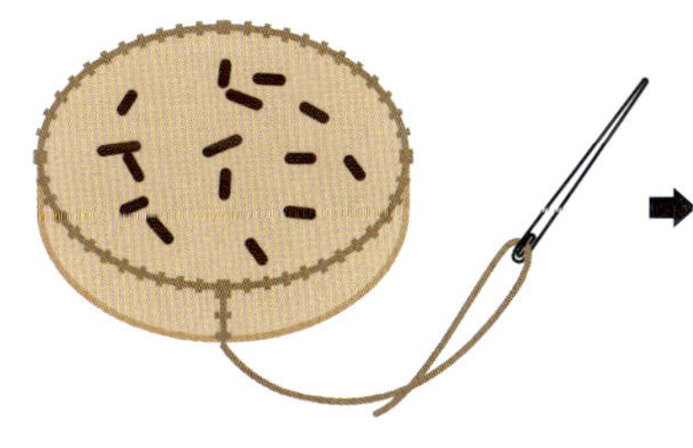

1 연밤 스프링클 쿠키 1장
위에 한땀홈질로 스프
링클을 표현합니다(진
밤 실 4겹).

2 그림과 같이 연밤 스프링클 쿠키 옆
면과 연밤 스프링클 쿠키 나머지 1장
을 버튼홀 스티치로 연결합니다(연밤
실 1겹). 마무리하기 전에 창구멍으로
솜을 넣습니다.

진밤 스프링클 쿠키 만들기
진밤 조개 쿠키 2장과 진밤 조개 쿠키 옆면 1장으로 다른
색상의 쿠키를 만들어봅니다(한땀홈질은 연밤 실 4겹). 만드
는 방법은 연밤 스프링클 쿠키와 같습니다.

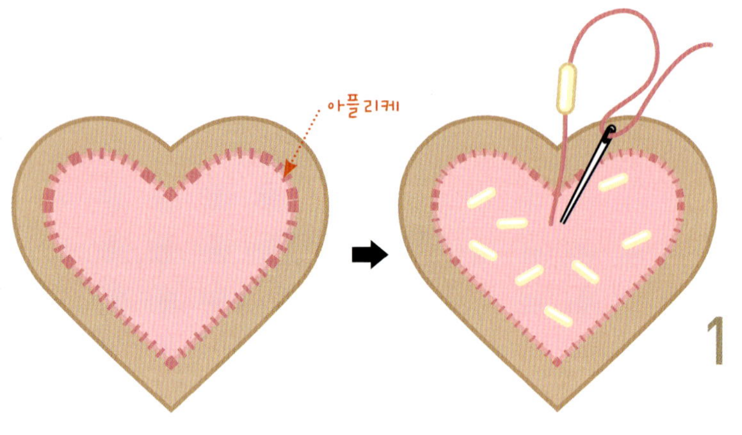

1 하트 쿠키 1장 위에 분홍 하트 쿠키 장식 1장을 겹쳐서 아플리케 하고 막대비즈를 답니다(분홍 실 1겹).

2 하트 쿠키 2장을 겹쳐서 가장자리를 버튼홀 스티치 합니다(연밤 실 1겹). 마무리 하기 전에 창구멍으로 솜을 넣습니다.

진밤 장식 하트 쿠키 만들기
하트 쿠키 2장과 진밤 하트 장식 1장으로 다른 색상의 쿠키를 만들어 봅니다(아플리케는 진밤 실 1겹). 만드는 방법은 분홍 장식 하트 쿠키와 같습니다.

1 와플 쿠키 1장 위에 기화성펜으로 격자무늬를 그린 다음 길게 한땀홈질합니다(진밤 실 4겹).

2 실이 교차되는 부분을 한 땀씩 떠서 고정한 다음(진밤 실 4겹), 와플 쿠키 2장을 겹쳐서 가장자리를 버튼홀 스티치 합니다(연밤 실 1겹). 마무리하기 전에 창구멍으로 솜을 넣습니다.

정서가 안정된 아이로 키우는

인형 놀이

인형 놀이 만들기

펠트 천 재단하기

살구 : 인형 2장

밤색 : 앞 머리카락 1장, 귀밑 앞 머리카락 2장, 뒤 머리카락 1장

파스텔 진하늘 : 하늘 원피스 2장, 운동화 4장

진분홍 : 윗옷 2장, 구두 4장, 모자 2장, 하트 가방 2장, 분홍 원피스 허리띠 1장, 분홍 원피스 리본 1장, 노랑 원피스 허리띠 1장, 노랑 원피스 소매 장식 4장

연분홍 : 분홍 원피스 2장

연두 : 네모 가방 2장

파랑 : 치마 2장

보라 : 바지 2장

노랑 : 노랑 원피스 2장, 화가 모자 2장, 화가 모자 꼭지 2장, 화가 모자 챙 1장, 하트 가방 하트 1장, 운동화 끈 4장, 구두 리본 2장

흰색 : 티셔츠 2장, 하늘 원피스 소매 장식 2장, 하늘 원피스 밑단 장식 1장, 노랑 원피스 도트 장식 8장

녹색 : 딸기 꼭지 1장

빨강 : 딸기 1장

검정 : 인형 눈 2장

준비물

펠트 : 살구, 밤색, 파스텔 진하늘, 진분홍, 연분홍, 연두, 파랑, 보라, 노랑, 흰색, 녹색, 빨강, 검정

실 : 1(흰색), 4(살구), 6(노랑), 9(분홍), 10(진분홍), 12(빨강), 14(보라), 16(바다하늘), 17(파랑), 19(연두), 20(녹색), 23(진밤)

부재료 : 바늘, 가위, 기화성펜, 퀼트솜, 접착 융천, 원형 벨크로(보들이&찍찍이), 레이스 끈, 꽃 스팽글, 비즈, 진주 구슬, 구슬 줄, 면 끈

예상 재료비 : 18,000원   예상 제작 시간 : 5시간   완제품을 사려면 얼마나 하죠? : 45,000원

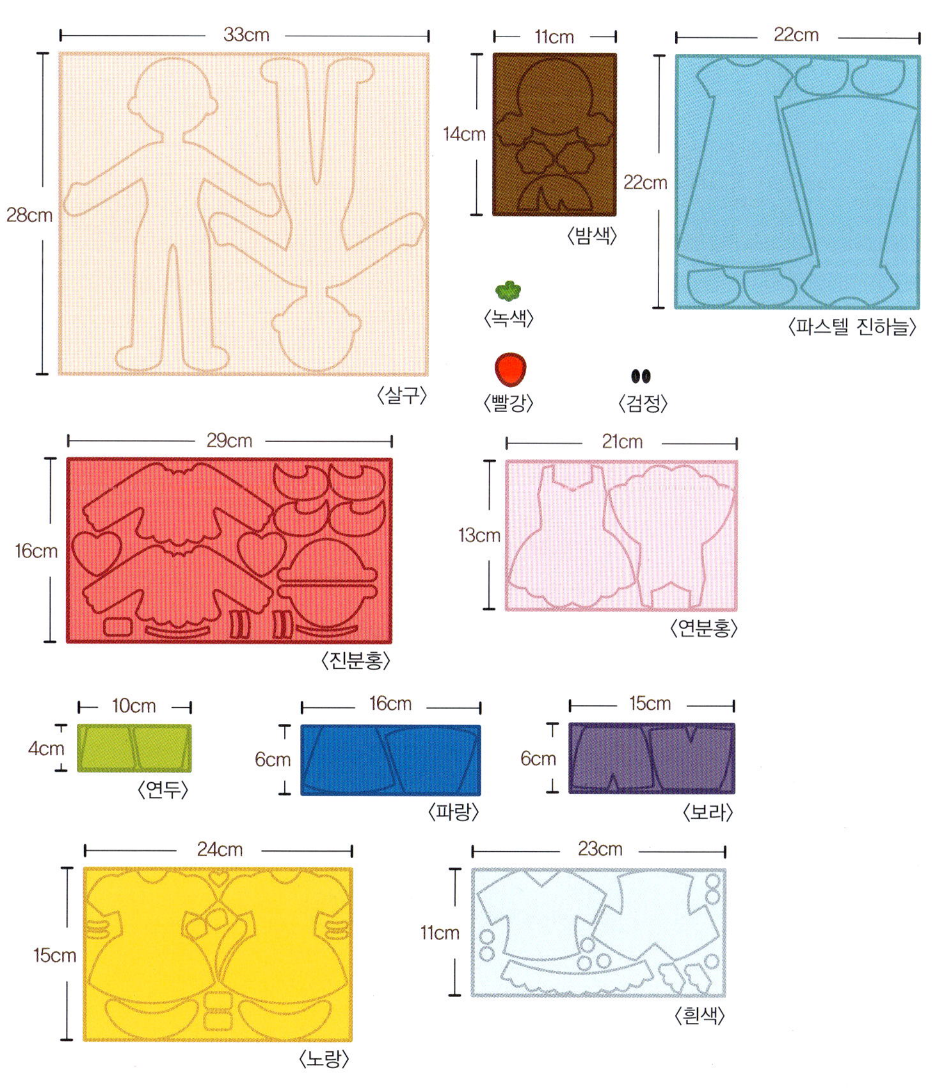

1 인형 1장에 앞 머리카락을 아플리케 하고(진밤 실 1겹) 코와 입 모양은 아우트라인 스티치 합니다(진밤 실. 빨강 실 1겹). 눈은 접착제로 붙입니다.

2 다른 인형 1장에 뒤 머리카락을 그림과 같이 아플리케 합니다 (진밤 실 1겹).

3 퀼트솜을 인형보다 2mm 정도 작게 잘라서 인형 2장 사이에 넣고 가장자리를 아플리케 합니다(몸은 살구 실. 머리카락은 진밤 실 1겹).

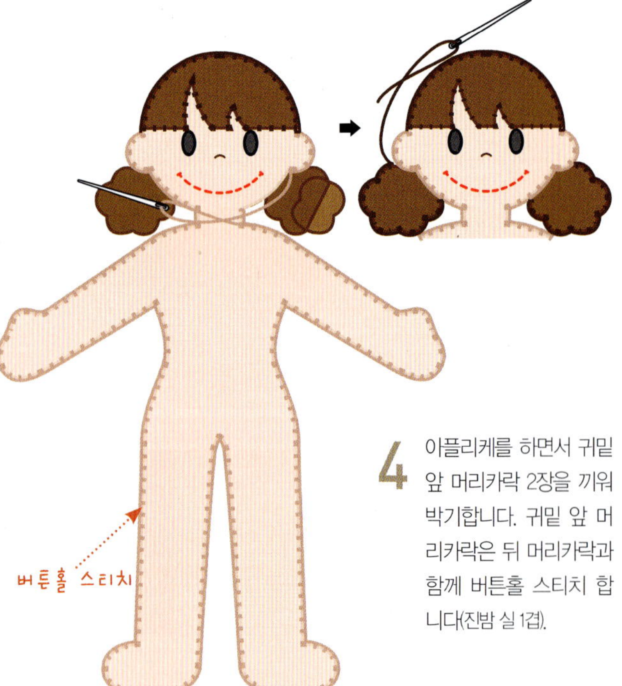

4 아플리케를 하면서 귀밑 앞 머리카락 2장을 끼워 박기합니다. 귀밑 앞 머리카락은 뒤 머리카락과 함께 버튼홀 스티치 합니다(진밤 실 1겹).

5 접착 융천을 속옷 모양으로 잘라서 인형 위에 글루건으로 붙입니다. 발 위에는 원형 보들이를 붙입니다.

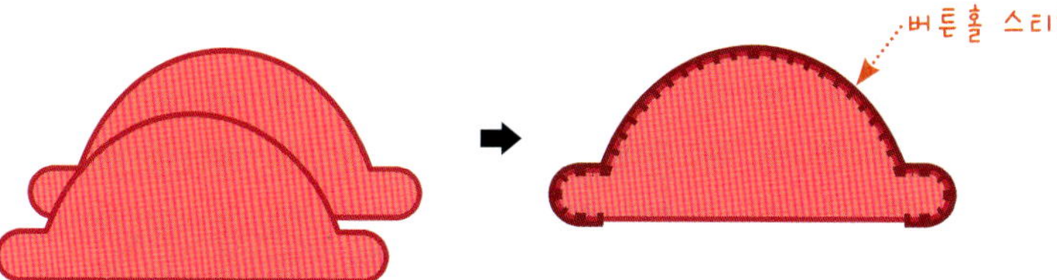

1 모자 2장을 겹쳐서 가장자리를 버튼홀 스티치 하되 머리가 들어가는 부분은 바느질하지 않습니다(진분홍 실 1겹).

1 윗옷 2장을 겹쳐서 버튼홀 스티치 합니다(진분홍 실 1겹).

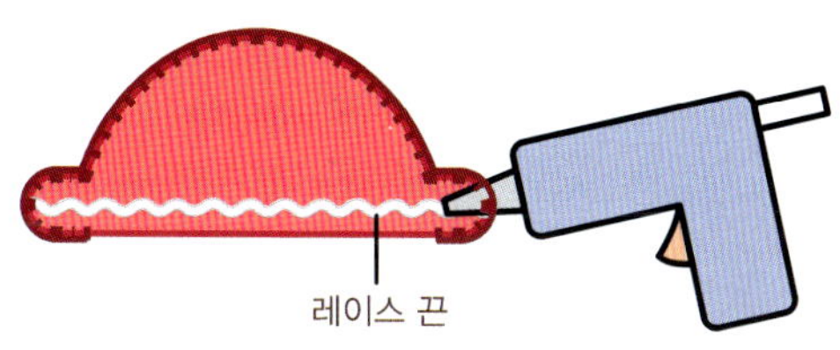

2 그림과 같이 레이스 끈을 글루건으로 붙입니다.

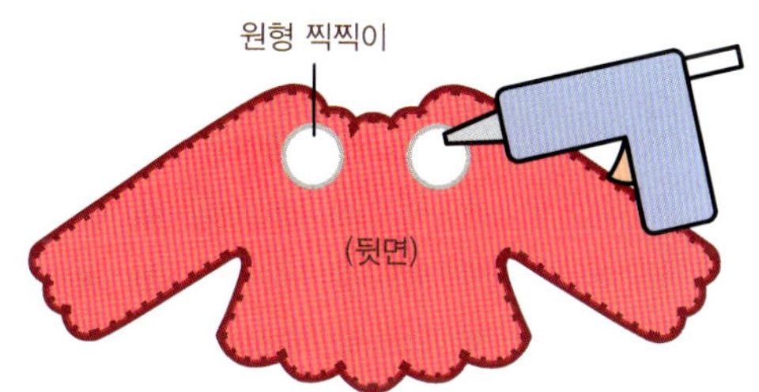

2 윗옷 뒷면에 글루건으로 원형 찍찍이를 붙입니다.

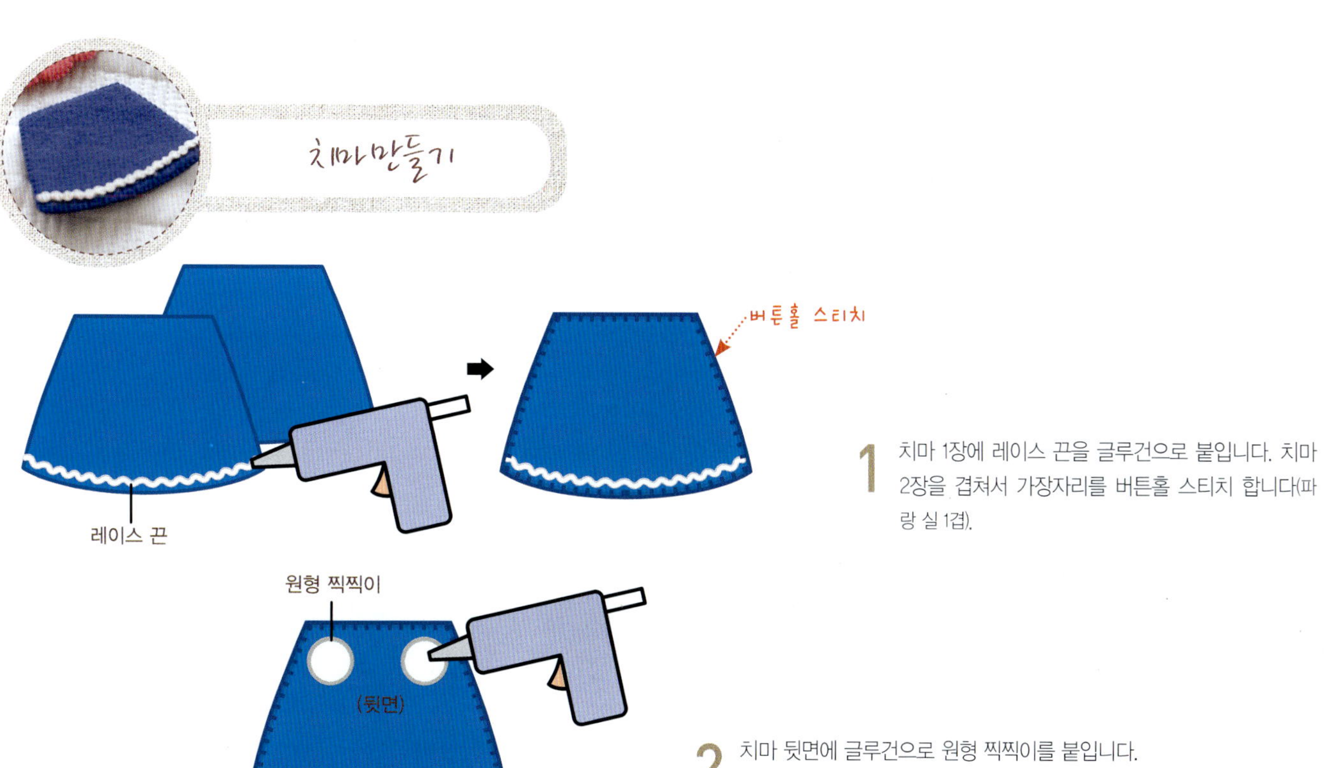

1 치마 1장에 레이스 끈을 글루건으로 붙입니다. 치마 2장을 겹쳐서 가장자리를 버튼홀 스티치 합니다(파랑 실 1겹).

2 치마 뒷면에 글루건으로 원형 찍찍이를 붙입니다.

하트 가방만들기

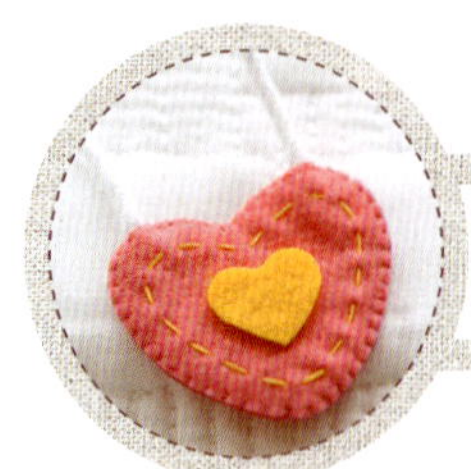

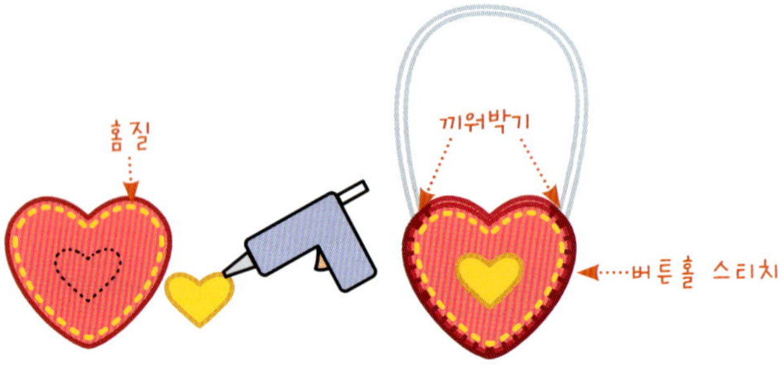

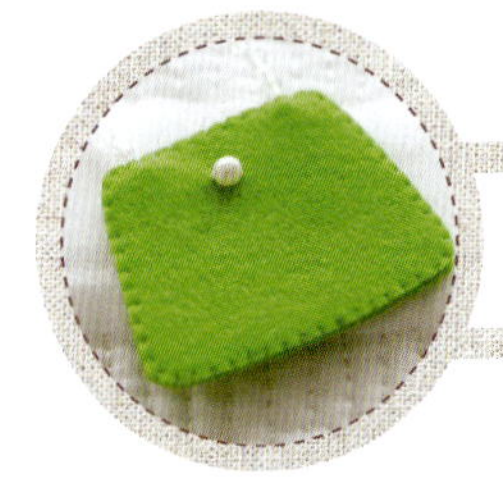

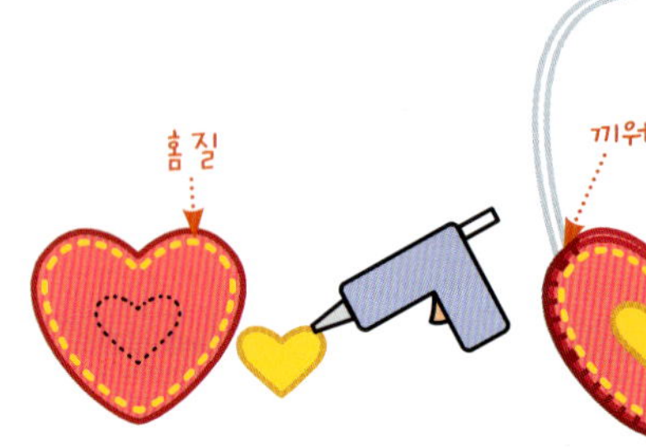

1 하트 가방 1장의 가장자리를 홈질하고(노랑 실 1겹), 노랑 하트를 글루건으로 붙입니다.

2 하트 가방 2장을 겹쳐서 가장자리를 버튼홀 스티치 하면서 면 끈을 끼워박기 합니다(진분홍 실 1겹).

네모 가방만들기

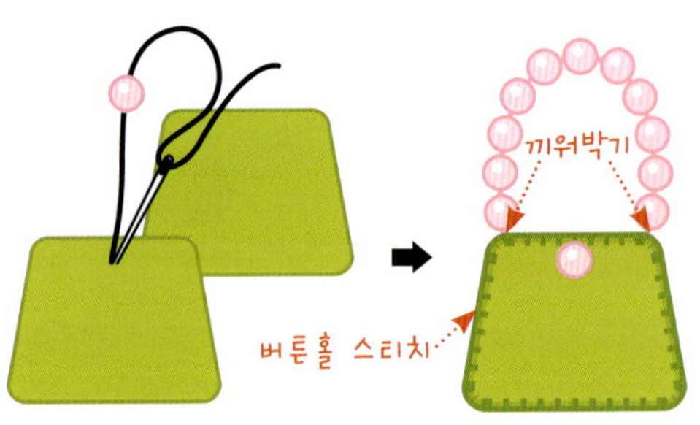

1 네모 가방 1장에 진주 구슬을 답니다(흰색 실 2겹).

2 네모 가방 2장을 겹쳐서 가장자리를 버튼홀 스티치 하면서 진주 구슬을 꿴 줄을 끼워박기합니다(연두 실 1겹).

하늘 원피스 만들기

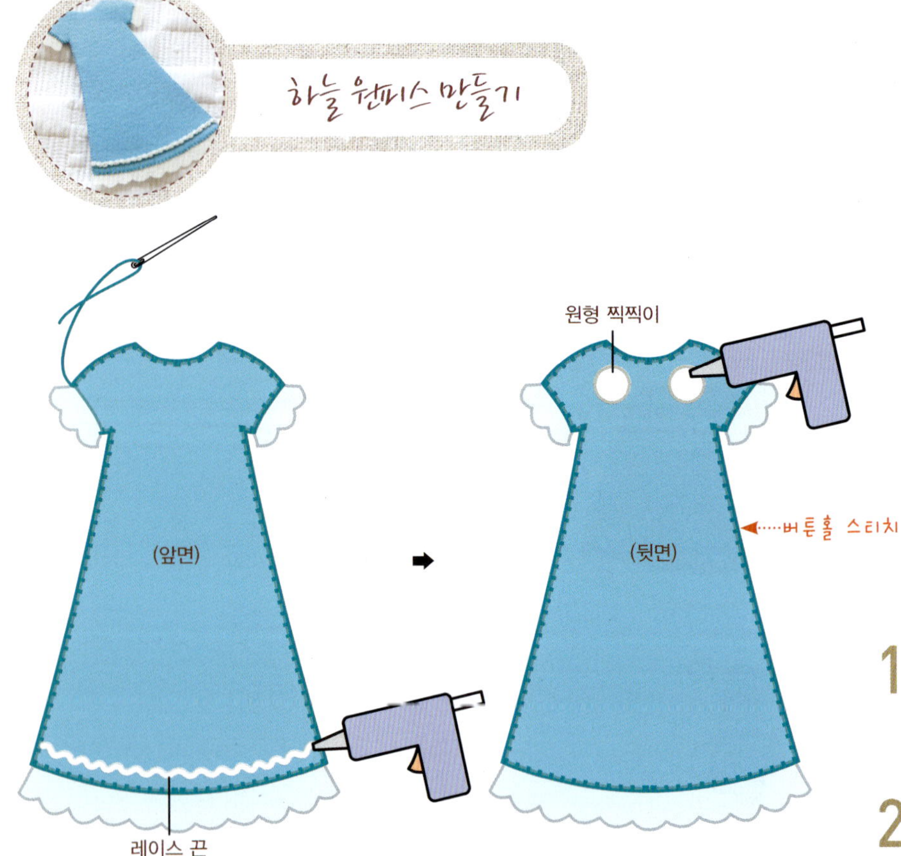

1 하늘 원피스 2장을 겹쳐서 가장자리를 버튼홀 스티치 하면서 소매 장식 2장과 밑단 장식 1장을 끼워박기합니다(바다하늘 실 1겹). 글루건으로 레이스 끈을 붙여줍니다.

2 하늘 원피스 뒷면에 글루건으로 원형 찍찍이를 붙입니다.

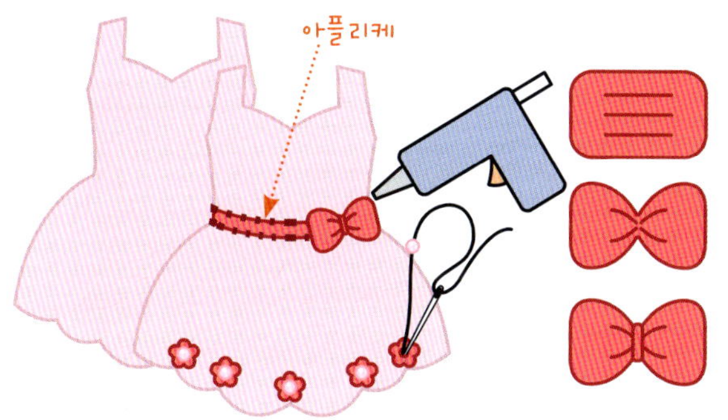

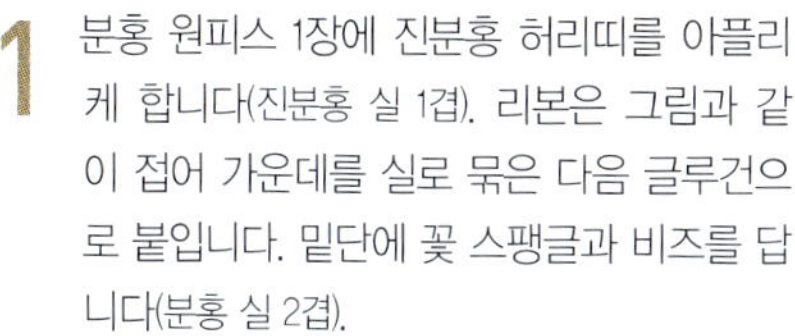

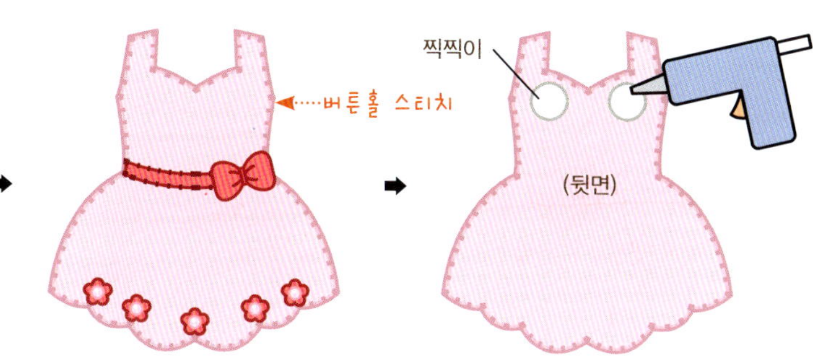

1 분홍 원피스 1장에 진분홍 허리띠를 아플리케 합니다(진분홍 실 1겹). 리본은 그림과 같이 접어 가운데를 실로 묶은 다음 글루건으로 붙입니다. 밑단에 꽃 스팽글과 비즈를 답니다(분홍 실 2겹).

2 분홍 원피스 2장을 겹쳐서 가장자리를 버튼홀 스티치 합니다(분홍 실 1겹).

3 분홍 원피스 뒷면에 글루건으로 원형 찍찍이를 붙입니다.

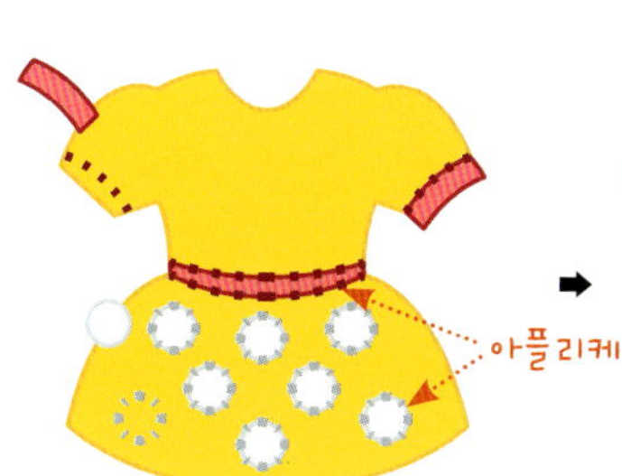

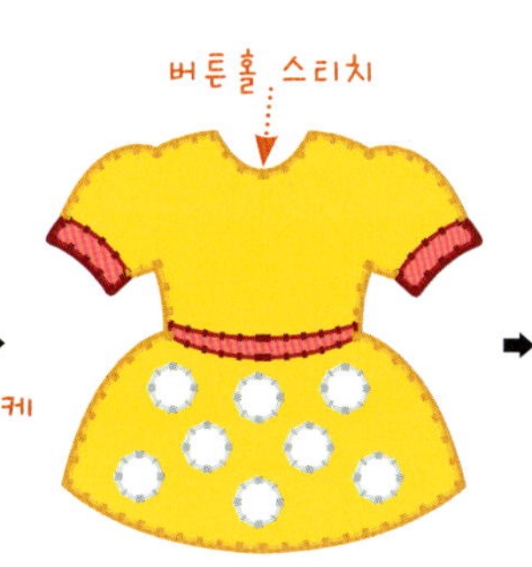

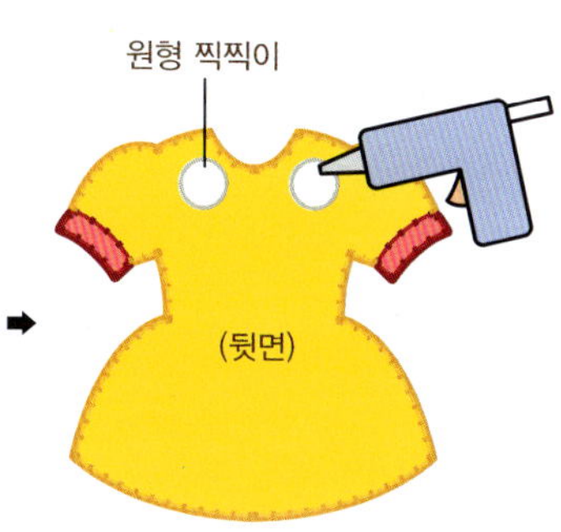

1 노랑 원피스 1장에 소매 장식 2장과 허리띠, 도트 장식을 아플리케 합니다 (진분홍 실, 흰색 실 1겹). 나머지 소매 장식 2장은 노랑 원피스 다른 1장에 아플리케 합니다.

2 노랑 원피스 2장을 겹쳐서 가장자리를 버튼홀 스티치 합니다(원피스는 노랑 실, 소매는 진분홍 실 1겹).

3 노랑 원피스 뒷면에 글루건으로 원형 찍찍이를 붙입니다.

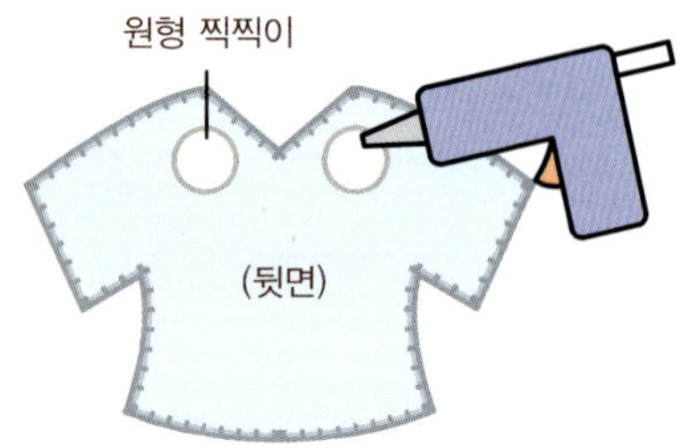

1 티셔츠 1장에 딸기와 꼭지를 아플리케 합니다(빨강 실. 녹색 실 1겹).

2 티셔츠 2장을 겹쳐서 버튼홀 스티치 합니다(흰색 실 1겹).

3 티셔츠 뒷면에 글루건으로 원형 찍찍이를 붙입니다.

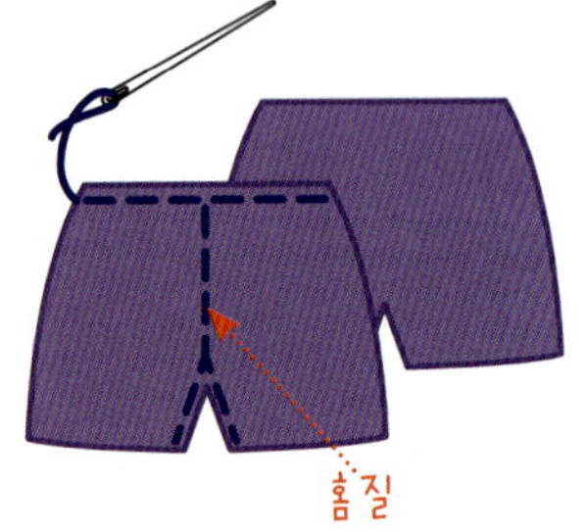

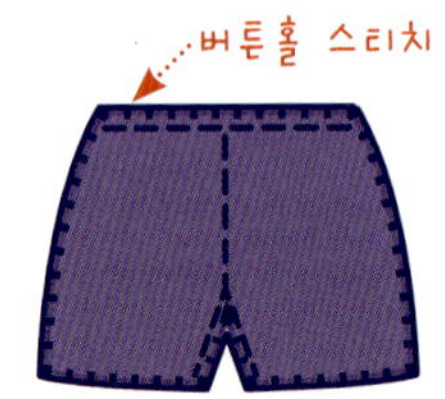

1 바지 1장에 그림과 같이 홈질을 하고(보라 실 2겹), 바지 2장을 겹쳐서 가장자리를 버튼홀 스티치 합니다(보라 실 1겹).

2 바지 뒷면에 글루건으로 원형 찍찍이를 붙입니다.

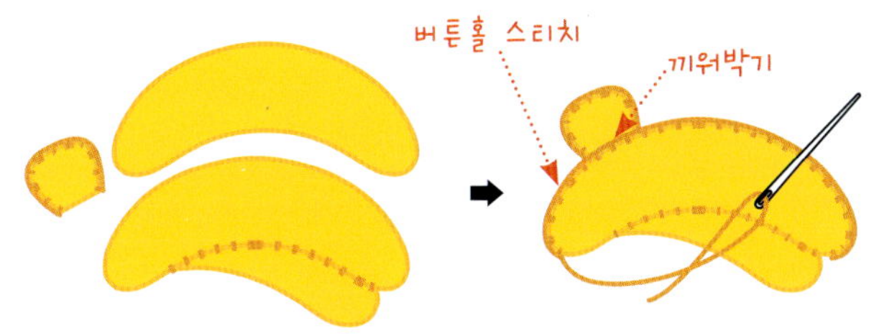

1 화가 모자 꼭지 2장을 겹쳐서 버튼홀 스티치 해둡니다(노랑 실 1겹).
화가 모자 1장에 챙을 겹쳐서 아플리케 합니다(노랑 실 1겹).

2 화가 모자 2장을 겹쳐서 가장자리를 버튼홀 스티치 하면서 꼭
지를 끼워박기합니다(노랑 실 1겹). 머리가 들어가는 부분은 바
느질하지 않습니다.

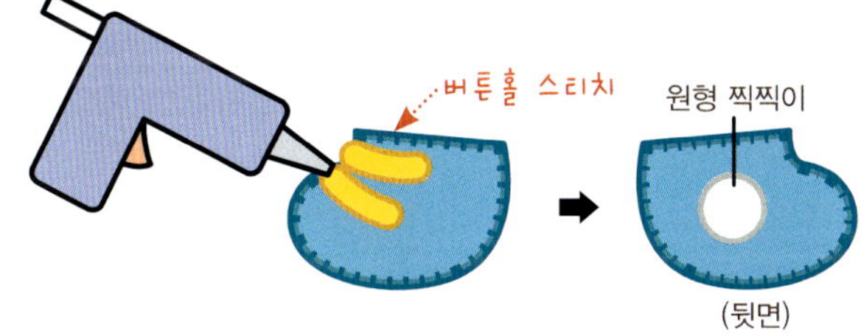

운동화 2장을 겹쳐서 가장자리를 버튼홀 스티치 합니다(바다하늘 실 1겹). 글
루건으로 앞면에 노랑 끈 2장을, 뒷면에 원형 찍찍이를 붙입니다. 같은 방
법으로 다른 쪽 운동화도 만듭니다.

구두 2장을 겹쳐서 가장자리를 버튼홀 스티치 합니다(진분홍 실 1겹). 글루
건으로 앞면에 노랑 리본을, 뒷면에 원형 찍찍이를 붙입니다. 같은 방법으
로 다른 쪽 운동화도 만듭니다.

28
거울아~ 이 세상에서 누가 가장 예쁘니?
공주 빗&거울

화장품 놀이 만들기

펠트 천 재단하기 

분홍 : 아이섀도 안면 2장, 파운데이션 안면 2장, 립스틱 2장, 아이섀도 퍼프 띠 1장

진분홍 : 아이섀도 겉면 1장, 파운데이션 겉면 1장, 아이섀도 긴 네모 1장, 아이섀도 작은 네모 1장, 블러셔 겉면 2장, 블러셔 안면 2장, 립스틱 2장, 립스틱 케이스 2장, 매니큐어 솔 3장, 매니큐어 케이스 2장

흰색 : 파운데이션 퍼프 2장, 립스틱 뚜껑 4장, 아이섀도 작은 네모 1장, 아이섀도 브러시 막대 3장, 블러셔 안면 1장, 블러셔 브러시 2장, 매니큐어 솔 막대 4장

보라 : 아이섀도 겉면 1장, 파운데이션 겉면 1장, 아이섀도 작은 네모 1장, 블러셔 브러시 손잡이 2장, 매니큐어 솔 3장, 매니큐어 케이스 2장, 립스틱 케이스 2장

하늘 : 파운데이션 거울 뒷면 1장, 아이섀도 거울 1장

살구 : 파운데이션 1장

연분홍 : 아이섀도 브러시 팁 3장

준비물

펠트 : 분홍, 진분홍, 흰색, 보라, 하늘, 살구, 연분홍

실 : 1(흰색), 9(분홍), 10(진분홍), 14(보라), 26(검정)

부재료 : 바늘, 가위, 기화성펜, 솜, 벨크로(보들이&찍찍이), 거울지, 글루건

예상 재료비 : 12,000원   예상 제작 시간 : 4시간   완제품을 사려면 얼마나 하죠? : 30,000원

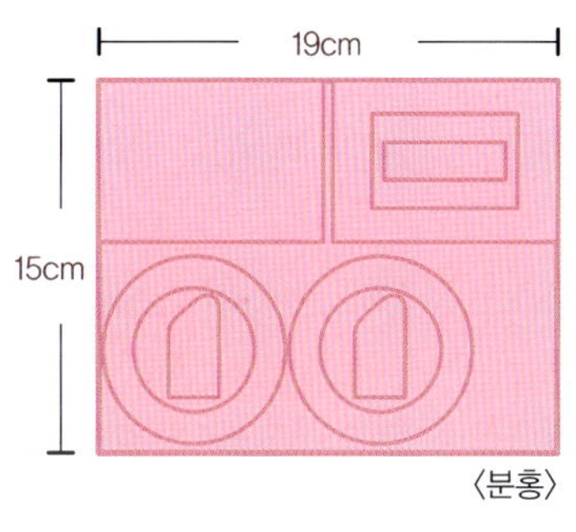

〈분홍〉

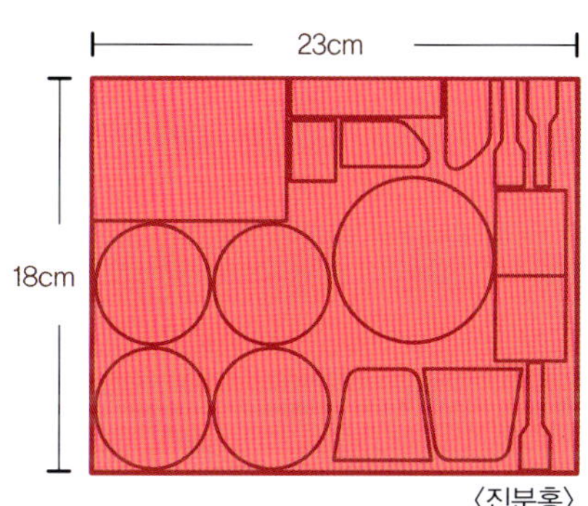

〈진분홍〉

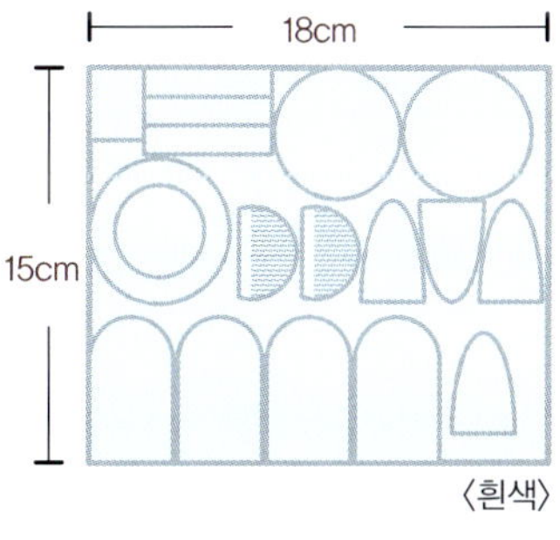

〈흰색〉

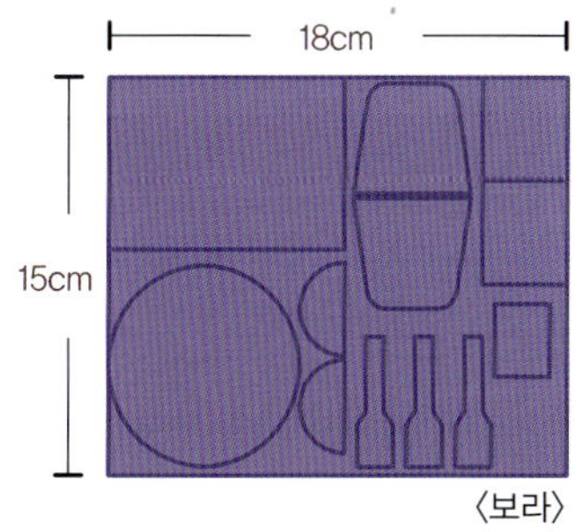

〈보라〉

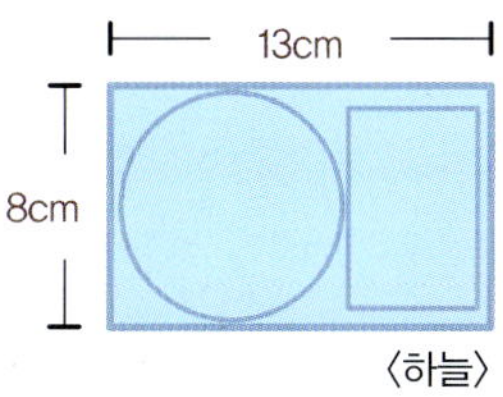

〈하늘〉

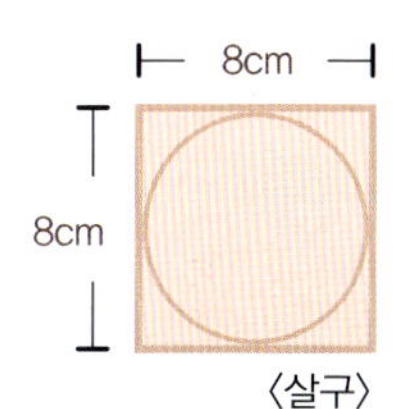

〈살구〉

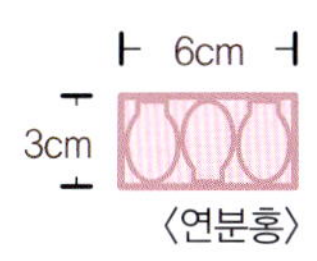

〈연분홍〉

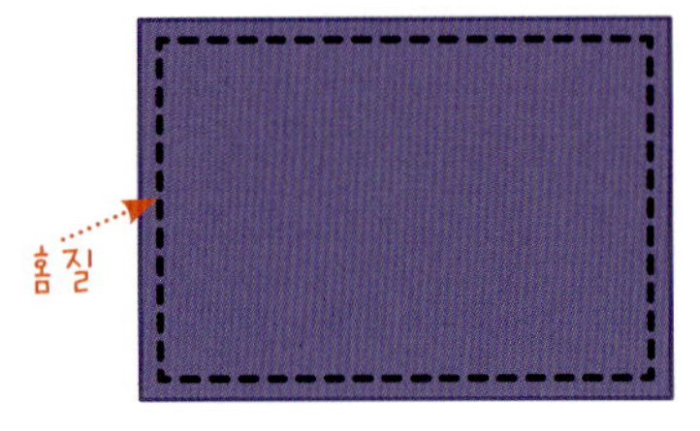
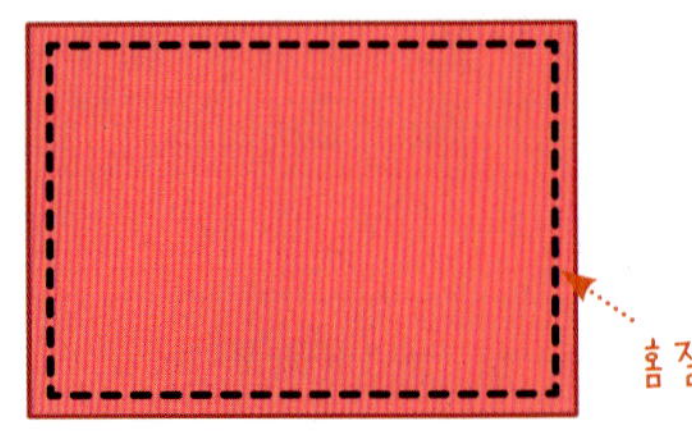

1 겉면 2장을 각각 가장자리에 홈질합니다(검정 실 2겹).

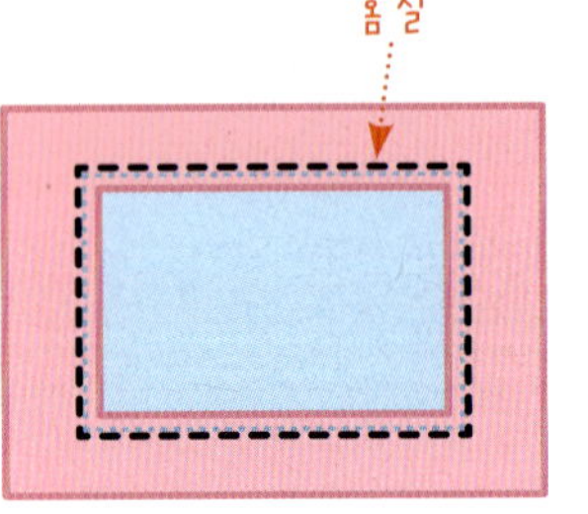
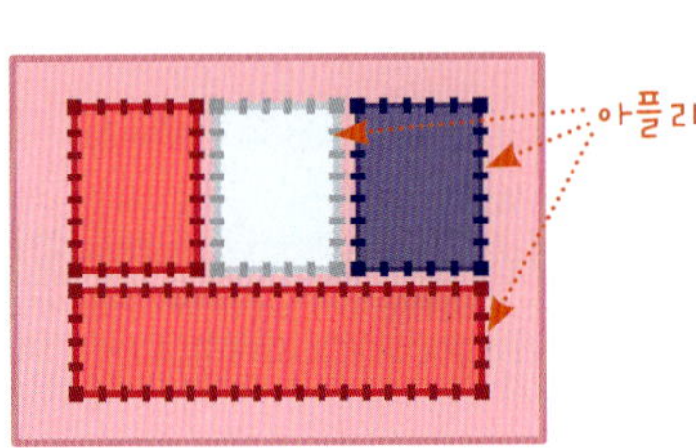

2 안면 1장의 구멍 뒤로 거울 1장을 겹쳐서 그림과 같이 구멍 가장
자리에 홈질합니다(검정 실 2겹).

3 다른 안면 1장에 긴 네모 1장과 작은 네모 3장을 아플리케 합니다
(흰색 실. 진분홍 실. 보라 실 1겹).

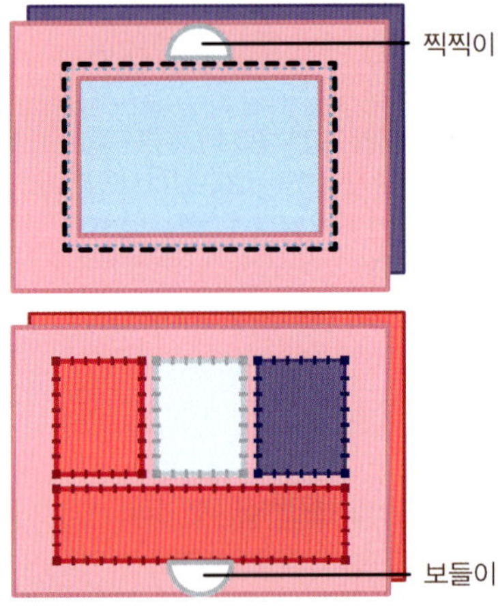

4 안면 2장에 그림과 같이 찍찍이와 보들이를 붙인 다음. 안면과
겉면을 각 1장씩 겹쳐서 가장자리를 버튼홀 스티치 합니다(진분홍
실 1겹).

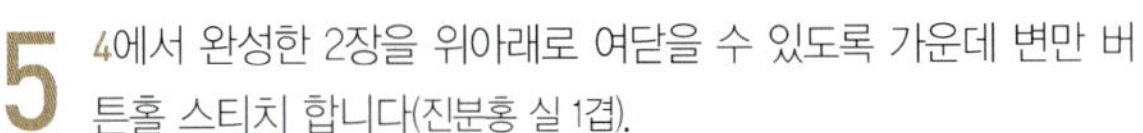

5 4에서 완성한 2장을 위아래로 여닫을 수 있도록 가운데 변만 버
튼홀 스티치 합니다(진분홍 실 1겹).

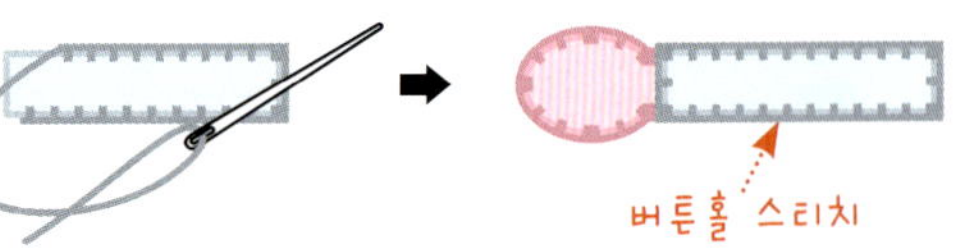

6 브러시 팁 3장을 겹쳐서 가장자리를 버튼홀 스티치 합니다(분홍
실 1겹). 브러시 막대 3장을 겹쳐서 버튼홀 스티치 하면서 브러시
팁을 끼워박기합니다(흰색 실 1겹).

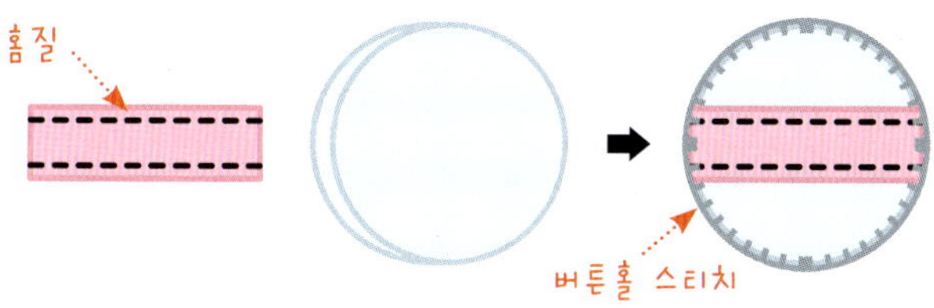

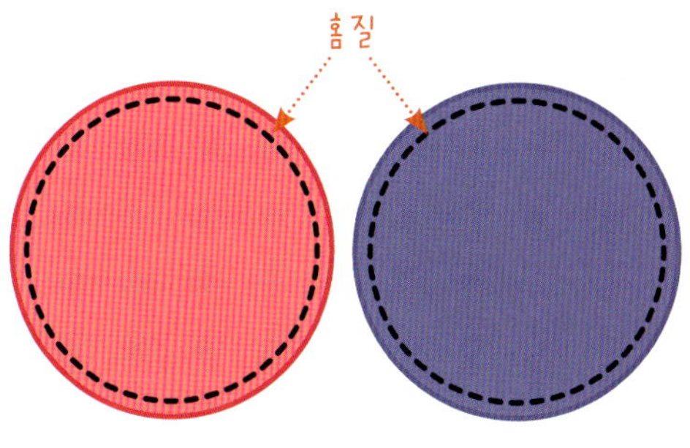

1 퍼프 띠에 그림과 같이 홈질합니다(검정 실 2겹). 퍼프 2장과 함께 겹쳐서 가장자리를 버튼홀 스티치 합니다(흰색 실 1겹).

2 겉면 2장을 각각 가장자리에 홈질합니다(검정 실 2겹).

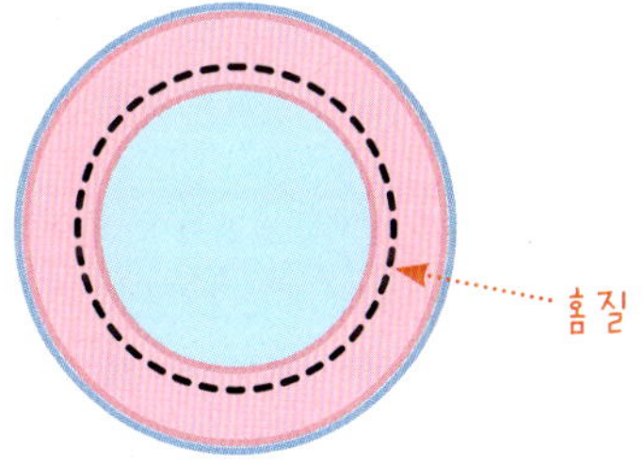

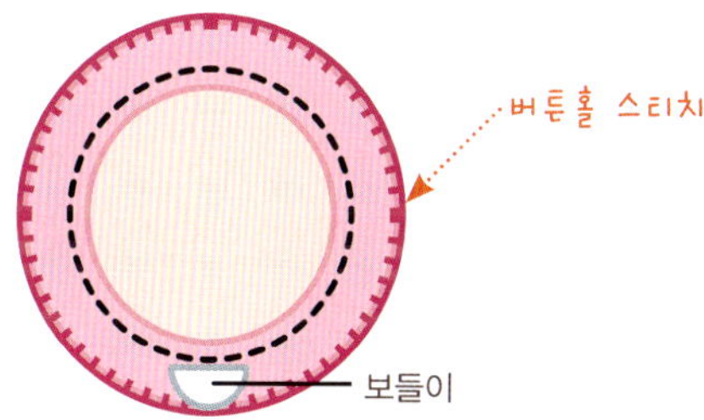

3 안면 1장 구멍 뒤로 거울 뒷면 1장을 겹쳐서 그림과 같이 구멍 가장자리에 홈질합니다(검정 실 2겹).

4 다른 안면 1장 구멍 뒤로 파운데이션 1장을 겹쳐서 그림과 같이 구멍 가장자리에 홈질합니다(검정 실 2겹). 겉면 1장과 겹쳐서 가장자리를 버튼홀 스티치 한 다음(진분홍 실 1겹), 아래쪽에 보들이를 붙여줍니다.

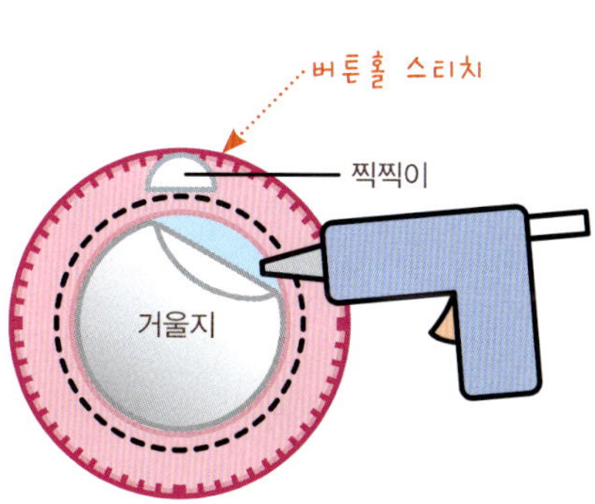

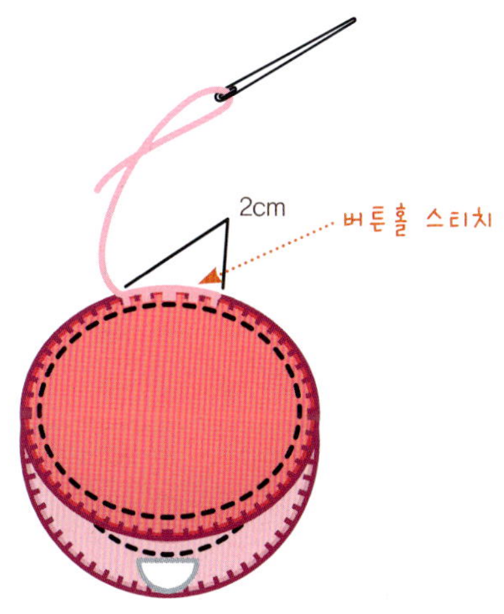

5 안면 1장과 겉면 1장을 겹쳐서 가장자리를 버튼홀 스티치 한 다음(진분홍 실 1겹). 거울지를 동그랗게 잘라 글루건으로 가운데에 붙입니다. 위쪽에 찍찍이를 붙여줍니다.

6 위아래로 여닫을 수 있도록 가운데 변 2cm 정도만 버튼홀 스티치 합니다(분홍 실 2겹).

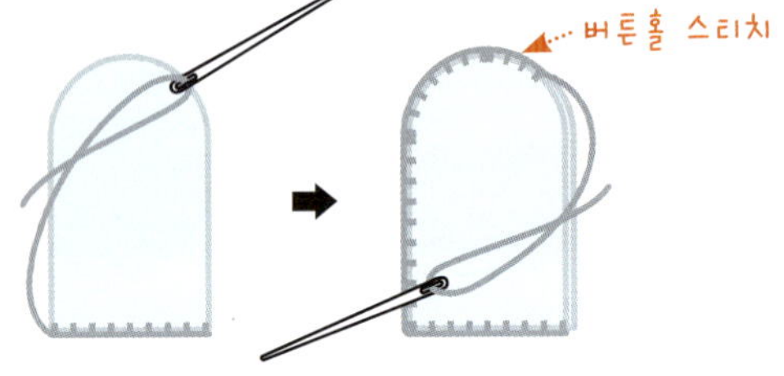

1 뚜껑 2장에 각각 아랫변만 버튼홀 스티치 합니다. 2장을 겹쳐서 아랫변을 제외한 나머지 가장자리를 버튼홀 스티치 합니다(흰색 실 1겹).

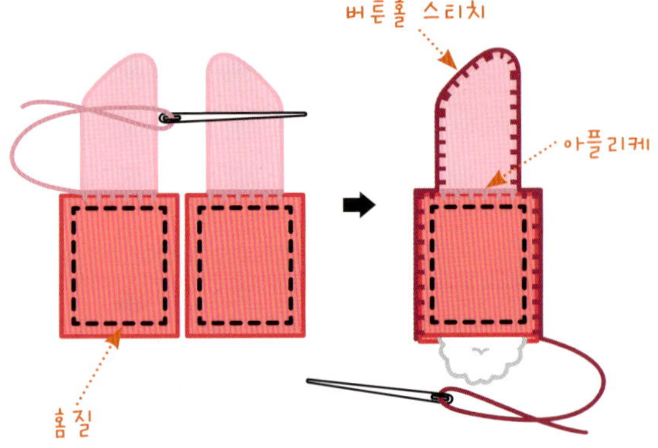

2 립스틱과 케이스를 각 1장씩 겹쳐서 가장자리를 홈질하고(검정 실 3겹), 이 2장을 겹쳐서 가장자리를 모두 버튼홀 스티치 합니다(분홍 실 1겹). 마무리하기 전에 창구멍으로 솜을 넣습니다.

> 진분홍 립스틱 2장, 보라 케이스 2장, 흰색 뚜껑 2장으로 다른 색상의 립스틱도 만들어봅니다.

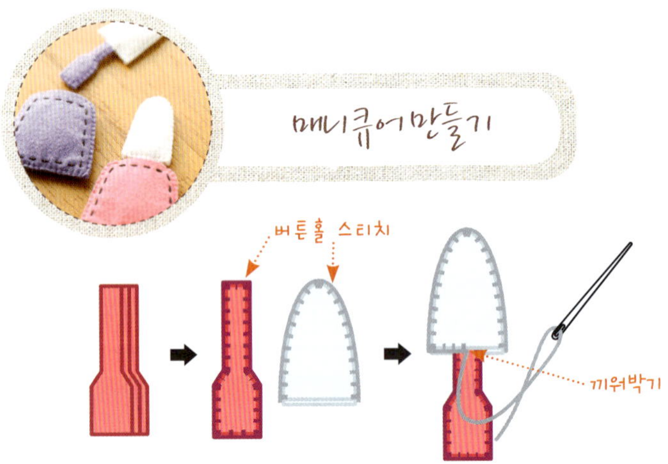

1 솔 3장을 겹쳐서 가장자리를 버튼홀 스티치 합니다(진분홍 실 2겹). 솔 막대 2장을 겹쳐서 버튼홀 스티치 하면서 솔을 끼워박기합니다(흰색 실 1겹).

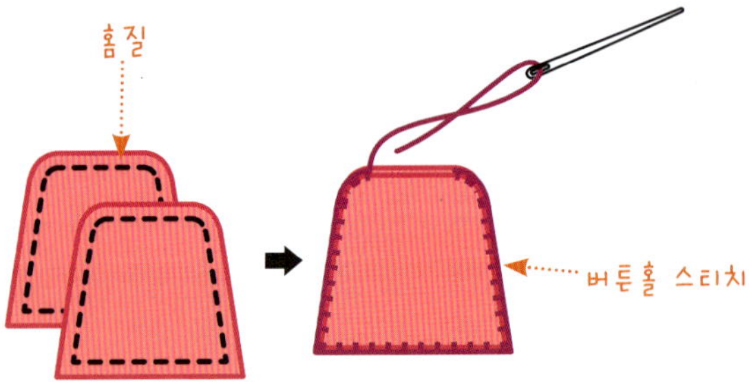

2 케이스 2장을 각각 가장자리에 홈질합니다(검정 실 2겹). 2장을 겹쳐서 솔을 넣을 입구를 제외한 나머지 가장자리를 버튼홀 스티치 합니다(진분홍 실 1겹).

> 보라 솔 3장, 흰색 솔 막대 2장, 보라 케이스 2장으로 다른 색상의 매니큐어도 만들어봅니다.

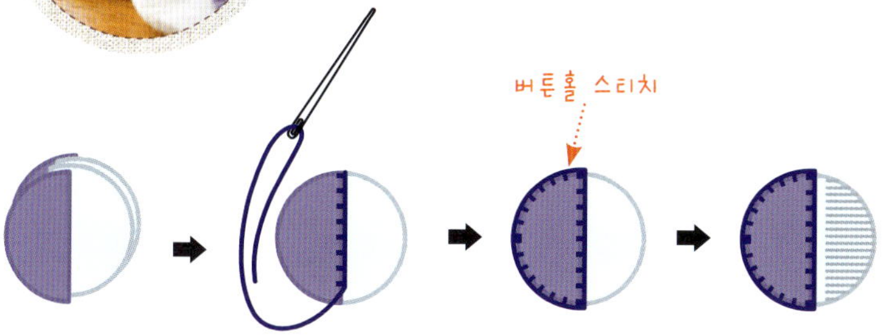

1 보라 브러시 2장 사이에 흰색 브러시 2장을 살짝 끼워서 보라 브러시 가장자리를 버튼홀 스티치 합니다(보라 실 1겹). 흰색 브러시 끝은 가위로 가늘게 자릅니다.

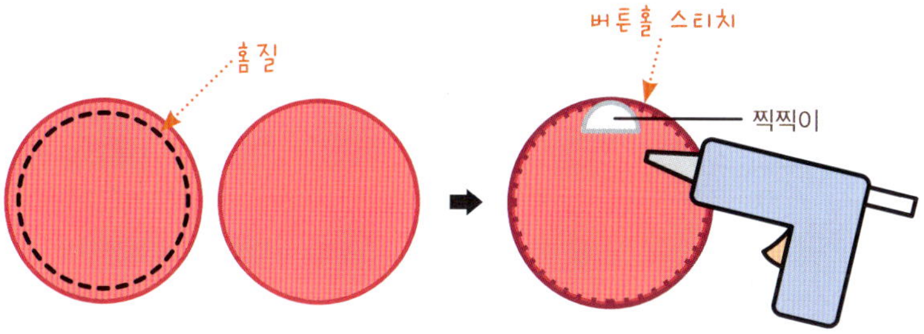

2 겉면 1장의 가장자리에 홈질합니다(검정 실 2겹). 안면 1장과 겹쳐서 버튼홀 스티치 하고(진분홍 실 2겹), 안면 위쪽에 글루건으로 찍찍이를 붙입니다.

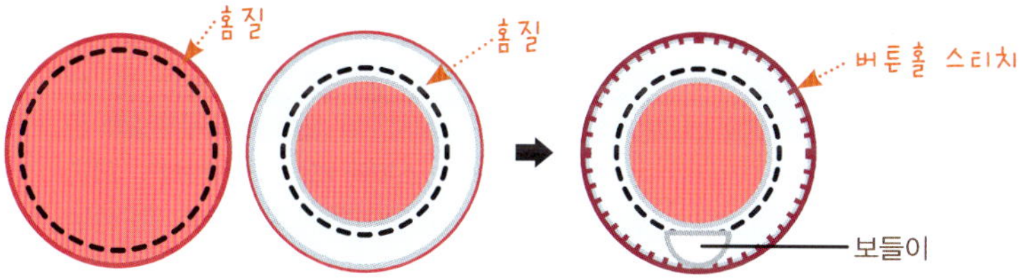

3 다른 겉면 1장의 가장자리에 홈질합니다(검정 실 2겹). 진분홍 안면 1장과 흰색 안면 1장을 겹쳐서 구멍 가장자리를 홈질합니다(검정 실 2겹). 겉면과 안면을 겹쳐서 가장자리를 버튼홀 스티치 하고(진분홍 실 2겹), 안면 아래쪽에 글루건으로 보들이를 붙입니다.

4 위아래로 여닫을 수 있도록 가운데 변 1cm 정도만 버튼홀 스티치 합니다(분홍 실 2겹).

신나는 셀프 쿠킹!
30
프라이팬 뒤집기 놀이

프라이팬 뒤집기 놀이 만들기

펠트 천 재단하기

빨강 : 프라이팬 바닥 3장, 프라이팬 옆면 2장, 프라이팬 손잡이 1장, 프라이팬 손잡이 동그라미 1장

파랑 : 프라이팬 손잡이 1장, 프라이팬 손잡이 동그라미 1장, 뒤집개 손잡이 2장

노랑 : 달걀 프라이 노른자 1장, 프라이팬 장식 별 6장

밤색 : 스테이크 2장, 스테이크 옆면 1장

연밤 : 스테이크 무늬 1장

흰색 : 달걀 프라이 흰자 1장, 달걀 프라이 노른자 무늬 1장, 생선 머리 2장

아이보리 : 뒤집개 2장

바다하늘 : 생선 몸통 2장

준비물

펠트 : 빨강, 파랑, 노랑, 밤색, 연밤, 흰색, 아이보리, 바다하늘

실 : 1(흰색), 6(노랑), 12(빨강), 17(파랑), 16(바다하늘), 21(연밤), 22(밤색), 26(검정)

부재료 : 바늘, 가위, 기화성펜, 방울솜, 퀼트솜, 접착제, 글루건

예상 재료비 : 9,500원   예상 제작 시간 : 4시간   완제품을 사려면 얼마나 하죠? : 35,000원

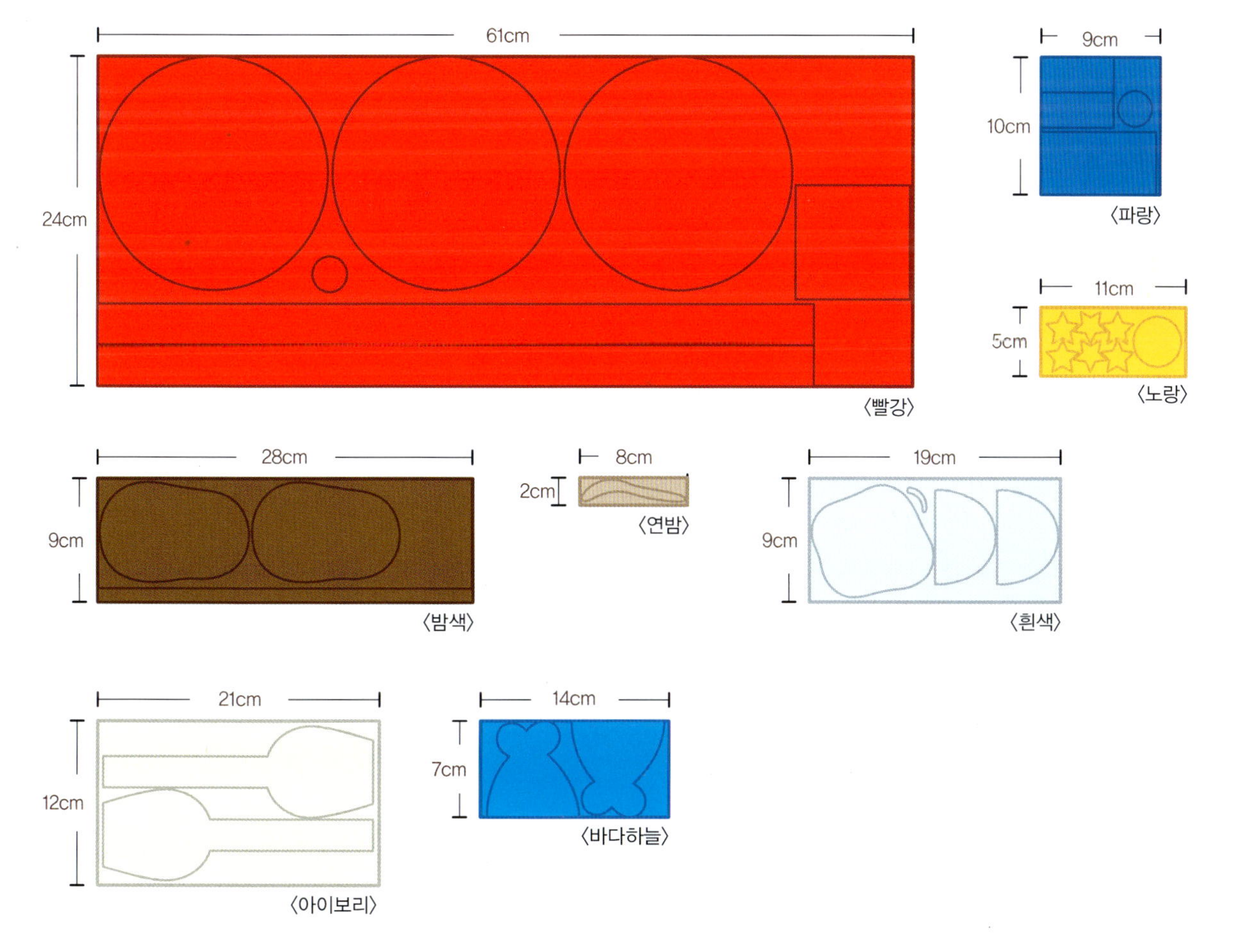

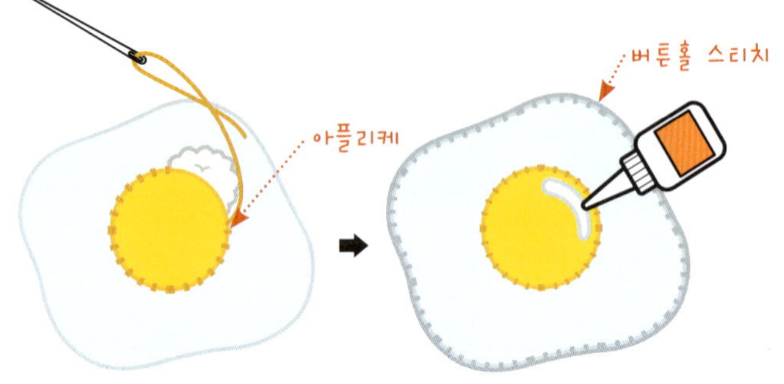

달걀 프라이 만들기

1 흰자 위에 노른자를 겹쳐서 가장자리를 아플리케 하다가 마무리 하기 전에 솜을 약간 넣습니다(노랑 실 1겹).

2 흰자 가장자리를 버튼홀 스티치 하고(흰색 실 1겹), 노른자 무늬는 접착제로 붙입니다.

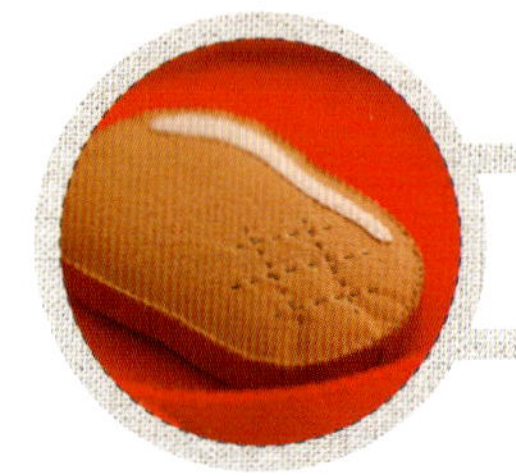
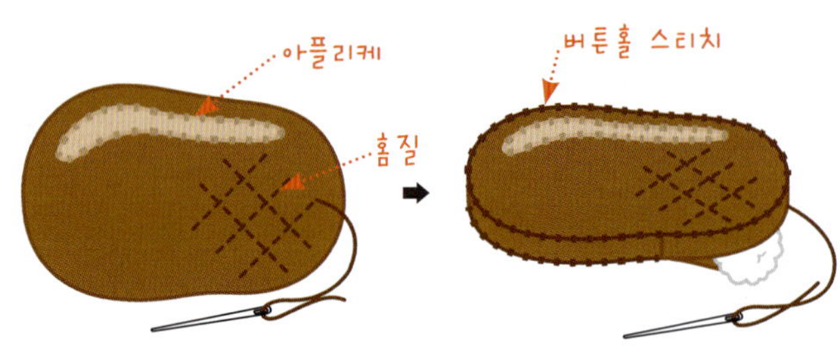

스테이크 만들기

1 스테이크 1장 위에 무늬를 아플리케 하고(연밤 실 1겹), 그릴 선은 홈 질합니다(밤색 실 2겹).

2 스테이크 2장과 옆면을 버튼홀 스티치로 연결합니다(밤색 실 1겹). 마무리하기 전에 창구멍으로 솜을 넣습니다.

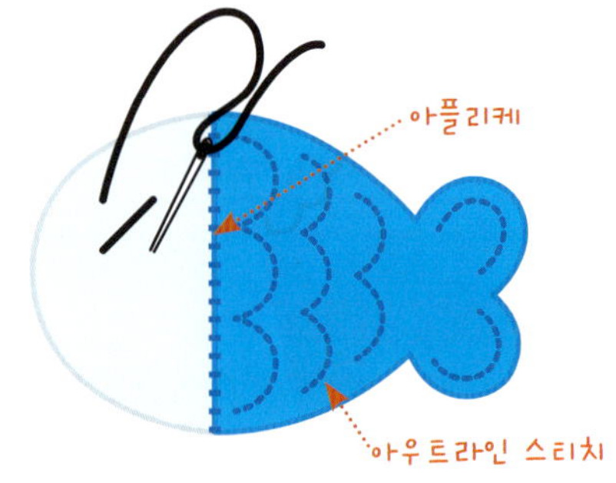
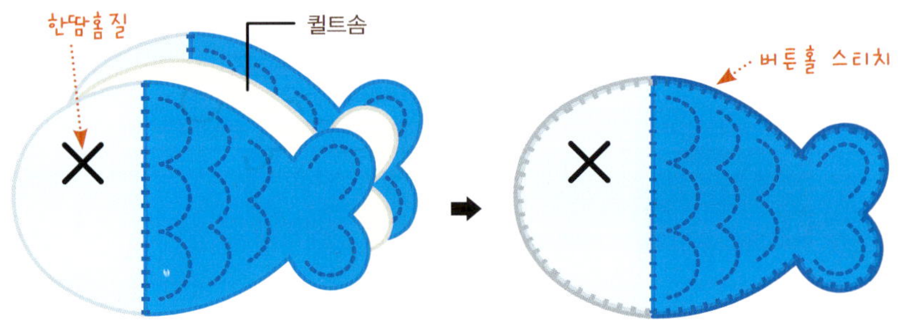

생선 만들기

1 머리 1장과 몸통 1장을 겹쳐서 아 플리케 합니다(바다하늘 실 1겹). 눈 은 한땀홈질(검정 실 4겹), 비늘 선 은 아웃라인 스티치 합니다(파랑 실 2겹). 같은 방법으로 하나를 더 만듭니다.

2 퀼트솜은 물고기보다 조금 작게 잘라서 물고기 2장 사이 에 넣고 가장자리를 버튼홀 스티치 합니다(머리는 흰색 실, 몸통은 파랑 실 1겹).

뒤집개 만들기

1 뒤집개 1장에 구멍 선을 홈질합니다(파랑 실 2겹). 손잡이 1장을 겹쳐서 아플리케 합니다(파랑 실 1겹). 같은 방법으로 하나를 더 만듭니다.

2 퀼트솜은 뒤집개보다 조금 작게 잘라서 뒤집개 2장 사이에 넣고 가장자리를 버튼홀 스티치 합니다(뒤집개는 흰색 실. 손잡이는 파랑 실 1겹).

프라이팬 만들기

1 빨강 손잡이와 파랑 손잡이를 겹쳐서 아플리케 하고, 원기둥 모양으로 말아 옆선을 버튼홀 스티치 합니다. 위아래 동그라미도 함께 버튼홀 스티치 합니다(빨강 실. 파랑 실 1겹). 동그라미 부분을 마무리하기 전에 솜을 넣습니다.

2 옆면 2장을 겹쳐서 윗변만 버튼홀 스티치 합니다(빨강 실 1겹). 바닥 3장 중 가운데 1장은 조금 작게 잘라서 끼워 넣고 접착제로 붙여줍니다.

3 바닥과 옆면을 버튼홀 스티치로 연결합니다(빨강 실 2겹). 손잡이와 장식 별은 글루건으로 붙입니다.

쌓기 놀이와 인자 놀이를 동시에!
31
샌드위치 놀이

샌드위치 놀이 만들기

펠트 천 재단하기

아이보리 : 식빵 4장

연노랑 : 치즈 2장

파스텔 연두 : 양상추 1장

빨강 : 토마토 겉 2장

연황토 : 식빵 옆면 4장

흰색 : 달걀 프라이 흰자 2장, 달걀 프라이 노른자 무늬 1장

녹색 : 오이 겉 6장

파스텔 밝은 연두 : 오이 속 3장

주황 : 토마토 속 5장

노랑 : 달걀 프라이 노른자 1장

준비물

펠트 : 아이보리, 연노랑, 파스텔 연두, 빨강, 연황토, 흰색, 녹색, 파스텔 밝은 연두, 주황, 노랑

실 : 1(흰색), 6(노랑), 7(주황), 12(빨강), 19(연두), 20(녹색)

부재료 : 바늘, 가위, 기화성펜, 방울솜, 접착제

예상 재료비 : 9,000원   예상 제작 시간 : 3시간   완제품을 사려면 얼마나 하죠? : 25,000원

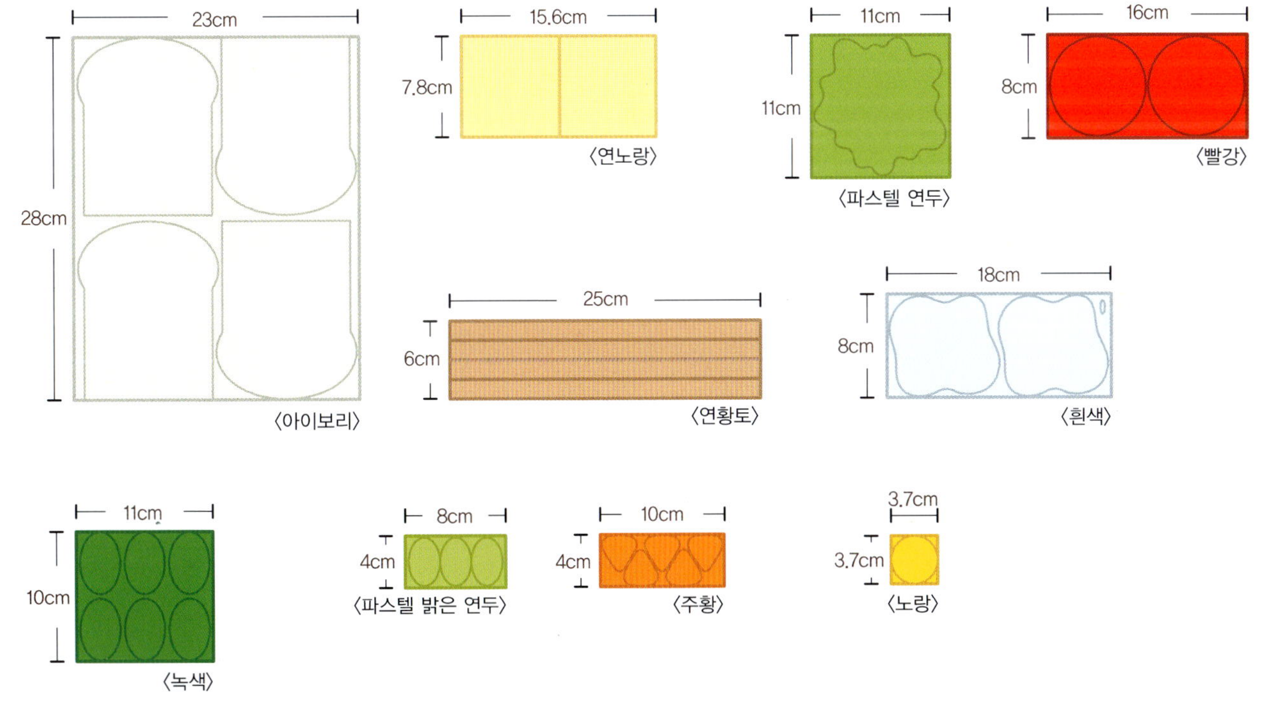

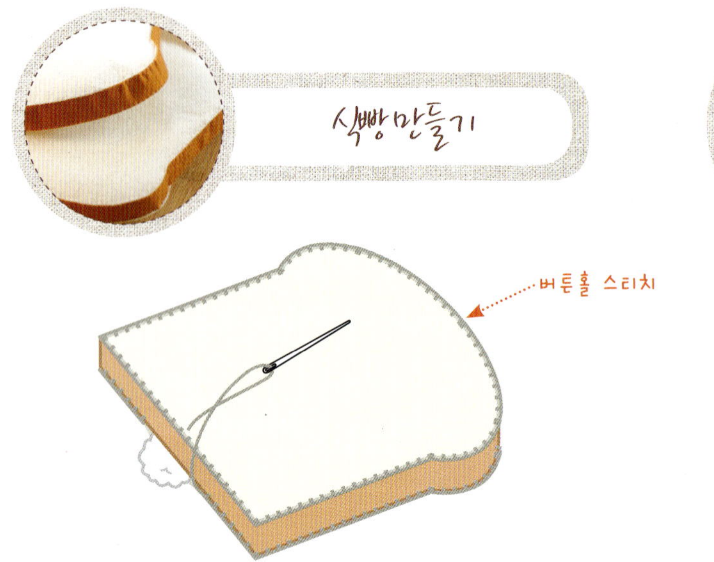

옆면 2장을 길게 이어서 식빵 2장과 버튼홀 스티치로 연결합니다 (흰색 실 1겹). 마무리하기 전에 솜을 넣습니다. 솜은 눌렀을 때 말랑할 정도로 넣습니다.

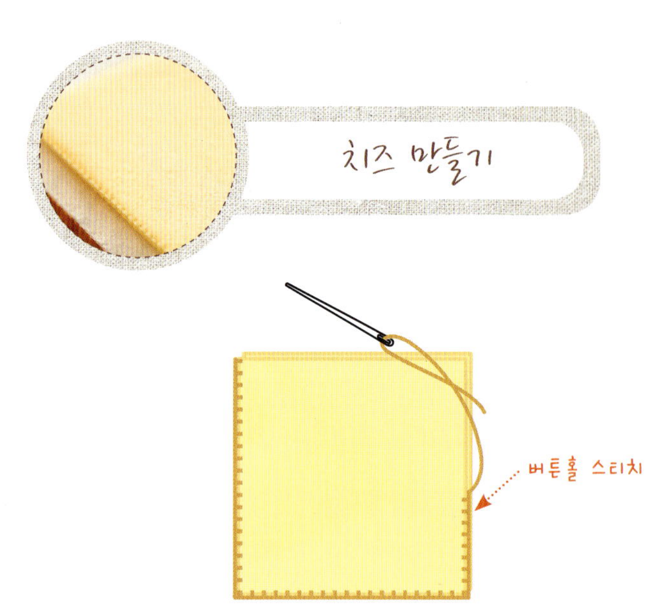

치즈 2장을 겹쳐서 가장자리를 버튼홀 스티치 합니다(노랑 실 1겹).

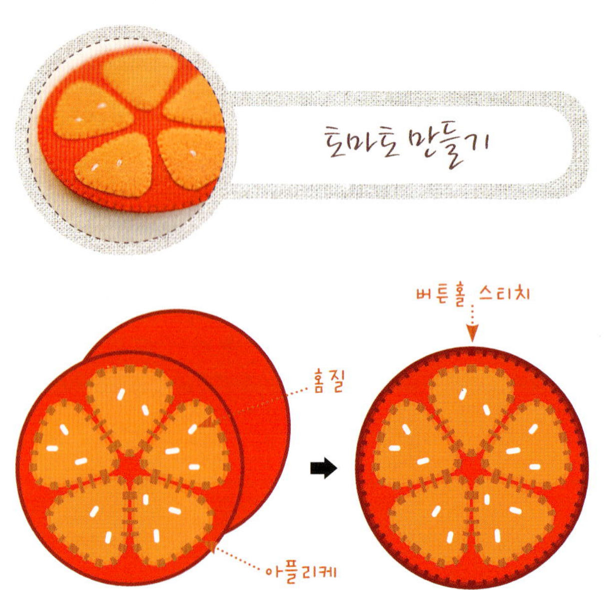

1 토마토 겉 1장 위에 토마토 속 5장을 겹쳐서 버튼홀 스티치 한 다음(주황 실 1겹), 한땀홈질로 씨를 표현합니다(흰색 실 4겹).

2 토마토 겉 1장을 더 겹쳐서 가장자리를 버튼홀 스티치 합니다(빨강 실 1겹).

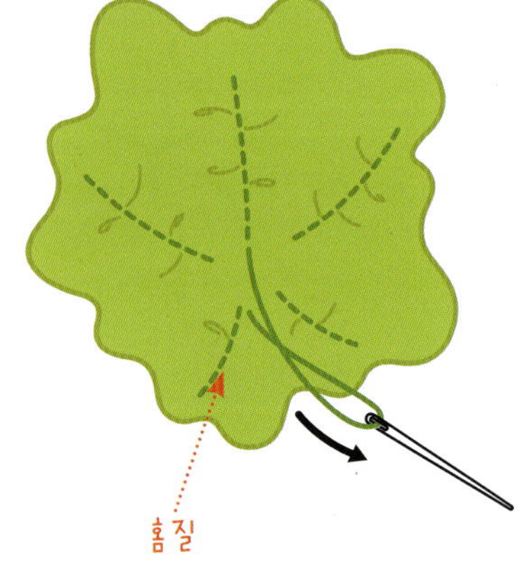

양상추 도안에 있는 선을 따라 5mm 간격으로 홈질한 다음(연두 실 2겹), 주름이 생기도록 살짝 당겨서 양상추 뒷면에서 마무리합니다.

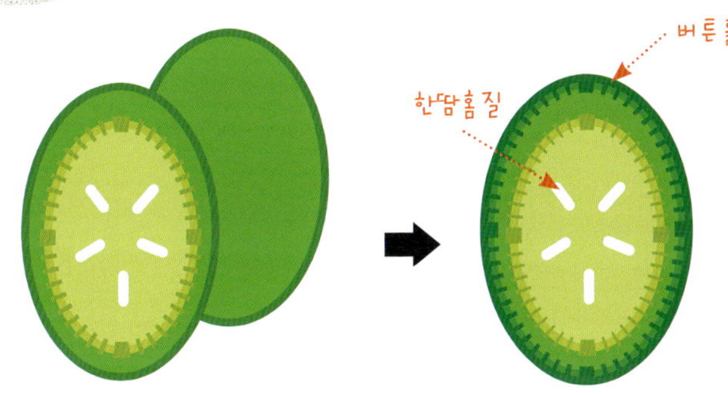

오이 겉 1장 위에 오이 속 1장을 겹쳐서 버튼홀 스티치 한 다음(연두 실 1겹), 한땀홈질로 씨를 표현합니다(흰색 실 4겹). 오이 겉 1장을 더 겹쳐서 가장자리를 버튼홀 스티치 합니다(녹색 실 1겹). 같은 방법으로 오이 2개를 더 만듭니다.

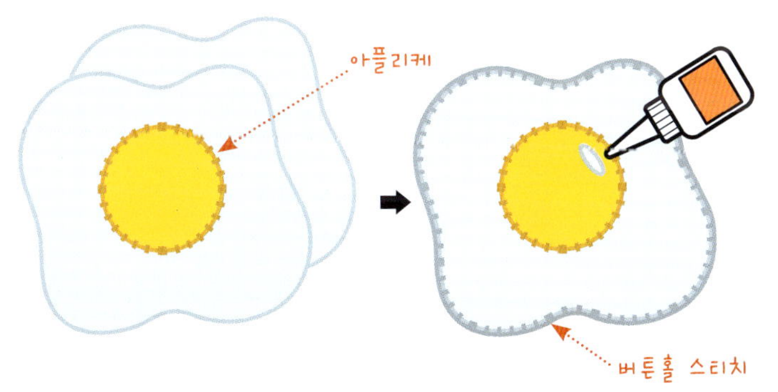

1 흰자 위에 노른자를 겹쳐서 가장자리를 아플리케 합니다(노랑 실 1겹).

2 흰자 2장을 겹쳐서 가장자리를 버튼홀 스티치 하고(흰색 실 1겹), 노른자 무늬는 접착제로 붙입니다.

32

다양한 모양을 만나요!

모양 나라 책

모양 나라 책 만들기

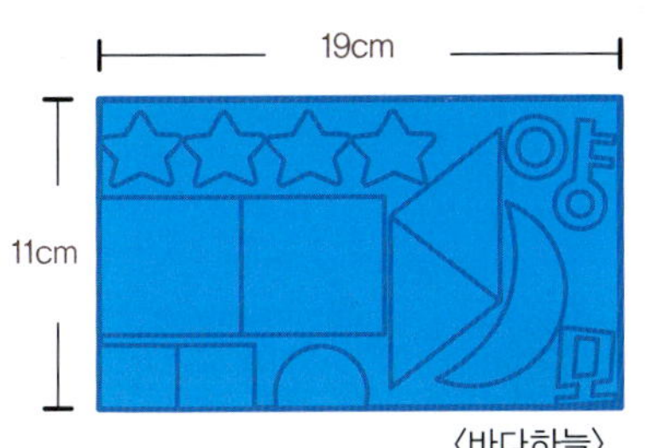

펠트 천 재단하기

백아이보리 : 38×19cm 바탕 6장, 3쪽 공 2장, 연결 끈 2장

빨강 : 1~2쪽 큰 동그라미 2장, 1쪽 작은 동그라미 1장, 2쪽 글자(동그라미), 3~4쪽 속지 1장, 3쪽 공 무늬 1장, 5쪽 나비 무늬 4장, 9쪽 별 4장, 11쪽 리본 매듭 동그라미 1장

연두 : 1쪽 세모 1장, 3쪽 수박 2장, 3쪽 수박 꼭지 1장, 4쪽 큰 세모 2장, 4쪽 글자(세모), 5~6쪽 속지 1장, 5쪽 나무 2장, 7쪽 텔레비전 버튼 1장, 7쪽 선물 2장, 11쪽 복숭아 잎 1장, 11쪽 복숭아 꼭지 1장, 11쪽 네잎클로버 줄기 1장, 11쪽 네잎클로버 잎 5장

파랑 : 3쪽 숫자(500), 3쪽 수박 줄무늬 2장, 5쪽 돛 무늬 1장, 6쪽 큰 네모 2장, 6쪽 글자(네모), 7~8쪽 속지 1장, 7쪽 텔레비전 1장, 연결 끈 장식 2장

노랑 : 1쪽 글자(나라), 3쪽 꽃 중심 2장, 3쪽 공 꼭지 2장, 5쪽 나무 기둥 1장, 5쪽 나비 날개 3장, 5쪽 아이스크림 콘 2장, 7쪽 텔레비전 버튼 1장, 8쪽 큰 별 2장, 8쪽 글자(별), 9쪽 별 6장, 11쪽 리본 하트 3장, 11쪽 리본 끈 2장

진분홍 : 3쪽 꽃잎 1장, 5쪽 아이스크림 1장, 7쪽 선물 포장 끈 2장, 7쪽 선물 포장 리본 1장, 10쪽 큰 하트 2장, 10쪽 글자(하트), 11쪽 복숭아 2장

회색 : 3쪽 동전 2장, 5쪽 돛단배 1장, 7쪽 텔레비전 화면 2장

바다하늘 : 1쪽 글자(모양), 3쪽 공 무늬 1장, 5쪽 아이스크림 1장, 5쪽 돛 2장, 7쪽 집 2장, 7쪽 자동차 창문 2장, 9쪽 별 4장

준비물

펠트 : 백아이보리, 빨강, 연두, 파랑, 노랑, 진분홍, 회색, 바다하늘

실 : 2(아이보리), 6(노랑), 10(진분홍), 12(빨강), 16(바다하늘), 17(파랑), 19(연두), 24(회색)

부재료 : 바늘, 가위, 기화성펜, 퀼트솜, 원형 벨크로(보들이&찍찍이), 가죽 끈, 면 끈, 접착제, 글루건, 펀치

예상 재료비 : 32,000원   예상 제작 시간 : 10시간   완제품을 사려면 얼마나 하죠? : 100,000원

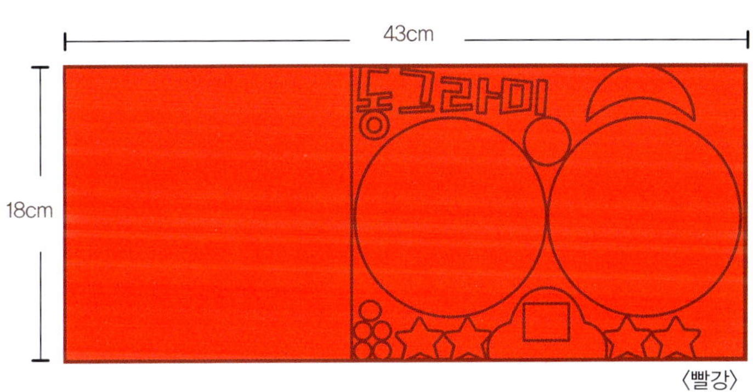

〈빨강〉

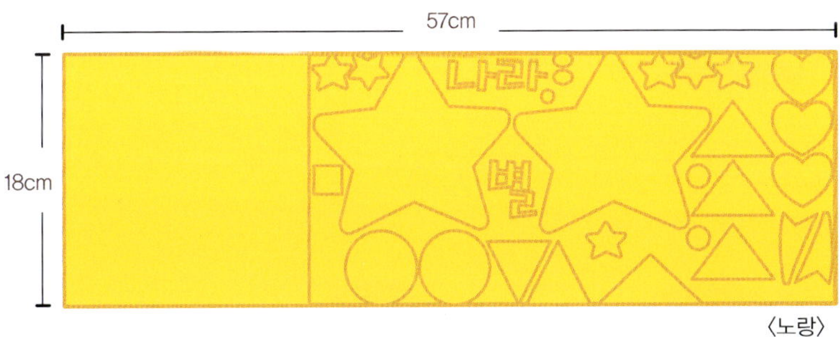

〈노랑〉

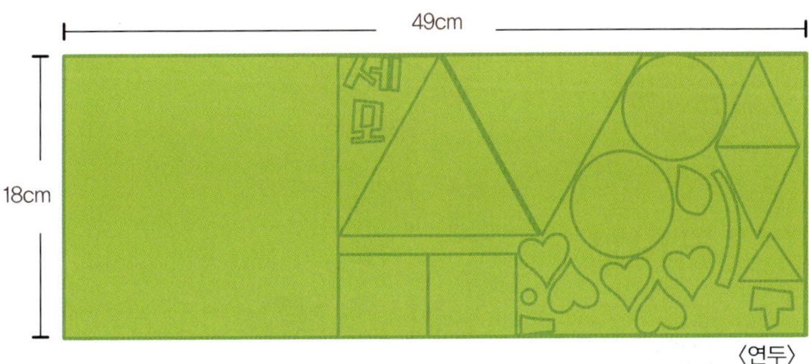

〈연두〉

〈바다하늘〉

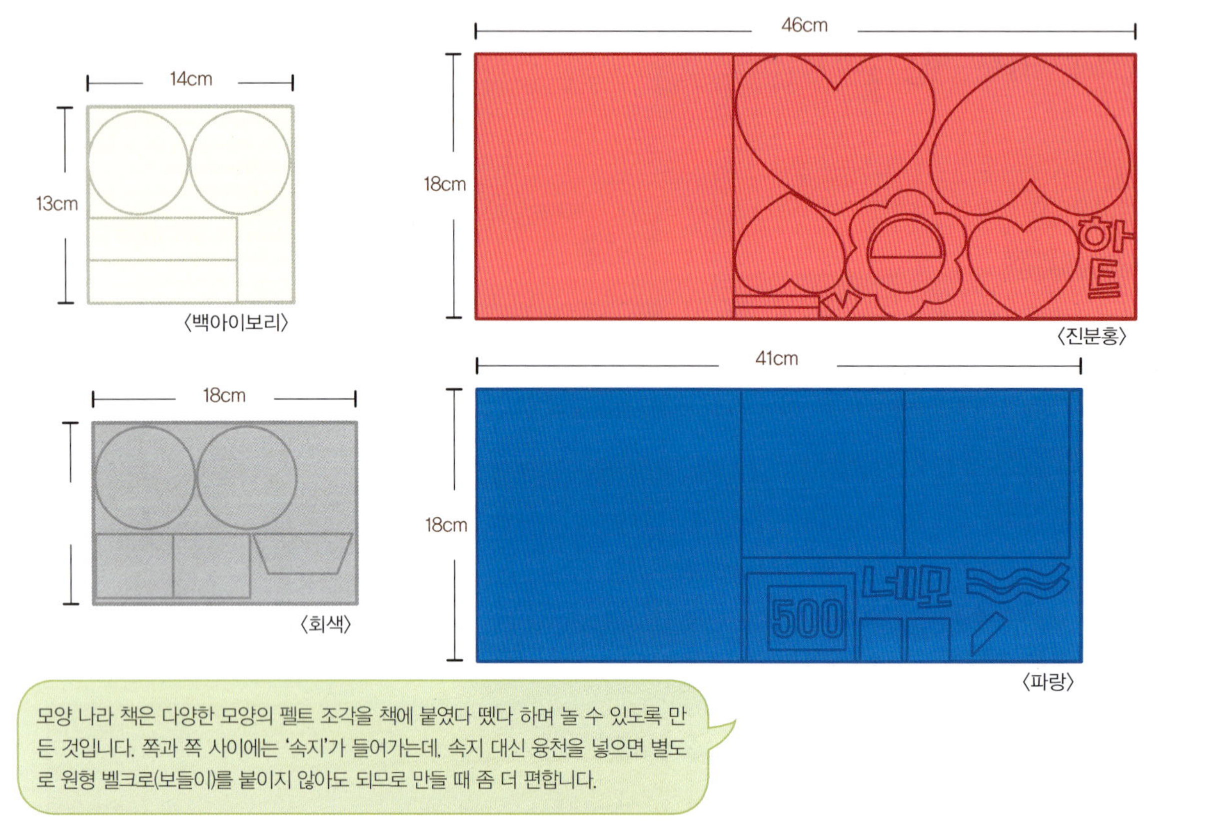

모양 나라 책은 다양한 모양의 펠트 조각을 책에 붙였다 뗐다 하며 놀 수 있도록 만든 것입니다. 쪽과 쪽 사이에는 '속지'가 들어가는데, 속지 대신 융천을 넣으면 별도로 원형 벨크로(보들이)를 붙이지 않아도 되므로 만들 때 좀 더 편합니다.

1~2쪽 만들기

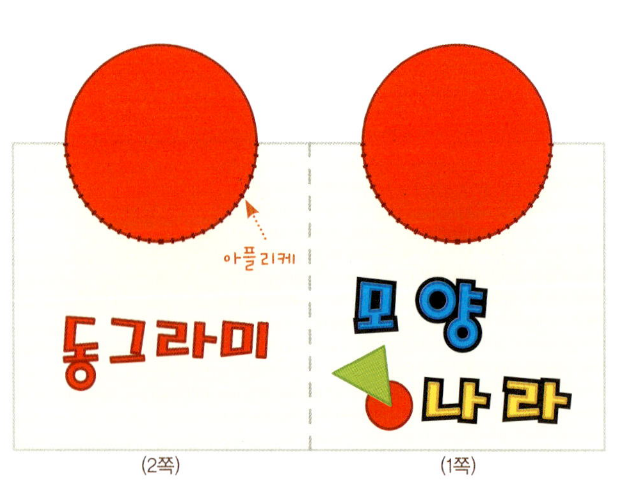

1 38×19cm 바탕 1장을 반으로 접었다 폅니다. 2쪽에 '동그라미'를, 1쪽에 '모양 나라'와 세모, 작은 동그라미를 글루건으로 붙입니다. 그림과 같이 바탕 위쪽에 큰 동그라미 2장을 겹쳐서 아래 반쪽 가장자리를 아플리케 합니다(빨강 실 1겹).

2 반을 접어 바탕 가장자리를 버튼홀 스티치 합니다(아이보리 실 1겹). 큰 동그라미 2장을 겹쳐서 나머지 반쪽 가장자리를 버튼홀 스티치 합니다(빨강 실 1겹).

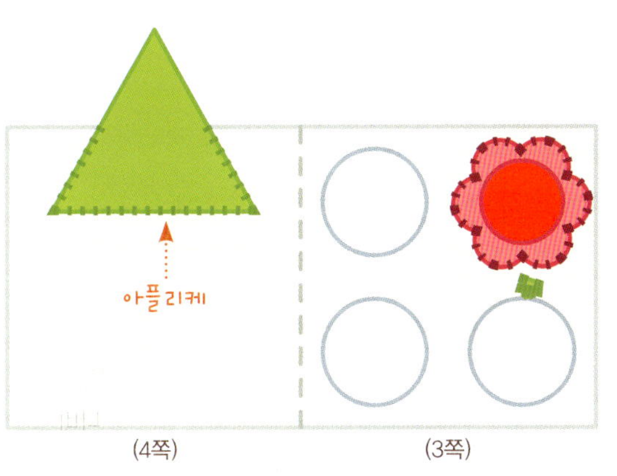

1 38×19cm 바탕 1장을 반으로 접었다 폅니다. 4쪽에 큰 세모 1장을 겹쳐서 아래 반쪽 가장자리를 아플리케 합니다(연두 실 1겹). 3쪽에 동그라미 구멍 4개를 뚫은 다음 꽃잎과 수박 꼭지를 아플리케 합니다(진분홍 실. 연두 실 1겹).

2 반을 접어 빨강 속지를 끼워 넣습니다. 바탕 가장자리를 버튼홀 스티치 하면서 큰 세모 1장을 끼워박기합니다(아이보리 실 1겹). 세모 윗부분은 2장을 겹쳐서 버튼홀 스티치 합니다(연두 실 1겹).

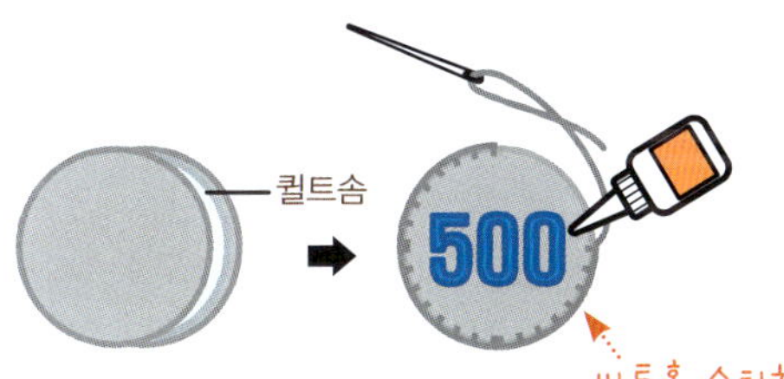

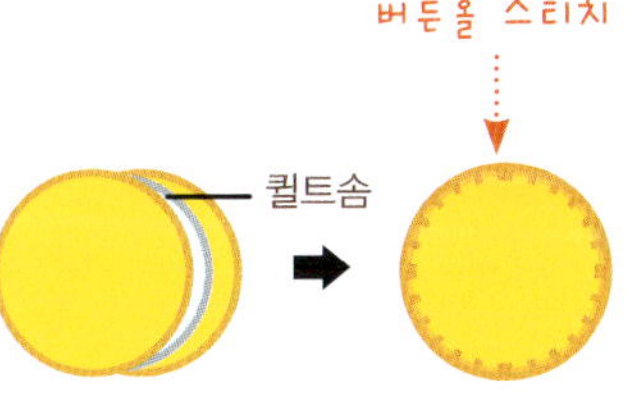

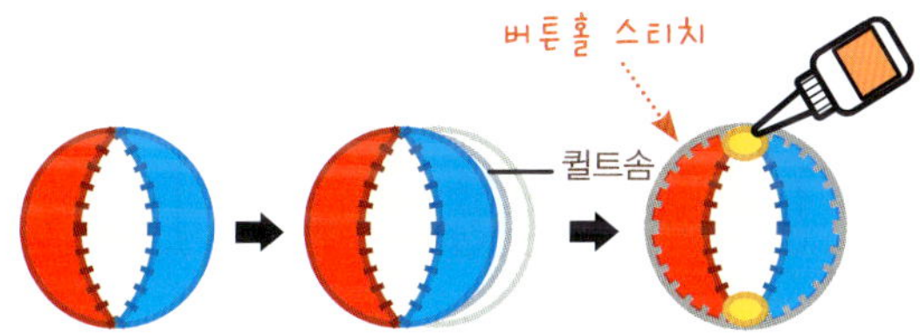

3 동전 2장 사이에 퀼트솜을 넣고 가장자리를 버튼홀 스티치 한 다음(회색 실 1겹), 숫자는 접착제로 붙입니다. 퀼트솜은 동전보다 2mm 정도 작게 자릅니다. 글루건으로 뒷면에 원형 찍찍이를 붙입니다.

4 꽃 중심 2장 사이에 퀼트솜을 넣고 가장자리를 버튼홀 스티치 합니다(노랑 실 1겹). 퀼트솜은 꽃 중심보다 2mm 정도 작게 자릅니다. 글루건으로 뒷면에 원형 찍찍이를 붙입니다.

5 백아이보리 공 1장 위에 무늬 2장을 아플리케 하고(빨강 실. 바다하늘 실 1겹), 공 2장 사이에 퀼트솜을 넣고 가장자리를 버튼홀 스티치 합니다(아이보리 실 1겹). 위아래에 노랑 꼭지 2장을 접착제로 붙입니다. 글루건으로 뒷면에 원형 찍찍이를 붙입니다.

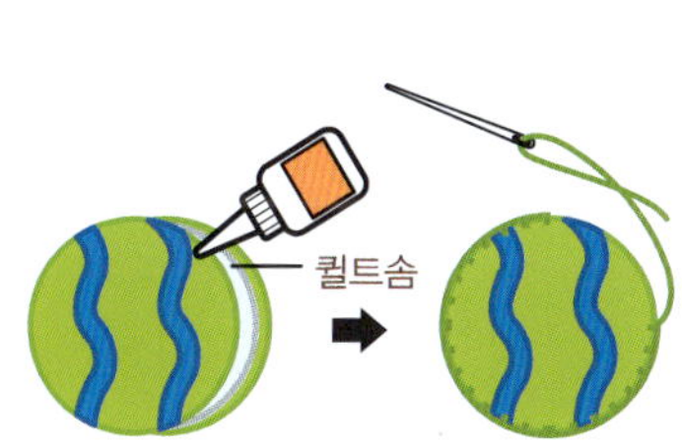

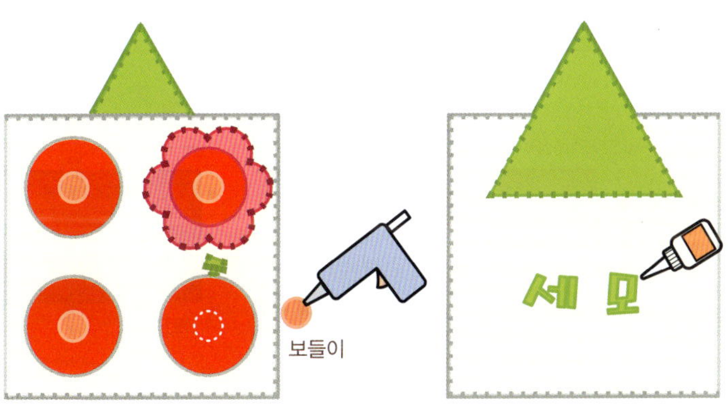

6 수박 1장 위에 줄무늬 2장을 접착제로 붙입니다. 수박 2장 사이에 퀼트솜을 넣고 가장자리를 버튼홀 스티치 합니다(연두 실 1겹). 글루건으로 뒷면에 원형 찍찍이를 붙입니다.

7 3쪽 빨강 구멍 위에 글루건으로 원형 보들이를 각각 붙입니다. 4쪽에 '세모'를 접착제로 붙입니다.

5~6쪽 만들기

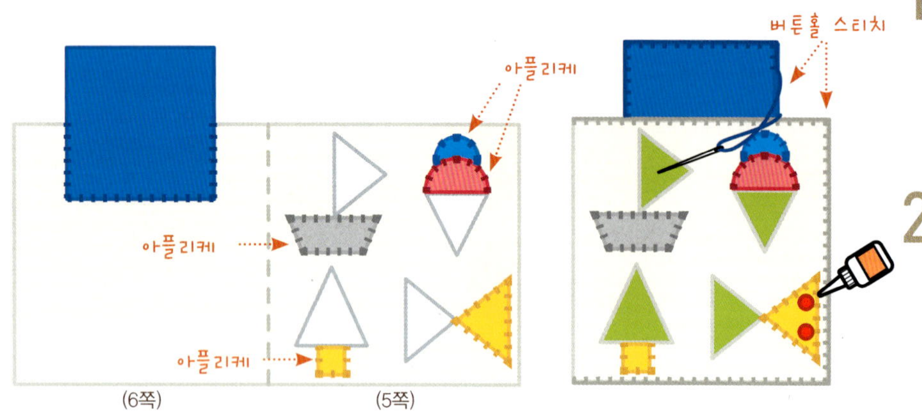

1 38×19cm 바탕 1장을 반으로 접었다 폅니다. 6쪽에 큰 네모 1장을 겹쳐서 아래 반쪽 가장자리를 아플리케 합니다(파랑 실 1겹). 5쪽에 세모 구멍 4개를 뚫은 다음 돛단배, 아이스크림, 나무 기둥, 나비 날개를 아플리케 합니다(펠트 천과 비슷한 색상의 실 사용).

2 반을 접어 연두 속지를 끼워 넣습니다. 바탕 가장자리를 버튼홀 스티치 하면서 큰 네모 1장을 끼워박기합니다(아이보리 실 1겹). 네모 윗부분은 2장을 겹쳐서 버튼홀 스티치 합니다(파랑 실 1겹). 나비 무늬 2장은 접착제로 붙입니다.

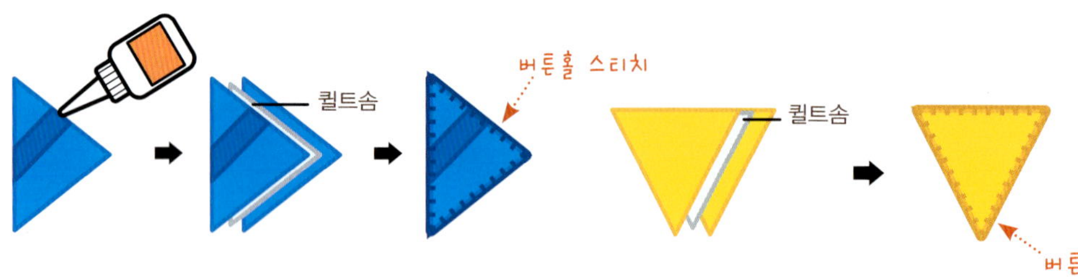

3 돛 1장 위에 돛 무늬 1장을 접착제로 붙입니다. 돛 2장 사이에 퀼트솜을 넣고 가장자리를 버튼홀 스티치 합니다(바다하늘 실 1겹). 퀼트솜은 돛보다 2mm 정도 작게 자릅니다. 글루건으로 뒷면에 원형 찍찍이를 붙입니다.

4 아이스크림 콘 2장 사이에 퀼트솜을 넣고 가장자리를 버튼홀 스티치 합니다(노랑 실 1겹). 글루건으로 뒷면에 원형 찍찍이를 붙입니다.

5 나무 2장 사이에 퀼트솜을 넣고 가장자리를 버튼홀 스티치 합니다(연두 실 1겹). 글루건으로 뒷면에 원형 찍찍이를 붙입니다.

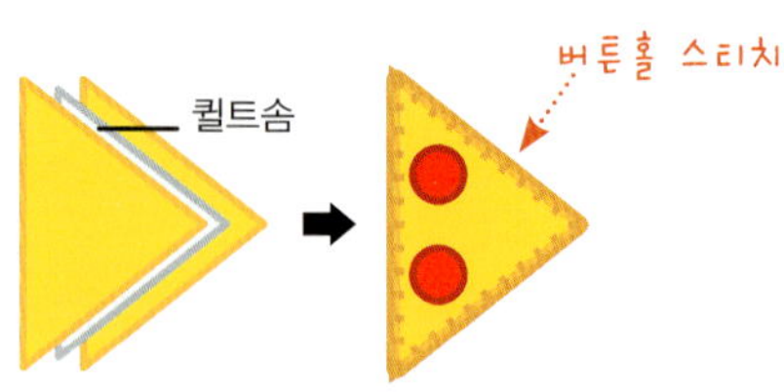

6 나비 날개 2장 사이에 퀼트솜을 넣고 가장자리를 버튼홀 스티치 하고(노랑 실 1겹), 접착제로 나비 무늬 2장을 붙입니다. 글루건으로 뒷면에 원형 찍찍이를 붙입니다.

7 5쪽 연두 구멍 위에 글루건으로 원형 보들이를 각각 붙입니다. 6쪽에 '네모'를 접착제로 붙입니다.

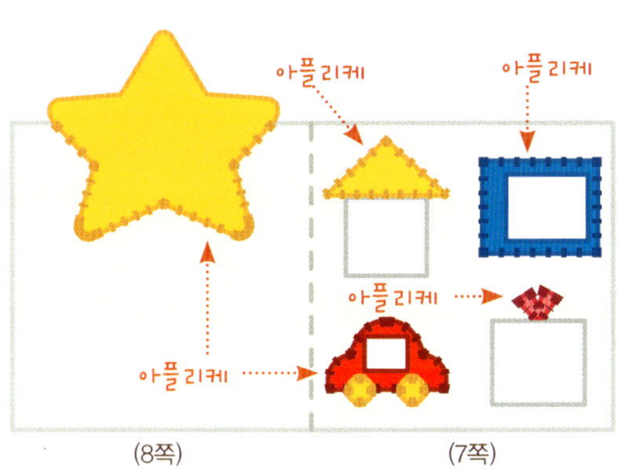

1 38×19cm 바탕 1장을 반으로 접었다 폅니다. 8쪽에 큰 별 1장을 겹쳐서 아래 반쪽 가장자리를 아플리케 합니다(노랑 실 1겹). 7쪽에 네모 구멍 4개를 뚫은 다음 지붕, 텔레비전, 자동차, 포장 끈을 아플리케 합니다(펠트 천과 비슷한 색상의 실 사용).

2 반을 접어 파랑 속지를 끼워 넣습니다. 바탕 가장자리를 버튼홀 스티치 하면서 큰 별 1장을 끼워박기합니다(아이보리 실 1겹). 별 윗부분은 2장을 겹쳐서 버튼홀 스티치 합니다(노랑 실 1겹). 텔레비전 버튼 2장은 접착제로 붙입니다.

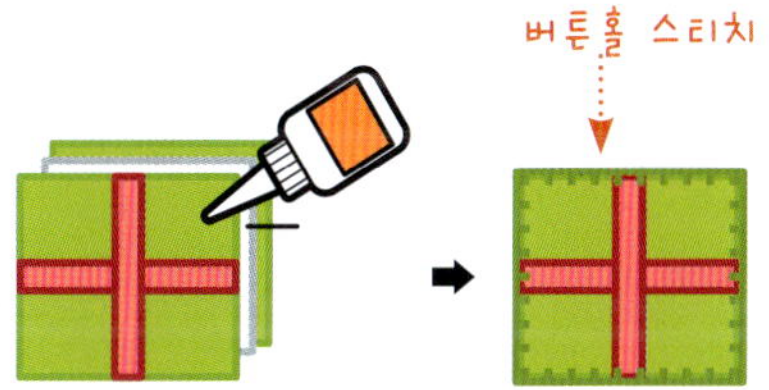

3 텔레비전 화면, 집, 자동차 창문은 각 2장 사이에 퀼트솜을 넣고 가장자리를 버튼홀 스티치 합니다(바다하늘 실, 회색 실 1겹). 글루건으로 뒷면에 원형 찍찍이를 붙입니다.

4 선물 1장 위에 선물 포장 끈 2장을 접착제로 붙입니다. 선물 2장 사이에 퀼트솜을 넣고 가장자리를 버튼홀 스티치 합니다(연두 실 1겹). 글루건으로 뒷면에 원형 찍찍이를 붙입니다.

5 7쪽 파랑 구멍 위에 글루건으로 원형 보들이를 각각 붙입니다. 8쪽에 '별'을 접착제로 붙입니다.

9~10쪽 만들기

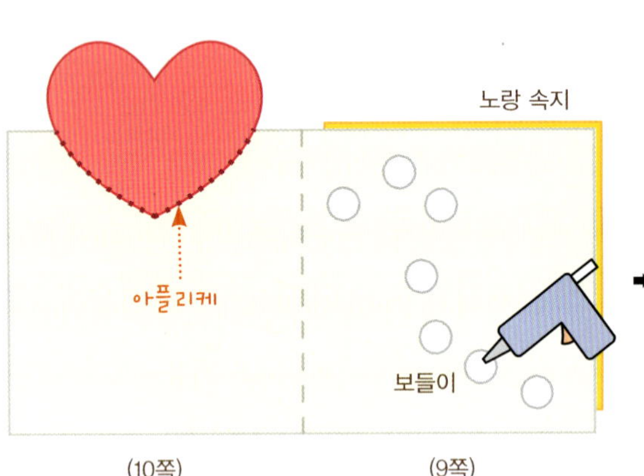

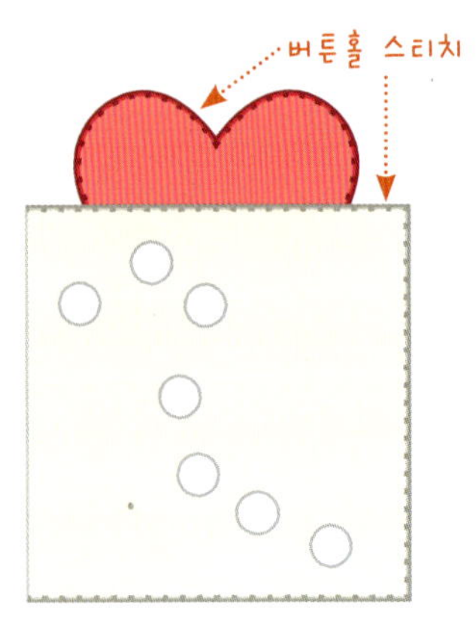

1 38×19cm 바탕 1장을 반으로 접었다 폅니다. 10쪽에 큰 하트 1장을 겹쳐서 아래 반쪽 가장자리를 아플리케 합니다(진분홍 실 1겹). 9쪽에 북두칠성 모양으로 원형 보들이를 글루건으로 붙입니다.

2 반을 접어 노랑 속지를 끼워 넣습니다. 바탕 가장자리를 버튼홀 스티치 하면서 큰 하트 1장을 끼워박기합니다(아이보리 실 1겹). 하트 윗부분은 2장을 겹쳐서 버튼홀 스티치 합니다(진분홍 실 1겹).

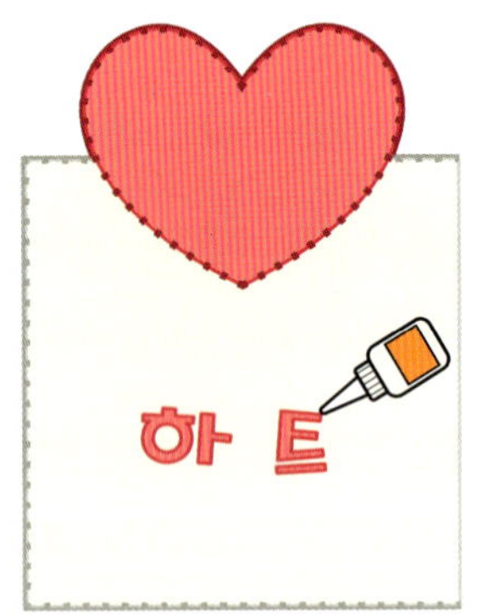

3 10쪽에 '하트'를 접착제로 붙입니다.

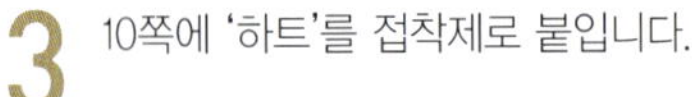

4 별 2장씩 가장자리를 버튼홀 스티치 하면서 면 끈을 위의 그림과 같이 끼워박기합니다. 별 간격은 원형 보들이 간격과 똑같이 합니다. 별 7개의 뒷면에 각각 원형 찍찍이를 글루건으로 붙입니다.

연결 끈과 11쪽 만들기

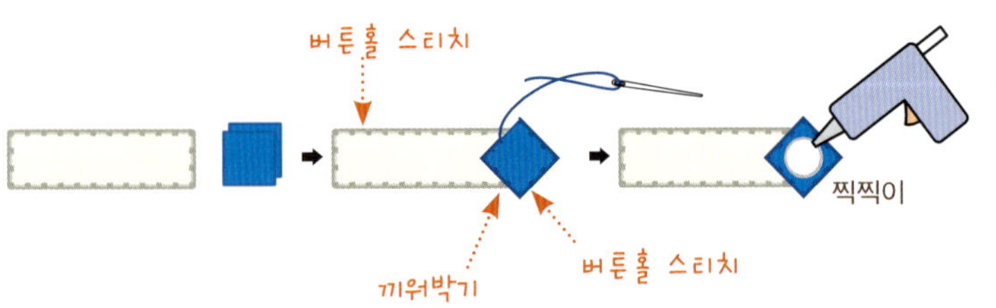

1 백아이보리 연결 끈 2장을 겹쳐서 가장자리를 버튼홀 스티치 합니다(아이보리 실 1겹). 파랑 연결 끈 장식 2장을 겹쳐서 버튼홀 스티치 하면서 연결 끈을 끼워박기합니다(파랑 실 1겹). 장식 뒷면에 원형 찍찍이를 글루건으로 붙입니다.

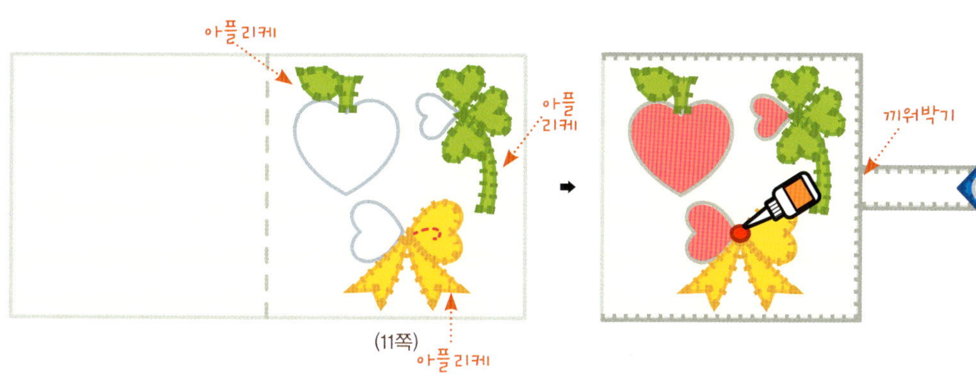

2 38×19cm 바탕 1장을 반으로 접었다 폅니다. 11쪽에 하트 구멍 3개를 뚫은 다음 복숭아 잎, 복숭아 꼭지, 네잎클로버 잎, 네잎클로버 줄기, 리본 하트, 리본 끈을 아플리케 합니다(펠트 천과 비슷한 색상의 실 사용). 리본 구김 선은 아우트라인 스티치 합니다(빨강 실 1겹).

3 반을 접어 진분홍 속지를 끼워 넣습니다. 바탕 가장자리를 버튼홀 스티치 하면서 연결 끈을 끼워박기합니다(아이보리 실 1겹). 리본 매듭 동그라미는 접착제로 붙입니다.

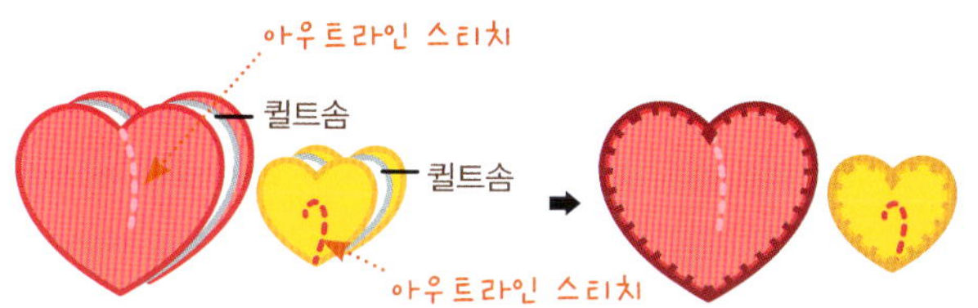

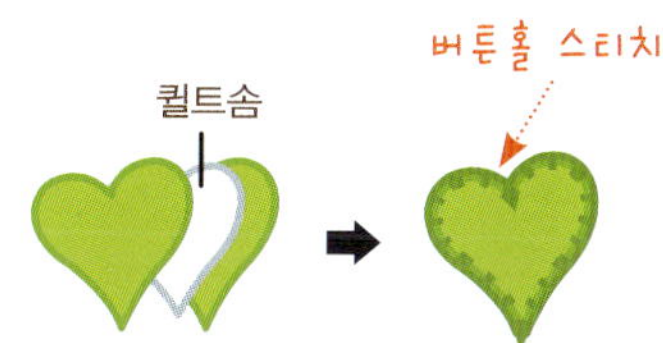

4 복숭아와 리본 하트는 각 2장 사이에 퀼트솜을 넣고 가장자리를 버튼홀 스티치 합니다(진분홍 실, 노랑 실 1겹). 퀼트솜은 복숭아와 리본 하트보다 2mm 정도 작게 자릅니다. 리본 구김 선은 아우트라인 스티치 합니다(빨강 실 1겹). 글루건으로 뒷면에 원형 찍찍이를 붙입니다.

5 네잎클로버 잎 2장 사이에 퀼트솜을 넣고 가장자리를 버튼홀 스티치 합니다(연두 실 1겹). 글루건으로 뒷면에 원형 찍찍이를 붙입니다.

6 11쪽 진분홍 구멍 위에 글루건으로 원형 보들이를 각각 붙입니다.

완성하기

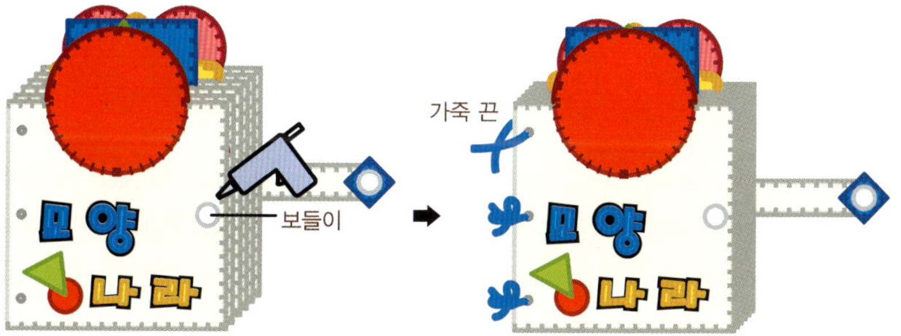

1 1쪽에 원형 보들이를 글루건으로 붙입니다. 연결 끈의 원형 찍찍이와 잘 맞는 위치에 붙입니다.

2 모든 쪽의 왼쪽에 펀치로 구멍을 뚫고 가죽 끈을 통과시켜 묶습니다.

33

빨강, 노랑, 파랑!

컬러북

컬러북 만들기

펠트 천 재단하기

하늘 : red 바탕 1장

연노랑 : orange 바탕 1장

빨강 : 뒤표지 바탕 1장, 연결 끈 2장, yellow 바탕 1장, red 연필 1장, red 딸기 1장, red 소방차 1장, red 글자, 표지 글자(o), 표지 연필 1장

분홍 : green 바탕 1장

파스텔 하늘 : blue 바탕 1장

연두 : purple 바탕 1장

파랑 : white 바탕 1장, blue 연필 1장, blue 구름 1장, blue 풍선 1장, blue 글자, purple 가지 꼭지 1장, black 물줄기 1장, 표지 글자(i), 표지 연필 1장

흰색 : 앞표지 바탕 1장, black 바탕 1장, white 연필 1장, white 양 몸통 1장, white 양 머리 1장, white 눈사람 1장, white 글자, black 자동차 창문 1장, black 고래 배 1장

녹색 : red 딸기 꼭지 1장, orange 당근 줄기 1장, green 연필 1장, green 수박 1장, green 나무 1장, green 글자, 표지 글자(r)

아이보리 : 연필 머리 11장, red 소방차 창문 1장, orange 오렌지 속 1장

검정 : red 사다리 1장, red 바퀴 2장, white 눈사람 모자 1장, black 연필 1장, black 자동차 1장, black 고래 1장, black 글자

주황 : orange 연필 1장, orange 오렌지 겉 1장, orange 오렌지 알맹이 5장, orange 글자, orange 당근 1장, white 눈사람 코 1장

노랑 : 연결 천 4장, yellow 연필 1장, yellow 별 1장, yellow 바나나 1장, yellow 글자, white 양 얼굴 1장, 표지 글자(o), 표지 연필 1장

밤색 : green 나무 기둥 1장, white 양 뿔 2장

보라 : purple 연필 1장, purple 포도 1장, purple 가지 1장, purple 글자, 표지 글자(c)

연보라 : purple 포도 알 2장

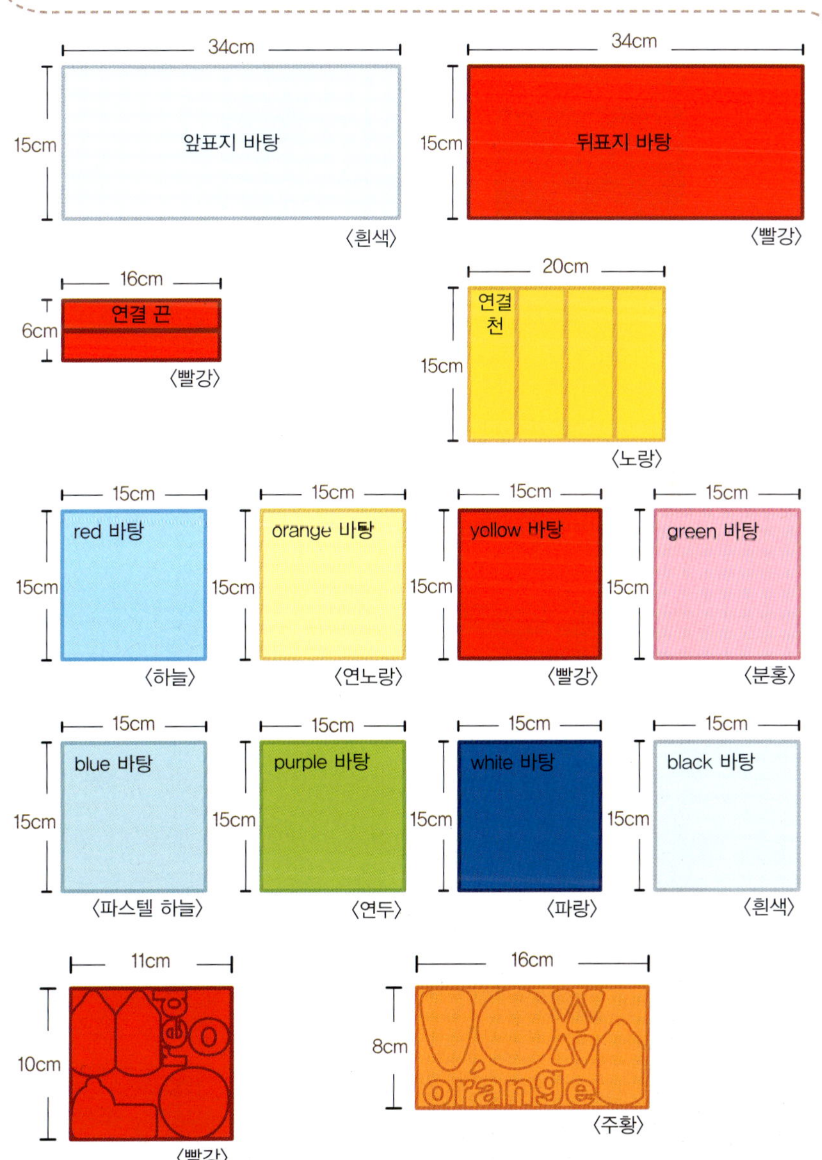

준비물

펠트 : 하늘, 연노랑, 빨강, 분홍, 연두, 파랑, 흰색, 녹색, 아이보리, 검정, 주황, 노랑, 밤색, 보라, 연보라

실 : 1(흰색), 6(노랑), 7(주황), 12(빨강), 14(보라), 17(파랑), 20(녹색), 22(밤색), 26(검정)

부재료 : 바늘, 가위, 기화성펜, 가죽 끈, 접착제, 글루건, 펀치

예상 재료비 : 22,000원   예상 제작 시간 : 10시간   완제품을 사려면 얼마나 하죠? : 80,000원

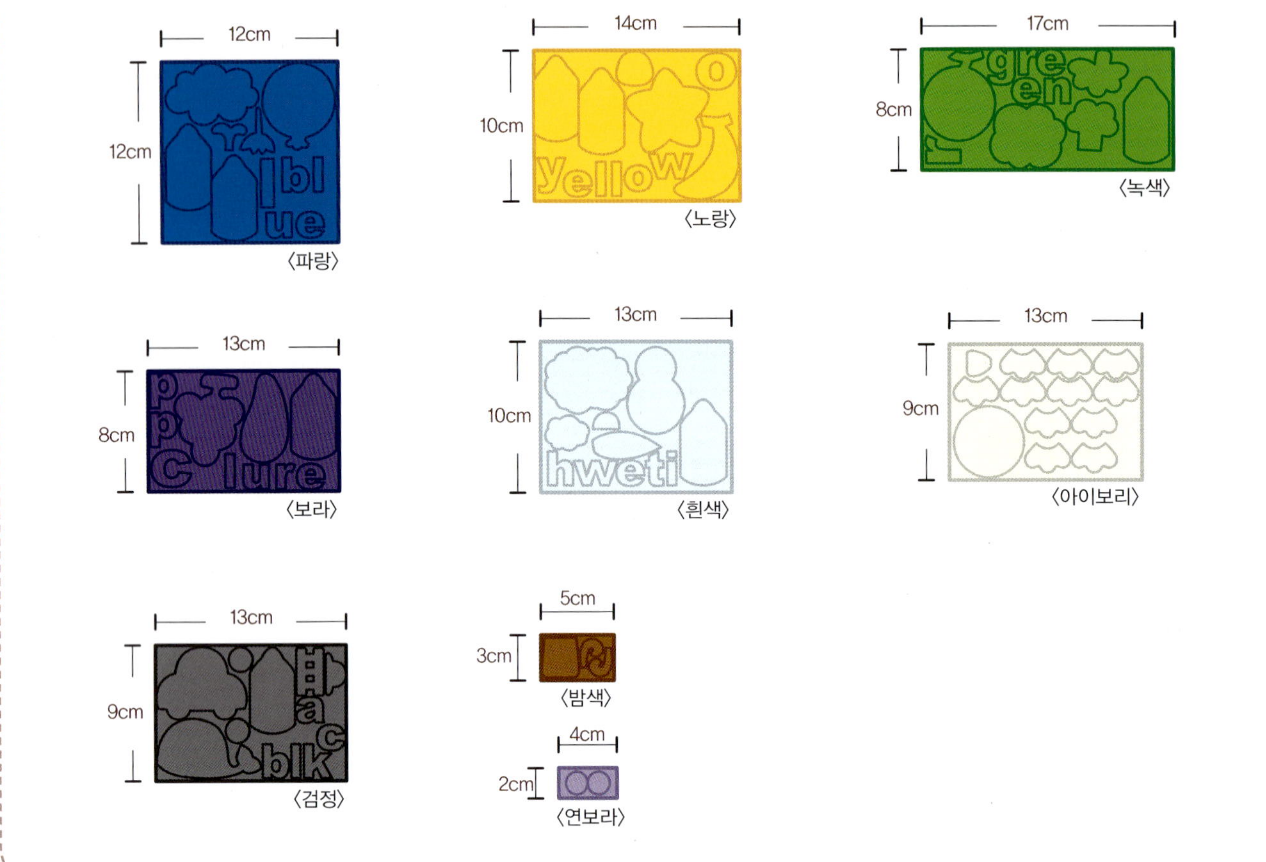

12cm
12cm
blue
〈파랑〉
14cm
10cm
yellow
〈노랑〉
17cm
8cm
green
〈녹색〉
13cm
8cm
purple
〈보라〉
13cm
10cm
hweti
〈흰색〉
13cm
9cm
〈아이보리〉
13cm
9cm
black
〈검정〉
5cm
3cm
〈밤색〉
4cm
2cm
〈연보라〉

red 만들기

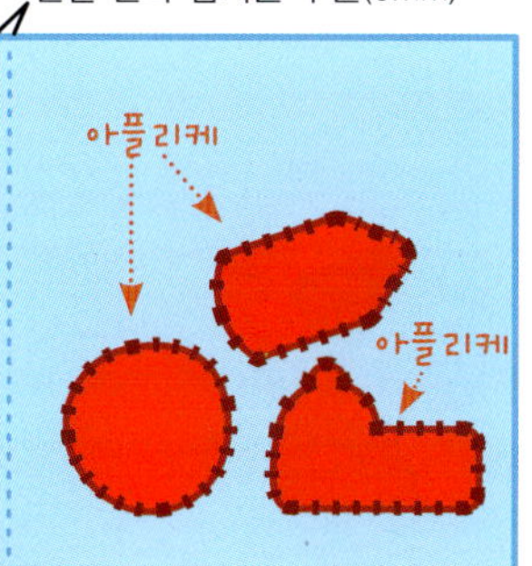

마지막에 완성할 때 왼쪽(또는 오른쪽) 부분에 연결 천을 덧대야 하므로 5mm 정도 여유를 둡니다. 점선으로 표시하였으므로 주의합니다.

1 바탕 위에 연필, 딸기, 소방차를 아플리케 합니다(빨강 실 1겹).

2 딸기 꼭지, 연필 머리, 소방차 창문, 사다리, 바퀴를 아플리케 합니다(펠트 천과 비슷한 색상의 실 사용).

3 딸기 씨는 프렌치 너트 스티치 하고(검정 실 4겹), 바퀴 선은 한땀홈질합니다(흰색 실 4겹). 글자 'red'는 접착제로 붙입니다.

orange 만들기

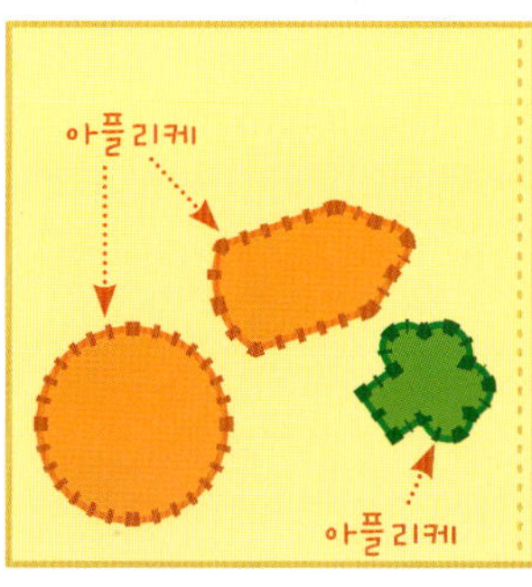

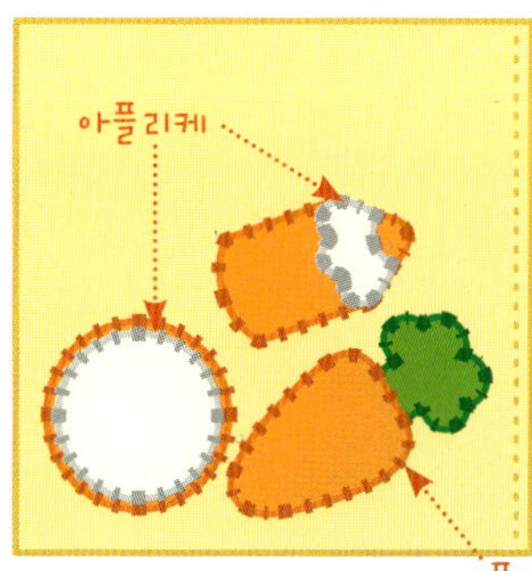

1 바탕 위에 연필, 오렌지 겉, 당근 줄기를 아플리케 합니다(주황 실, 녹색 실 1겹).

2 연필 머리, 오렌지 속, 당근을 아플리케 합니다(흰색 실, 주황 실 1겹).

3 오렌지 알맹이 5장을 아플리케 하고(주황 실 1겹), 글자 'orange'를 접착제로 붙입니다.

yellow 만들기

green 만들기

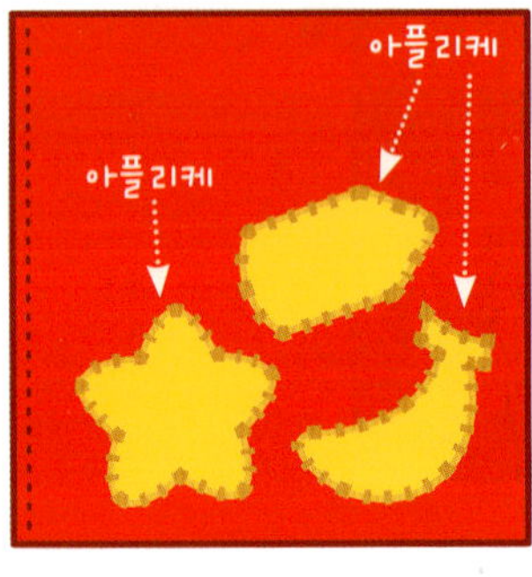
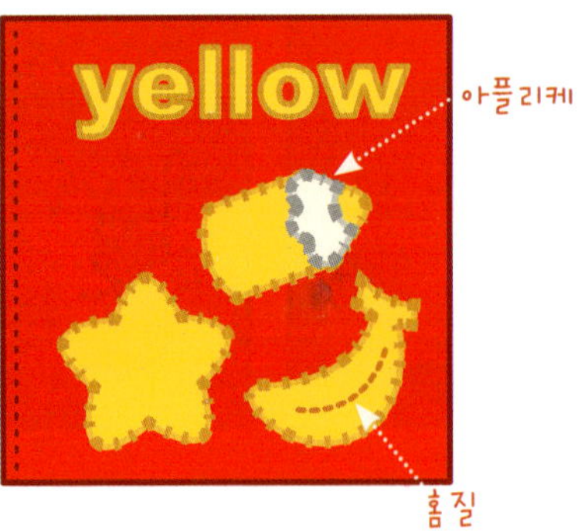

1 바탕 위에 연필, 별, 바나나를 아플리케 합니다(노랑 실 1겹).

2 연필 머리를 아플리케 하고(흰색 실 1겹), 바나나 무늬는 홈질합니다 (주황 실 4겹). 글자 'yellow'는 접착제로 붙입니다.

1 바탕 위에 연필, 수박, 나무 기둥을 아플리케 합니다(녹색 실. 밤색 실 1겹).

2 연필 머리, 나무를 아플리케 하고(흰색 실. 밤색 실 1겹), 수박 줄무늬 는 홈질합니다(검정 실 2겹). 글자 'green'은 접착제로 붙입니다.

blue 만들기

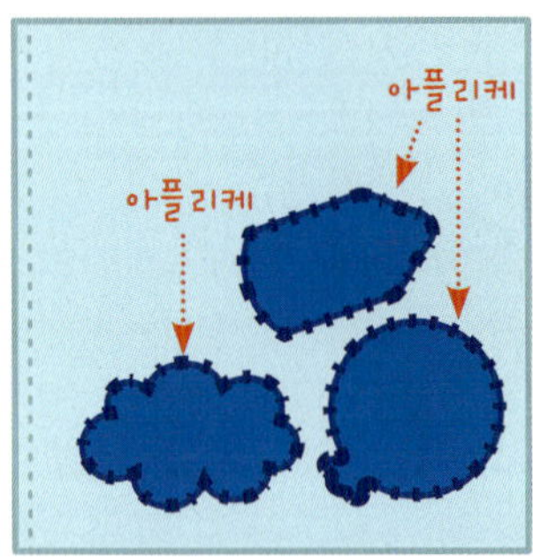

1 바탕 위에 연필, 구름, 풍선을 아플리케 합니다(파랑 실 1겹).

2 연필 머리를 아플리케 하고(흰색 실 1겹), 구름 눈은 프렌치 너트 스티 치, 입 모양과 풍선 무늬는 홈질합니다(흰색 실 4겹). 글자 'blue'는 접착 제로 붙입니다.

purple 만들기

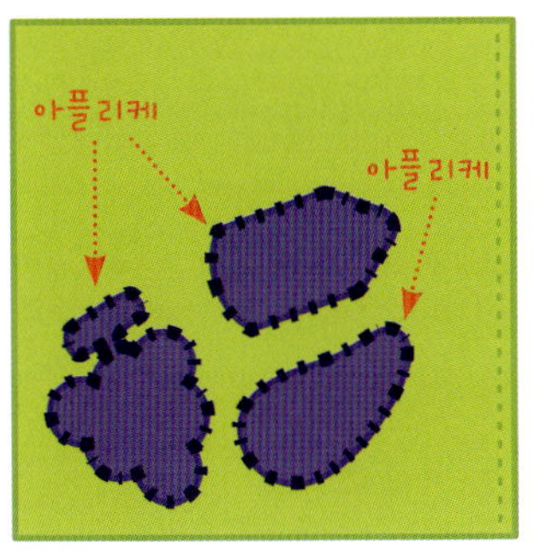

1 바탕 위에 연필, 포도, 가지를 아플리케 합니다(보라 실 1겹).

2 연필 머리와 포도 알, 가지 꼭지를 아플리케 합니다(펠트 천과 비슷한 색상의 실 사용). 글자 'purple'은 접착제로 붙입니다.

white 만들기

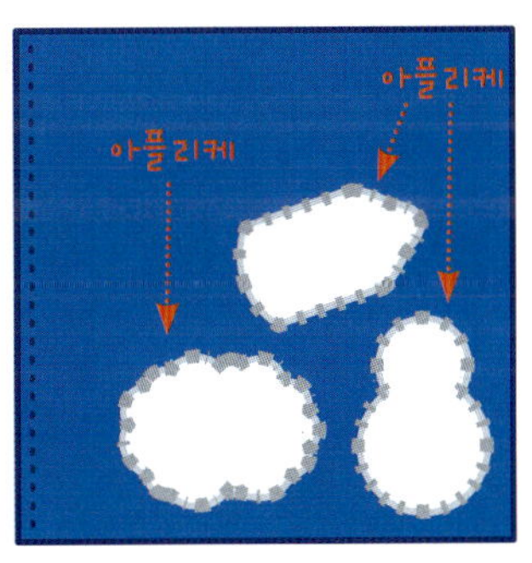

1 바탕 위에 연필, 양 몸통, 눈사람을 아플리케 합니다(흰색 실 1겹).

2 연필 머리, 양 얼굴, 양 뿔, 눈사람 코를 아플리케 합니다(펠트 천과 비슷한 색상의 실 사용).

3 양 머리, 눈사람 모자를 아플리케 하고(흰색 실, 검정 실 1겹), 양과 눈사람 눈은 프렌치 너트 스티치 합니다(검정 실 4겹). 글자 'white'는 접착제로 붙입니다.

black 만들기

1 바탕 위에 연필, 자동차, 고래, 물줄기를 아플리케 합니다(검정 실, 파랑 실 1겹).

2 연필 머리, 자동차 창문, 고래 배를 아플리케 하고(흰색 실 1겹), 고래 눈은 프렌치 너트 스티치를(흰색 실 4겹), 배 무늬는 홈질합니다(검정 실 4겹).

표지 만들기

1 검정 자투리 펠트 천 위에 표지 글자(color)를 글루건으로 붙입니다. 글자 테두리를 2mm 정도 크게 자릅니다.

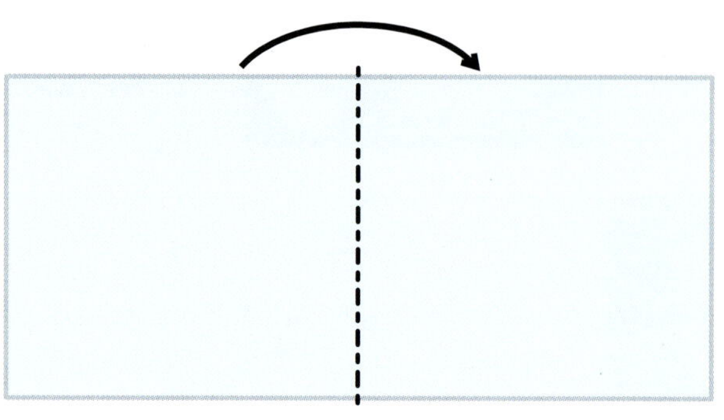

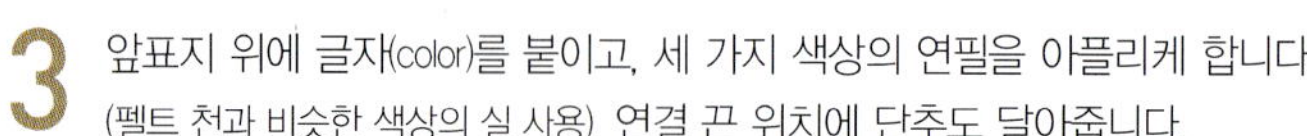

2 앞표지 바탕을 반으로 접어 가장자리를 버튼홀 스티치 합니다(흰색 실 4겹).

3 앞표지 위에 글자(color)를 붙이고, 세 가지 색상의 연필을 아플리케 합니다 (펠트 천과 비슷한 색상의 실 사용). 연결 끈 위치에 단추도 달아줍니다.

1 orange 오른쪽과 red 왼쪽에 연결 천 1장을 5mm씩 겹쳐서 아플리케로 연결합니다(노랑 실 1겹).

2 반으로 접어 가장자리를 모두 버튼홀 스티치 합니다(노랑 실 1겹). 같은 방법으로 나머지도 만 듭니다.

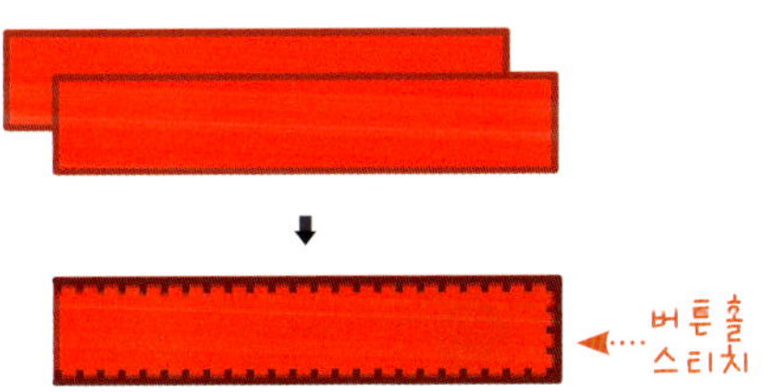

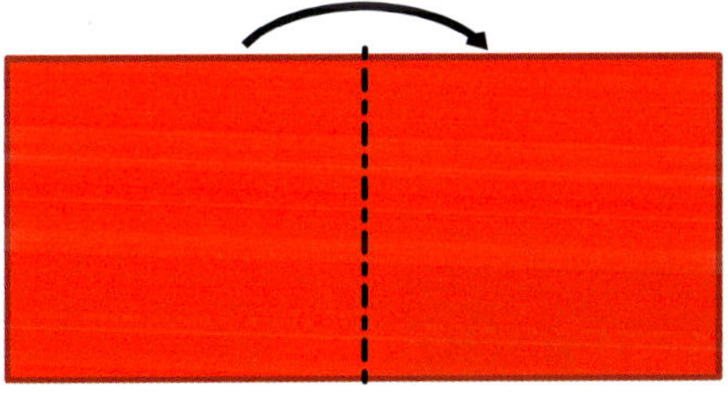

3 연결 끈 2장을 겹쳐서 가장자 리를 버튼홀 스티치 합니다(빨 강 실 1겹).

4 뒤표지 바탕을 반으로 접어 가장자리를 버튼홀 스티치 하다가 연결 끈을 끼워박기합니다(빨강 실 1겹). 단 추가 들어갈 구멍은 칼로 오려줍니다.

5 모든 쪽의 왼쪽에 펀치로 구멍을 뚫고 가죽 끈을 통 과시켜 묶습니다.

No 009

친절한 니들펠트 DIY

펠트하우스 지음
282쪽/ 19,800원(동영상 강
의 DVD, 실물본 포함)

No 010

친절한 천연비누 DIY

이인수 지음
253쪽/ 18,800원

No 011

친절한 가죽공예 DIY

국영주, 안우석 지음
395쪽/ 35,000원(동영상 강의
DVD, 실물본 포함)

No 012

**처음부터 다시 배우는 친절
한 퀼트 교과서**

린다 클레멘츠 지음/ 조진경
옮김/ 최은령 감수
260쪽/ 25,000원

No 013

**선물하고 싶은 친절한
퀼트 가방&소품 DIY**

김윤경 · 송희경 · 안세란 ·
이정실 · 정민자 지음
186쪽/ 18,000원(퀼트 가방
동영상 강의 무료 다운로드
포함)

No 014

**시리우스의 행복한
클레이아트 DIY**

김주연 지음
203쪽/ 13,800원

No 015

친절한 머신퀼트 DIY

최은령 지음
367쪽/ 35,000원(동영상 강
의 DVD, 실물본 포함)

No 016

친절한 클레이아트 DIY

양영미 지음
229쪽/17,800원(동영상 강의
DVD 포함)

No 017

친절한 코바늘 손뜨개 입문 DIY

니뜨 지음/ 유화숙 감수
191쪽/ 16,800원(동영상 강의 DVD 포함)

No 018

친절한 대바늘 손뜨개 입문 DIY

니뜨 지음/ 유화숙 감수
208쪽/ 17,800원(동영상 강의 DVD 포함)

No 201

친절한 DSLR 30일 완성 DIY

김현진 지음
291쪽/ 16,800원

No 202

친절한 페이스북 7일 완성 DIY

이영희 지음
211쪽/ 12,800원

No 203

친절한 DSLR Canon EOS 600D 30일 완성 DIY

김현진 지음
265쪽/ 18,000원

No 401

친절한 가베놀이 DIY

최성혜 지음
238쪽/17,800원(동영상 DVD 강의 포함)

No 601

300kcal 살 빠지는 도시락

박정아 지음
223쪽/ 13,800원

No 001

까또나주 종이상자 DIY

사에키 마키 지음/ 김선영 옮김

96쪽/ 12,000원

No 002

친절한 재봉틀&바느질 입문 DIY

미소노 아키코 지음/ 고정아 옮김/ 이영란 감수

139쪽/ 15,000원

No 003

친절한 옷 만들기 입문 DIY

미소노 아키코 지음/ 고정아 옮김

133쪽/ 15,000원

상위 1%가 즐기는 창의수학 퍼즐 1000

이반 모스코비치 지음/ 이현정 옮김/ 박범익 감수

432쪽/ 25,000원

(상위 1%가 즐기는) 똑똑한 두뇌퍼즐

이반 모스코비치 지음/ 이현정 옮김/ 박범익 감수

444쪽/ 15,000원

1일 1잔 공복 효소주스

후지이 카에 지음/유가영 옮김

131쪽/12,000원